ŒUVRES

DE

BOILEAU DESPRÉAUX.

TOME SECOND.

Cet ouvrage se trouve à Paris ;

Chez { BOISTE, imprimeur, rue Hautefeuille, n°. 21 ;
ARTHUS BERTRAND, libraire, quai des Augustins, n°. 35.

Prix des deux vol. pap. ordin. broch. en cart. . . 12 fr.
papier vélin. . . . . 24 fr.

ŒUVRES

DE

BOILEAU DESPRÉAUX.

TOME SECOND.

A PARIS,

Chez JEAN-FRANÇOIS BASTIEN.

AN XIII. (1805.)

OUVRAGES

DIVERS.

DISCOURS

SUR

LE DIALOGUE SUIVANT.

Ce dialogue a été composé à l'occasion de cette prodigieuse quantité de romans qui parurent vers le milieu du seizième siècle, et dont voici en peu de mots l'origine. Honoré d'Urfé, homme de fort grande qualité dans le Lyonnois, et très-enclin à l'amour, voulant faire valoir un grand nombre de vers qu'il avoit composés pour ses maîtresses, et rassembler en un corps plusieurs aventures amoureuses qui lui étoient arrivées, s'avisa d'une invention très-agréable. Il feignit que dans le Forez, petit pays contigu à la Limagne d'Auvergne, il y avoit eu, du temps de nos premiers rois, une troupe de bergers et de bergères qui habitoient sur les bords de la rivière du Lignon, et qui, assez accommodés des biens de la fortune, ne laissoient pas néanmoins, par un simple amusement, et pour leur seul plaisir, de mener paître eux-mêmes leurs troupeaux. Tous ces bergers et toutes ces bergères étant d'un fort grand loisir, l'amour, comme on le peut penser, et comme il le raconte lui-même, ne tarda guère à les y venir troubler, et produisit quantité d'événemens considérables. D'Urfé y fit arriver toutes ses aventures, parmi lesquelles il en mêla beaucoup d'autres, et enchâssa les vers dont j'ai parlé, qui, tout méchans qu'ils étoient, ne laissèrent pas d'être soufferts, et de passer à la faveur de l'art avec lequel il les mit en œuvre : car il soutint tout cela d'une narration également vive et fleurie, de fictions très-ingénieuses, et de caractères aussi finement imaginés qu'agréablement variés et bien suivis. Il composa ainsi un roman qui lui acquit beaucoup de réputation, et qui fut fort estimé, même des gens du goût le plus exquis; bien que la morale en fût fort vicieuse, ne prêchant que l'amour et la mollesse, et allant quelquefois jusqu'à blesser un peu la pudeur. Il en fit quatre volumes, qu'il intitula *Astrée*, du nom de la plus belle de ses bergères; et sur ces entrefaites, étant mort, Baro son ami, et, selon quelques-uns, son domestique, en composa sur ses mémoires un cinquième tome, qui en formoit la conclusion, et qui ne fut guère moins bien reçu que les quatre autres volumes. Le grand succès de ce roman échauffa si bien les beaux esprits d'alors, qu'ils en firent à son imitation quantité de semblables, dont il y en avoit même de dix et de douze volumes; et ce fut quelque temps comme une espèce de débordement sur le Parnasse. On vantoit sur-tout ceux de Gomberville, de la Calprenede, de Desmarets et de Scuderi. Mais ces imitateurs, s'efforçant mal-à-propos d'enchérir sur leur original, et prétendant ennoblir ses caractères, tombèrent, à mon avis, dans une très-grande puérilité : car au lieu de prendre, comme lui, pour leurs héros, des bergers occupés du seul soin de gagner le cœur de leurs maîtresses, ils prirent, pour leur donner cette étrange occupation, non-seulement des princes et des rois, mais les plus fameux capitaines de l'antiquité, qu'ils peignirent pleins du même esprit que ces bergers, ayant, à leur exemple, fait comme une espèce de vœu de ne parler jamais et de n'entendre jamais parler que d'amour. De sorte qu'au lieu que d'Urfé dans son *Astrée*, de bergers très-frivoles, avoit fait des héros de roman considérables, ces auteurs, au contraire, des héros les plus considérables de l'histoire, firent des bergers très-frivoles, et quelquefois même des particuliers (1) encore plus frivoles que ces bergers. Leurs ouvrages néanmoins ne laissèrent pas de trouver un nombre infini d'admirateurs, et eurent long-temps une fort grande vogue. Mais ceux qui s'attirèrent le plus d'applaudissemens, ce furent le *Cyrus* et la *Clélie* de mademoiselle de Scuderi, sœur de l'auteur du même nom. Cependant, non-seulement elle tomba dans la même puérilité, mais elle la poussa encore à un plus grand excès. Si bien qu'au lieu de représenter, comme elle devoit, dans la personne de Cyrus, un roi promis par les prophètes, tel qu'il est exprimé dans la Bible, ou, comme le peint Hérodote, le plus grand conquérant que l'on eût encore vu, ou enfin tel qu'il est figuré dans Xénophon, qui a fait aussi bien qu'elle un roman de la vie de ce prince; au lieu, dis-je, d'en faire un modèle de toute perfection, elle en composa un Artamène plus fou que tous les Céladons et tous les Sylvandres, qui n'est occupé que du seul soin de sa Mandane, qui ne fait du matin au soir que

(1) Les auteurs de ces romans, sous le nom de ces héros, peignoient quelquefois le caractère de leurs amis, gens de peu d'importance.

lamenter, gémir et filer le parfait amour. Elle a encore fait pis dans son autre roman intitulé *Clélie*, où elle représente tous les héros de la République romaine naissante, les Horatius-Coclès, les Mutius-Scévola, les Clélie, les Lucrèce, les Brutus, encore plus amoureux qu'Artamène, ne s'occupant qu'à tracer des cartes géographiques d'amour, qu'à se proposer les uns aux autres des questions et des énigmes galantes; en un mot, qu'à faire tout ce qui paroît le plus opposé au caractère et à la gravité héroïque de ces premiers Romains.

Comme j'étois fort jeune dans le temps que tous ces romans, tant ceux de mademoiselle de Scuderi, que ceux de la Calprenede et de tous les autres, faisoient le plus d'éclat, je les lus, ainsi que les lisoit tout le monde, avec beaucoup d'admiration; et je les regardai comme des chefs-d'œuvres de notre langue. Mais enfin mes années étant accrues, et la raison m'ayant ouvert les yeux, je reconnus la puérilité de ces ouvrages. Si bien que l'esprit satirique commençant à dominer en moi, je ne me donnai point de repos que je n'eusse fait contre ces romans un dialogue à la manière de Lucien, où j'attaquois non-seulement leur peu de solidité, mais leur afféterie précieuse de langage, leurs conversations vagues et frivoles, les portraits avantageux faits à chaque bout de champ de personnes de très-médiocre beauté, et quelquefois même laides par excès, et tout ce long verbiage d'amour qui n'a point de fin. Cependant, comme mademoiselle de Scuderi étoit alors vivante, je me contentai de composer ce dialogue dans ma tête; et bien loin de le faire imprimer, je gagnai même sur moi de ne point l'écrire, et de ne point le laisser voir sur le papier, ne voulant pas donner ce chagrin à une fille qui, après tout, avoit beaucoup de mérite, et qui, s'il en faut croire tous ceux qui l'ont connue, nonobstant la mauvaise morale enseignée dans ses romans, avoit encore plus de probité et d'honneur que d'esprit. Mais aujourd'hui qu'enfin la mort l'a rayée du nombre des humains, elle et tous les autres compositeurs de romans, je crois qu'on ne trouvera pas mauvais que je donne mon dialogue, tel que je l'ai retrouvé dans ma mémoire. Cela me paroît d'autant plus nécessaire, qu'en ma jeunesse l'ayant récité plusieurs fois dans des compagnies où il se trouvoit des gens qui avoient beaucoup de mémoire, ces personnes en ont retenu plusieurs lambeaux, dont elles ont ensuite composé un ouvrage qu'on a distribué sous le nom de *Dialogue de M. Despréaux*, et qui a été imprimé plusieurs fois dans les pays étrangers. Mais enfin le voici donné de ma main. Je ne sais s'il s'attirera les mêmes applaudissemens qu'il s'attiroit autrefois dans les fréquens récits que j'étois obligé d'en faire; car, outre qu'en le récitant je donnois à tous les personnages que j'y introduisois le ton qui leur convenoit, ces romans étant alors lus de tout le monde, on concevoit aisément la finesse des railleries qui y sont. Mais maintenant que les voilà tombés dans l'oubli, et qu'on ne les lit presque plus, je doute que mon dialogue fasse le même effet. Ce que je sais pourtant, à n'en point douter, c'est que tous les gens d'esprit et de véritable vertu me rendront justice, et reconnoîtront sans peine que sous le voile d'une fiction en apparence extrêmement badine, folle, outrée, où il n'arrive rien qui soit dans la vérité et dans la vraisemblance, je leur donne peut-être ici le moins frivole ouvrage qui soit encore sorti de ma plume.

LES HÉROS DE ROMAN,

DIALOGUE

A LA MANIÈRE DE LUCIEN.

MINOS, *sortant du lieu où il rend la justice, proche le palais de Pluton.*

MAUDIT soit l'impertinent harangueur qui m'a tenu toute la matinée ! Il s'agissoit d'un méchant drap qu'on a dérobé à un savetier en passant le fleuve, et jamais je n'ai tant ouï parler d'Aristote. Il n'y a point de loi qu'il ne m'ait citée.

PLUTON.

Vous voilà bien en colère, Minos.

MINOS.

Ah ! c'est vous, roi des enfers. Qui vous amène ?

PLUTON.

Je viens ici pour vous en instruire. Mais auparavant, peut-on savoir quel est cet avocat qui vous a si doctement ennuyé ce matin ? Est-ce que Huot et Martinet sont morts ?

MINOS.

Non, grâce au ciel ; mais c'est un jeune mort qui a été sans doute à leur école. Bien qu'il n'ait dit que des sottises, il n'en a avancé pas une qu'il n'ait appuyé de l'autorité de tous les anciens ; et quoiqu'il les fit parler de la plus mauvaise grâce du monde, il leur a donné à tous, en les citant, de la galanterie, de la gentillesse et de la bonne grâce. *Platon dit galamment* (1) *dans son Timée. Sénèque est joli dans son traité des bienfaits. Esope a bonne grâce dans un de ses apologues.*

PLUTON.

Vous me peignez là un maître impertinent. Mais pourquoi le laissiez-vous parler si long-temps? que ne lui imposiez-vous silence?

MINOS.

Silence, lui? c'est bien un homme qu'on puisse faire taire quand il a commencé à parler! j'ai eu beau faire semblant vingt fois de me vouloir lever de mon siége, j'ai eu beau lui crier; *Avocat, concluez; de grâce, concluez, avocat!* il a été jusqu'au bout, et a tenu à lui seul toute l'audience. Pour moi, je ne vis jamais une telle fureur de parler; et si ce désordre-là continue, je crois que je serai obligé de quitter la charge.

PLUTON.

Il est vrai que les morts n'ont jamais été si sots qu'aujourd'hui. Il n'est pas venu ici depuis long-temps une ombre qui eût le sens commun; et sans parler des gens de palais, je ne vois rien de si impertinent que ceux qu'ils nomment *gens du monde*; ils parlent

(1) Manière de parler dans ce temps-là, fort commune dans le barreau.

tous un certain langage, qu'ils appellent *galanterie :* et quand nous leur témoignons, Proserpine et moi, que cela nous choque, ils nous traitent de bourgeois, et disent que nous ne sommes pas galans. On m'a assuré même que cette pestilente galanterie avoit infecté tous les pays infernaux, et même les champs élysées; de sorte que les héros et surtout les héroïnes qui les habitent, sont aujourd'hui les plus sottes gens du monde, grâce à certains auteurs qui leur ont appris, dit-on, ce beau langage, et qui en ont fait des amoureux transis. A vous dire le vrai, j'ai bien de la peine à le croire. J'ai bien de la peine, dis-je, à m'imaginer que les Cyrus et les Alexandre soient devenus tout-à-coup, comme on me le veut faire entendre, des Thyrsis et des Céladon. Pour m'en éclaircir donc moi-même par mes propres yeux, j'ai donné ordre qu'on fît venir ici aujourd'hui des champs élysées, et de toutes les autres régions de l'enfer, les plus célèbres d'entre ces héros; et j'ai fait préparer, pour les recevoir, ce grand salon où vous voyez que sont postés mes gardes. Mais où est Rhadamanthe?

MINOS.

Qui? Rhadamanthe? il est allé dans le Tartare pour y voir entrer un lieutenant criminel (1) nouvellement arrivé de l'autre monde, où il a, dit-on, été, tant qu'il a vécu, aussi célèbre par sa grande capacité

(1) Le lieutenant criminel Tardieu et sa femme furent assassinés en 1664, à Paris, la même année que je fis ce dialogue.

dans les affaires de judicature, que diffamé par son excessive avarice.

PLUTON.

N'est-ce pas celui qui pensa se faire tuer une seconde fois pour une obole qu'il ne voulut pas payer à Caron en passant le fleuve ?

MINOS.

C'est celui-là même. Avez-vous vu sa femme ? c'étoit une chose à peindre que l'entrée qu'elle fit ici. Elle étoit couverte d'un linceul de satin.

PLUTON.

Comment ! de satin ! voilà une grande magnificence.

MINOS.

Au contraire, c'est une épargne : car tout cet accoûtrement n'étoit autre chose que trois thèses cousues ensemble, dont on avoit fait présent à son mari en l'autre monde. O la vilaine ombre ! je crains qu'elle n'empeste tout l'enfer. J'ai tous les jours les oreilles rebattues de ses larcins. Elle vola avant-hier la quenouille de Clothon ; et c'est elle qui avoit dérobé ce drap dont on m'a tant étourdi ce matin, à un savetier qu'elle attendoit au passage. De quoi vous êtes-vous avisé, de charger les enfers d'une si dangereuse créature !

PLUTON.

Il falloit bien qu'elle suivît son mari. Il n'auroit pas été bien damné sans elle. Mais, à propos de Rhadamanthe, le voici lui-même, si je ne me trompe, qui vient à nous. Qu'a-t-il? il paroît tout effrayé.

RHADAMANTHE.

Puissant roi des enfers, je viens vous avertir qu'il faut songer tout de bon à vous défendre, vous et votre royaume. Il y a un grand parti formé contre vous dans le Tartare. Tous les criminels, résolus de ne plus vous obéir, ont pris les armes. J'ai rencontré là-bas Prométhée avec son vautour sur le poing. Tantale est ivre comme une soupe; Ixion a violé une Furie; et Sisyphe, assis sur son rocher, exhorte tous ses voisins à secouer le joug de votre domination.

MINOS.

O les scélérats! il y a long-temps que je prévoyois ce malheur.

PLUTON.

Ne craignez rien, Minos. Je sais bien le moyen de les réduire. Mais ne perdons point de temps. Qu'on fortifie les avenues. Qu'on redouble la garde de mes Furies. Qu'on arme toutes les milices de l'enfer. Qu'on lâche Cerbère. Vous, Rhadamanthe, allez-vous-en dire à Mercure qu'il nous fasse venir l'artillerie de mon frère Jupiter. Cependant vous, Minos, demeurez avec moi. Voyons nos héros, s'ils sont en état de nous aider. J'ai été bien inspiré de les mander aujourd'hui. Mais quel est ce bon homme qui vient à nous, avec son bâton et sa besace? ha! c'est ce fou de Diogène. Que viens-tu chercher ici?

DIOGÈNE.

J'ai appris la nécessité de vos affaires ; et, comme votre fidelle sujet, je viens vous offrir mon bâton.

PLUTON.

Nous voilà bien fort avec ton bâton !

DIOGÈNE.

Ne pensez pas vous moquer. Je ne serai peut-être pas le plus inutile de tous ceux que vous avez envoyé chercher.

PLUTON.

Hé quoi ! nos héros ne viennent-ils pas ?

DIOGÈNE.

Oui, je viens de rencontrer une troupe de fous là-bas. Je crois que ce sont eux. Est-ce que vous avez envie de donner le bal ?

PLUTON.

Pourquoi le bal ?

DIOGÈNE.

C'est qu'ils sont en fort bon équipage pour danser. Ils sont jolis, ma foi : je n'ai jamais rien vu de si dameret ni de si galant.

PLUTON.

Tout beau, Diogène. Tu te mêles toujours de railler. Je n'aime point les satiriques. Et puis ce sont des héros pour lesquels on doit avoir du respect.

DIOGÈNE.

DIOGÈNE.

Vous en allez juger vous-même tout-à-l'heure ; car je les vois déjà qui paroissent. Approchez, fameux héros, et vous aussi, héroïnes encore plus fameuses, autrefois l'admiration de toute la terre. Voici une belle occasion de vous signaler. Venez ici tous en foule.

PLUTON.

Tais-toi. Je veux que chacun vienne l'un après l'autre, accompagné tout au plus de quelqu'un de ses confidens. Mais avant tout, Minos, passons, vous et moi, dans ce salon que j'ai fait, comme je vous ai dit, préparer pour les recevoir, et où j'ai ordonné qu'on mît nos siéges, avec une balustrade qui nous séparât du reste de l'assemblée. Entrons. Bon. Voilà tout disposé ainsi que je le souhaitois. Suis-nous, Diogène : j'ai besoin de toi pour nous dire le nom des héros qui vont arriver. Car de la manière dont je vois que tu as fait connoissance avec eux, personne ne me peut mieux rendre ce service que toi.

DIOGÈNE.

Je ferai de mon mieux.

PLUTON.

Tiens-toi donc ici près de moi. Vous, gardes, au moment que j'aurai interrogé ceux qui seront entrés, qu'on les fasse passer dans les longues et ténébreuses galeries qui sont adossées à ce salon, et qu'on leur dise d'y aller attendre mes ordres. Asseyons-nous.

Qui est celui qui vient le premier de tous, nonchalamment appuyé sur son écuyer?

DIOGÈNE.

C'est le grand Cyrus.

PLUTON.

Quoi! ce grand roi qui transféra l'empire des Mèdes aux Perses, qui a tant gagné de batailles? De son temps, les hommes venoient ici tous les jours par trente et quarante mille. Jamais personne n'y en a tant envoyé.

DIOGÈNE.

Au moins ne l'allez pas appeler Cyrus.

PLUTON.

Pourquoi?

DIOGÈNE.

Ce n'est plus son nom. Il s'appelle maintenant Artamène.

PLUTON.

Artamène! Et où a-t-il pêché ce nom-là? Je ne me souviens point de l'avoir jamais lu.

DIOGÈNE.

Je vois bien que vous ne savez pas son histoire.

PLUTON.

Qui? moi? Je sais aussi bien mon Hérodote qu'un autre.

DIOGÈNE.

Oui. Mais, avec tout cela, diriez-vous bien pourquoi Cyrus a tant conquis de provinces, traversé l'Asie, la Médie, l'Hyrcanie, la Perse, et ravagé enfin plus de la moitié du monde?

PLUTON.

Belle demande! C'est que c'étoit un prince ambitieux, qui vouloit que toute la terre lui fût soumise.

DIOGÈNE.

Point du tout. C'est qu'il vouloit délivrer sa princesse qui avoit été enlevée.

PLUTON.

Quelle princesse?

DIOGÈNE.

Mandane.

PLUTON.

Mandane?

DIOGÈNE.

Oui. Et savez-vous combien elle a été enlevée de fois?

PLUTON.

Où veux-tu que je l'aille chercher?

DIOGÈNE.

Huit fois.

MINOS.

Voilà une beauté qui a passé par bien des mains.

DIOGÈNE.

Cela est vrai. Mais tous ses ravisseurs étoient les scélérats du monde les plus vertueux. Assurément ils n'ont pas osé lui toucher.

PLUTON.

J'en doute. Mais laissons-là ce fou de Diogène. Il faut parler à Cyrus lui-même. Hé bien, Cyrus, il faut combattre. Je vous ai envoyé chercher pour vous donner le commandement de mes troupes. Il ne répond rien ! qu'a-t-il ? vous diriez qu'il ne sait où il est.

CYRUS.

Eh ! divine princesse !

PLUTON.

Quoi ?

CYRUS.

Ah ! injuste Mandane !

PLUTON.

Plaît-il ?

CYRUS.

Tu me flattes, trop complaisant Féraulas. Es-tu si peu sage que de penser que Mandane, l'illustre Mandane, puisse jamais tourner les yeux sur l'infortuné Artamène ? aimons-la toutefois. Mais aimerons-nous une cruelle ? servirons-nous une insensible ? adorerons-nous une inexorable ? oui, Cyrus, il faut aimer une cruelle. Oui, Artamène, il faut servir une insensible. Oui, fils de Cambyse, il faut adorer l'inexorable fille de Cyaxare (1).

PLUTON.

Il est fou. Je crois que Diogène a dit vrai.

(1) Affectation du style du Cyrus imitée.

DIOGÈNE.

Vous voyez bien que vous ne saviez pas son histoire. Mais faites approcher son écuyer Féraulas ; il ne demande pas mieux que de vous la raconter ; il sait par cœur tout ce qui s'est passé dans l'esprit de son maître, et a tenu un registre exact de toutes les paroles que son maître a dites en lui-même depuis qu'il est au monde, avec un rouleau de ses lettres qu'il a toujours dans sa poche. A la vérité vous êtes en danger de bailler un peu ; car ses narrations ne sont pas fort courtes.

PLUTON.

Oh ! j'ai bien le temps de cela !

CYRUS.

Mais, trop engageante personne....

PLUTON.

Quel langage ! A-t-on jamais parlé de la sorte ? Mais, dites-moi, vous, trop pleurant Artamène, est-ce que vous n'avez pas envie de combattre ?

CYRUS.

Eh ! de grâce, généreux Pluton, souffrez que j'aille entendre l'histoire d'Aglatidas et d'Amestris, qu'on me va conter. Rendons ce devoir à deux illustres malheureux. Cependant voici le fidelle Féraulas que je vous laisse, qui vous instruira positivement de l'histoire de ma vie, et de l'impossibilité de mon bonheur.

PLUTON.

Je n'en veux point être instruit, moi. Qu'on me chasse ce grand pleureux.

CYRUS.

Eh! de grâce!

PLUTON.

Si tu ne sors....

CYRUS.

En effet....

PLUTON.

Si tu ne t'en vas....

CYRUS.

En mon particulier....

PLUTON.

Si tu ne te retires.... A la fin le voilà dehors. A-t-on jamais vu tant pleurer?

DIOGÈNE.

Vraiment il n'est pas au bout, puisqu'il n'en est qu'à l'histoire d'Aglatidas et d'Amestris. Il a encore neuf gros tomes à faire ce joli métier.

PLUTON.

Hé bien! qu'il remplisse, s'il veut, cent volumes de ses folies. J'ai d'autres affaires présentement qu'à l'entendre. Mais quelle est cette femme que je vois qui arrive?

DIOGÈNE.

Ne reconnoissez-vous pas Tomyris?

PLUTON.

Quoi! cette reine sauvage des Massagètes,

qui fit plonger la tête de Cyrus dans un vaisseau de sang humain ? celle-ci ne pleurera pas, j'en réponds. Qu'est-ce qu'elle cherche ?

TOMYRIS.

Que l'on cherche par-tout mes tablettes perdues ;
Mais que sans les ouvrir elles me soient rendues (1).

DIOGÈNE.

Des tablettes ! je ne les ai pas au moins. Ce n'est pas un meuble pour moi que des tablettes ; et l'on prend assez soin de retenir mes bons mots, sans que j'aie besoin de les recueillir moi-même dans des tablettes.

PLUTON.

Je pense qu'elle ne fera que chercher. Elle a tantôt visité tous les coins et recoins de cette salle. Qu'y avoit-il donc de si précieux dans vos tablettes, grande reine ?

TOMYRIS.

Un madrigal que j'ai fait ce matin pour le charmant ennemi que j'aime.

MINOS.

Hélas ! qu'elle est doucereuse !

DIOGÈNE.

Je suis fâché que ses tablettes soient perdues. Je serois curieux de voir un madrigal massagète.

(1) Ce sont les deux premiers vers de la cinquième scène du premier acte de la tragédie de *Cyrus*, faite par Quinault ; et c'est Tomyris qui parle.

PLUTON.

Mais quelle est ce charmant ennemi qu'elle aime?

DIOGÈNE.

C'est ce même Cyrus qui vient de sortir tout-à-l'heure.

PLUTON.

Bon! elle auroit fait égorger l'objet de sa passion?

DIOGÈNE.

Egorgé! c'est une erreur dont on a été abusé seulement durant vingt-cinq siècles; et cela par la faute du gazetier de Scythie, qui répandit mal-à-propos la nouvelle de sa mort sur un faux bruit. On en est détrompé depuis quatorze ou quinze ans.

PLUTON.

Vraiment je le croyois encore. Cependant, que le gazetier de Scythie se soit trompé ou non, qu'elle s'en aille dans ces galeries chercher, si elle veut, son charmant ennemi, et qu'elle ne s'opiniâtre pas davantage à retrouver des tablettes que vraisemblablement elle a perdues par sa négligence, et que sûrement aucun de nous n'a volées. Mais quelle est cette voix robuste que j'entends là-bas qui fredonne un air?

DIOGÈNE.

C'est ce grand borgne d'Horatius Coclès, qui chante ici proche, comme m'a dit un de vos gardes, à un écho qu'il y a trouvé, une chanson qu'il a faite pour Clélie.

PLUTON.

Qu'a donc ce fou de Minos, qu'il crève de rire ?

MINOS.

Et qui ne riroit ! Horatius Coclès chantant à l'écho !

PLUTON.

Il est vrai que la chose est assez nouvelle. Cela est à voir. Qu'on le fasse entrer, et qu'il n'interrompe point pour cela sa chanson, que Minos vraisemblablement sera bien aise d'entendre de plus près.

MINOS.

Assurément.

HORATIUS COCLÈS, *chantant la reprise de la chanson qu'il chante dans Clélie.*

Et Phénisse même publie
Qu'il n'est rien si beau que Clélie.

DIOGÈNE.

Je pense reconnoître l'air. C'est sur le chant de *Toinon la belle jardinière* (1).

HORATIUS COCLÈS.

Et Phénisse même publie
Qu'il n'est rien si beau que Clélie.

PLUTON.

Quelle est donc cette Phénisse ?

(1) Chanson du Savoyard, alors à la mode.

DIOGÈNE.

C'est une dame des plus galantes et des plus spirituelles de la ville de Capoue, mais qui a une trop grande opinion de sa beauté, et qu'Horatius Coclès raille dans cet impromptu de sa façon, dont il a composé aussi le chant, en lui faisant avouer à elle-même que tout cède en beauté à Clélie.

MINOS.

Je n'eusse jamais cru que cet illustre Romain fût si excellent musicien, et si habile faiseur d'impromptus. Cependant je vois bien par celui-ci qu'il y est maître passé.

PLUTON.

Et moi, je vois bien que, pour s'amuser à de semblables petitesses, il faut qu'il ait entièrement perdu le sens. Hé ! Horatius Coclès, vous qui étiez autrefois si déterminé soldat, et qui avez défendu vous seul un pont contre toute une armée, de quoi vous êtes-vous avisé de vous faire berger après votre mort ? et qui est le fou ou la folle qui vous a appris à chanter ?

HORATIUS COCLÈS.

Et Phénisse même publie
Qu'il n'est rien si beau que Clélie.

MINOS.

Il se ravit dans son chant.

PLUTON.

Oh ! qu'il s'en aille dans mes galeries

chercher, s'il veut, un nouvel écho : qu'on l'emmène.

HORATIUS COCLÈS, *s'en allant, et toujours chantant.*

Et Phénisse même publie
Qu'il n'est rien si beau que Clélie.

PLUTON.

Le fou! le fou! Ne viendra-t-il point à la fin une personne raisonnable?

DIOGÈNE.

Vous allez avoir bien de la satisfaction; car je vois entrer la plus illustre de toutes les dames romaines, cette Clélie qui passa le Tibre à la nage pour se dérober du camp de Porsenna, et dont Horatius Coclès, comme vous venez de le voir, est amoureux.

PLUTON.

J'ai cent fois admiré l'audace de cette fille, dans Tite-Live. Mais je meurs de peur que Tite-Live n'ait encore menti. Qu'en dis-tu, Diogène?

DIOGÈNE.

Ecoutez ce qu'elle va vous dire.

CLÉLIE.

Est-il vrai, sage roi des enfers, qu'une troupe de mutins ait osé se soulever contre Pluton, le vertueux Pluton?

PLUTON.

Ah! à la fin nous avons trouvé une personne raisonnable. Oui, ma fille, il est vrai que les criminels dans le Tartare ont pris les armes, et que nous avons envoyé chercher les héros dans les champs élysées et ailleurs pour nous secourir.

CLÉLIE.

Mais, de grâce, Seigneur, les rebelles ne songent-ils point à exciter quelque trouble dans le royaume de Tendre ? car je serois au désespoir s'ils étoient seulement postés dans le village de Petits-soins. N'ont-ils point pris Billets-doux ou Billets-galans.

PLUTON.

De quel pays parle-t-elle là ? Je ne me souviens point de l'avoir vu dans la carte.

DIOGÈNE.

Il est vrai que Ptolomée n'en a point parlé : mais on a fait depuis peu de nouvelles découvertes ; et puis ne voyez-vous pas que c'est du pays de Galanterie qu'elle vous parle ?

PLUTON.

C'est un pays que je ne connois point.

CLÉLIE.

En effet, l'illustre Diogène raisonne tout-à-fait juste. Car il y a trois sortes de Tendre ; *Tendre sur Estime*, *Tendre sur Inclination*, et *Tendre sur Reconnoissance*. Lorsque l'on veut arriver à Tendre sur Estime, il faut aller d'abord au village de Petits-soins, et....

PLUTON.

Je vois bien, la belle fille, que vous savez parfaitement la géographie du royaume de Tendre, et qu'à un homme qui vous aimera, vous lui ferez voir bien du pays dans ce royaume. Mais pour moi qui ne le connois point, et qui ne le veux point connoître, je vous dirai franchement que je ne sais si ces trois villages et ces trois fleuves mènent à Tendre, mais qu'il me paroît que c'est le grand chemin des Petites-Maisons.

MINOS.

Ce ne seroit pas trop mal fait, non, d'ajouter ce village-là dans la carte de Tendre. Je crois que ce sont ces terres inconnues dont on y veut parler.

PLUTON.

Mais vous, tendre mignonne, vous êtes donc aussi amoureuse, à ce que je vois?

CLÉLIE.

Oui, seigneur; je vous concède que j'ai pour Aronce une amitié qui tient de l'amour véritable : aussi faut-il avouer que cet admirable fils du roi de Clusium a en toute sa personne je ne sais quoi de si extraordinaire et de si peu imaginable, qu'à moins que d'avoir une dureté de cœur inconcevable, on ne peut pas s'empêcher d'avoir pour lui une passion tout-à-fait raisonnable. Car enfin....

PLUTON.

Car enfin, car enfin.... Je vous dis, moi,

que j'ai pour toutes les folles une aversion inexplicable ; et que quand le fils du roi de Clusium auroit un charme inimaginable, avec votre langage inconcevable, vous me feriez plaisir de vous en aller, vous et votre galant, au diable. A la fin la voilà partie. Quoi ! toujours des amoureux ! Personne ne s'en sauvera ; et un de ces jours nous verrons Lucrèce galante.

DIOGÈNE.

Vous en allez avoir le plaisir tout-à-l'heure ; car voici Lucrèce en personne.

PLUTON.

Ce que j'en disois n'est que pour rire : à Dieu ne plaise que j'aie une si basse pensée de la plus vertueuse personne du monde !

DIOGÈNE.

Ne vous y fiez pas. Je lui trouve l'air bien coquet. Elle a, ma foi, les yeux fripons.

PLUTON.

Je vois bien, Diogène, que tu ne connois pas Lucrèce. Je voudrois que tu l'eusses vue, la première fois qu'elle entra ici, toute sanglante et toute échevelée. Elle tenoit un poignard à la main : elle avoit le regard farouche ; et la colère étoit encore peinte sur son visage, malgré les pâleurs de la mort. Jamais personne n'a porté la chasteté plus loin qu'elle. Mais, pour t'en convaincre, il ne faut que lui demander à elle-même ce qu'elle pense de l'amour. Tu verras. Dites-nous donc, Lucrèce; mais expliquez-vous clairement : croyez-vous qu'on doive aimer ?

LUCRÈCE, *tenant des tablettes à la main.*

Faut-il absolument sur cela vous rendre une réponse exacte et décisive ?

PLUTON.

Oui.

LUCRÈCE.

Tenez, la voilà clairement énoncée dans ces tablettes. Lisez.

PLUTON, *lisant.*

Toujours. l'on. si. mais. aimoit. d'éternelles. hélas. amours. d'aimer. doux. il. point. seroit. n'est. qu'il. Que veut dire ce galimatias ?

LUCRÈCE.

Je vous assure, Pluton, que je n'ai jamais rien dit de mieux ni de plus clair.

PLUTON.

Je vois bien que vous avez accoutumé de parler fort clairement. Peste soit de la folle ! Où a-t-on jamais parlé comme cela ? *Point. mais. si. d'éternelles.* Et où veut-elle que j'aille chercher un Œdipe pour m'expliquer cette énigme ?

DIOGÈNE.

Il ne faut pas aller fort loin. En voici un qui entre, et qui est fort propre à vous rendre cet office.

PLUTON.

Qui est-il ?

DIOGÈNE.

C'est Brutus, celui qui délivra Rome de la tyrannie des Tarquins.

PLUTON.

Quoi! cet austère Romain qui fit mourir ses enfans pour avoir conspiré contre leur patrie? lui, expliquer des énigmes? tu es bien fou, Diogène.

DIOGÈNE.

Je ne suis point fou. Mais Brutus n'est pas non plus cet austère personnage que vous vous imaginez. C'est un esprit naturellement tendre et passionné, qui fait de fort jolis vers, et les billets du monde les plus galans.

MINOS.

Il faudroit donc que les paroles de l'énigme fussent écrites, pour les lui montrer.

DIOGÈNE.

Que cela ne vous embarrasse point. Il y a long-temps que ces paroles sont écrites sur les tablettes de Brutus. Des héros comme lui sont toujours fournis de tablettes.

PLUTON.

Hé bien, Brutus, nous donnerez-vous l'explication des paroles qui sont sur vos tablettes?

BRUTUS.

Volontiers. Regardez bien. Ne les sont-ce pas là? *Toujours. l'on. si. mais*, etc.

PLUTON.

PLUTON.

Ce les sont-là elles-mêmes.

BRUTUS.

Continuez donc de lire. Les paroles suivantes non-seulement vous feront voir que j'ai d'abord conçu la finesse des paroles embrouillées de Lucrèce, mais elles contiennent la réponse précise que j'y ai faite.

Moi. nos. verrez. vous. de. permettez. d'éternelles. jours. qu'on. merveille. peut. amours. d'aimer. voir.

PLUTON.

Je ne sais pas si ces paroles se répondent juste les unes aux autres; mais je sais bien que ni les unes ni les autres ne s'entendent, et que je ne suis pas d'humeur à faire le moindre effort d'esprit pour les concevoir.

DIOGÈNE.

Je vois bien que c'est à moi de vous expliquer tout ce mystère. Le mystère est que ce sont des paroles transposées. Lucrèce, qui est amoureuse et aimée de Brutus, lui dit en mots transposés :

> Qu'il seroit doux d'aimer, si l'on aimoit toujours !
> Mais, hélas ! il n'est point d'éternelles amours.

Et Brutus, pour la rassurer, lui dit en d'autres termes transposés :

> Permettez-moi d'aimer, merveille de nos jours,
> Vous verrez qu'on peut voir d'éternelles amours.

PLUTON.

Voilà une grosse finesse ! Il s'ensuit de-là que tout ce qui se peut dire de beau est dans les dictionnaires : il n'y a que les paroles qui sont transposées. Mais est-il possible que des personnes du mérite de Brutus et de Lucrèce en soient venues à cet excès d'extravagance, de composer de semblables bagatelles ?

DIOGÈNE.

C'est pourtant par ces bagatelles qu'ils ont fait connoître l'un et l'autre qu'ils avoient infiniment d'esprit.

PLUTON.

Et c'est par ces bagatelles, moi, que je reconnois qu'ils ont infiniment de folie. Qu'on les chasse. Pour moi, je ne sais tantôt plus où j'en suis. Lucrèce amoureuse ! Lucrèce coquette ! et Brutus son galant ! Je ne désespère pas un de ces jours de voir Diogène lui-même galant.

DIOGÈNE.

Pourquoi non ? Pythagore l'étoit bien.

PLUTON.

Pythagore étoit galant ?

DIOGÈNE.

Oui, et ce fut de Théano sa fille, formée par lui à la galanterie, ainsi que le raconte le généreux Herminius dans l'histoire de la vie de Brutus ; ce fut, dis-je, de Théano que cet illustre romain apprit ce beau symbole, qu'on a oublié d'ajouter aux autres symboles de Pythagore : *Que c'est à pousser les beaux sentimens pour une maîtresse, et à faire l'amour, que se perfectionne le grand philosophe.*

PLUTON.

J'entends. Ce fut de Théano qu'il sut que c'est la folie qui fait la perfection de la sagesse. O l'admirable précepte! mais laissons-là Théano. Quelle est cette précieuse renforcée que je vois qui vient à nous?

DIOGÈNE.

C'est Sapho, cette fameuse Lesbienne qui a inventé les vers saphiques.

PLUTON.

On me l'avoit dépeinte si belle! je la trouve bien laide.

DIOGÈNE.

Il est vrai qu'elle n'a pas le teint fort uni, ni les traits du monde les plus réguliers. Mais prenez garde qu'il y a une grande opposition du blanc et du noir de ses yeux, comme elle le dit elle-même dans l'histoire de sa vie.

PLUTON.

Elle se donne-là un bizarre agrément; et Cerbère, selon elle, doit donc passer aussi pour beau, puisqu'il a dans les yeux la même opposition.

DIOGÈNE.

Je vois qu'elle vient à vous. Elle a sûrement quelque question à vous faire.

SAPHO.

Je vous supplie, sage Pluton, de m'expliquer fort au long ce que vous pensez de l'amitié, et si vous croyez qu'elle soit capable de tendresse aussi bien que l'amour ; car ce fut le sujet d'une généreuse conversation que nous eûmes l'autre jour avec le sage Démocède et l'agréable Phaon. De grâce, oubliez donc pour quelque temps le soin de votre personne et de votre état ; et, au lieu de cela, songez à me bien définir ce que c'est que *cœur tendre*, *tendresse d'amitié*, *tendresse d'amour*, *tendresse d'inclination* et *tendresse de passion*.

MINOS.

Oh ! celle-ci est la plus folle de toutes. Elle a la mine d'avoir gâté toutes les autres.

PLUTON.

Mais regardez cette impertinente ! c'est bien le temps de résoudre des questions d'amour, que le jour d'une révolte !

DIOGÈNE.

Vous avez pourtant autorité pour le faire : et tous les jours les héros que vous venez de voir, sur le point de donner une bataille où il s'agit du tout pour eux, au lieu d'employer le temps à encourager les soldats, et à ranger leurs armées, s'occupent à entendre l'histoire de Timarète ou de Bérélise, dont la plus haute aventure est quelquefois un billet perdu, ou un bracelet égaré.

PLUTON.

Oh bien ! s'ils sont fous, je ne veux pas

leur ressembler, et principalement à cette précieuse ridicule.

SAPHO.

Eh ! de grâce, Seigneur, défaites-vous de cet air grossier et provincial de l'enfer, et songez à prendre l'air de la belle galanterie de Carthage et de Capoue. A vous dire le vrai, pour décider un point aussi important que celui que je vous propose, je souhaiterois fort que toutes nos généreuses amies et nos illustres amis fussent ici. Mais, en leur absence, le sage Minos représentera le discret Phaon, et l'enjoué Diogène le galant Esope.

PLUTON.

Attends, attends, je m'en vais te faire venir ici une personne avec qui lier conversation. Qu'on m'appelle Tisiphone.

SAPHO.

Qui ? Tisiphone ? Je la connois, et vous ne serez peut-être pas fâché que je vous en fasse voir le portrait que j'ai déjà composé par précaution, dans le dessein où je suis de l'insérer dans quelqu'une des histoires que nous autres faiseurs et faiseuses de romans, sommes obligés de raconter à chaque livre de notre roman.

PLUTON.

Le portrait d'une Furie ! voilà un étrange projet.

DIOGÈNE.

Il n'est pas si étrange que vous pensez.

En effet, cette même Sapho que vous voyez a peint dans ses ouvrages beaucoup de ses généreuses amies, qui ne surpassent guère en beauté Tisiphone, et qui néanmoins, à la faveur des mots galans et des façons de parler élégantes et précieuses qu'elle jette dans leurs peintures, ne laissent pas de passer pour de dignes héroïnes de roman.

MINOS.

Je ne sais si c'est curiosité ou folie; mais je vous avoue que je meurs d'envie de voir un si bizarre portrait.

PLUTON.

Hé bien donc! qu'elle vous le montre! j'y consens. Il faut bien vous contenter. Nous allons voir comment elle s'y prendra pour rendre la plus effroyable des Euménides agréable et gracieuse.

DIOGÈNE.

Ce n'est pas une affaire pour elle, et elle a déjà fait un pareil chef-d'œuvre en peignant la vertueuse Arricidie. Ecoutons donc; car je la vois qui tire le portrait de sa poche.

SAPHO, *lisant.*

L'illustre fille dont j'ai à vous entretenir a en toute sa personne je ne sais quoi de si furieusement extraordinaire, et de si terriblement merveilleux, que je ne suis pas médiocrement embarrassée quand je songe à vous en tracer le portrait.

MINOS.

Voilà les adverbes *furieusement* et *terrible-*

ment qui sont, à mon avis, bien placés et tout-à-fait en leur lieu.

SAPHO *continue de lire.*

Tisiphone a naturellement la taille fort haute, et passant de beaucoup la mesure des personnes de son sexe ; mais pourtant si dégagée, si libre, et si bien proportionnée en toutes ses parties, que son énormité même lui sied admirablement bien. Elle a les yeux petits, mais pleins de feu, vifs, perçans, et bordés d'un certain vermillon qui en relève prodigieusement l'éclat. Ses cheveux sont naturellement bouclés et annelés ; et l'on peut dire que ce sont autant de serpens qui s'entortillent les uns dans les autres, et se jouent nonchalamment autour de son visage. Son teint n'a point cette couleur fade et blanchâtre des femmes de Scythie, mais il il tient beaucoup de ce brun mâle et noble que donne le soleil aux Africaines qu'il favorise le plus près de ses regards. Son sein est composé de deux demi-globes brûlés par le bout comme ceux des Amazones, et qui, s'éloignant le plus qu'ils peuvent de sa gorge, se vont négligemment et languissamment perdre sous ses deux bras. Tout le reste de son corps est presque composé de la même sorte. Sa démarche est extrêmement noble et fière. Quand il faut se hâter, elle vole plutôt qu'elle ne marche, et je doute qu'Atalante la pût devancer à la course. Au reste, cette vertueuse fille est naturellement ennemie du vice, surtout des grands crimes, qu'elle poursuit par tout un flambeau à la main, et qu'elle ne laisse jamais en repos, secondée en cela par ses deux illustres sœurs, Alecto et Mégère, qui n'en sont pas moins ennemies qu'elle : et l'on peut dire de ces trois sœurs, que c'est une morale vivante.

DIOGÈNE.

Hé bien ! n'est-ce pas là un portrait merveilleux ?

PLUTON.

Sans doute, et la laideur y est peinte dans toute sa perfection, pour ne pas dire dans toute sa beauté. Mais c'est assez écouter cette extravagante. Continuons la revue de nos héros ; et sans plus nous donner la peine, comme nous avons fait jusqu'ici, de les interroger l'un après l'autre, puisque les voilà tous reconnus véritablement insensés, contentons-nous de les voir passer devant cette balustrade, et de les conduire exactement de l'œil dans mes galeries, afin que je sois sûr qu'ils y sont. Car je défends d'en laisser sortir aucun que je n'aie précisément déterminé ce que je veux qu'on en fasse. Qu'on les laisse donc entrer, et qu'ils viennent maintenant tous en foule. En voilà bien, Diogène. Tous ces héros sont-ils connus dans l'histoire ?

DIOGÈNE.

Non ; il y en a beaucoup de chimériques mêlés parmi eux.

PLUTON.

Des héros chimériques ! et sont-ce des héros ?

DIOGÈNE.

Comment ! si ce sont des héros ! ce sont

eux qui ont toujours le haut bout dans les livres, et qui battent infailliblement les autres.

PLUTON.

Nomme-m'en par plaisir quelques-uns.

DIOGÈNE.

Volontiers. Orondate, Spitridate, Alcamène, Mélinte, Britomare, Mérindor, Artaxandre, etc.

PLUTON.

Et tous ces héros-là ont-ils fait vœu, comme les autres, de ne jamais s'entretenir que d'amour ?

DIOGÈNE.

Cela seroit beau qu'ils ne l'eussent pas fait ! Et de quel droit se diroient-ils *héros*, s'ils n'étoient point amoureux ? n'est-ce pas l'amour qui fait aujourd'hui la vertu héroïque ?

PLUTON.

Quel est ce grand innocent qui s'en va des derniers, et qui a la mollesse peinte sur le visage ? Comment t'appelles-tu ?

ASTRATE.

Je m'appelle Astrate (1).

PLUTON.

Que viens-tu chercher ici ?

(1) Dans le temps que je fis ce dialogue, on jouoit à l'hôtel de Bourgogne l'Astrate de Quinault, et l'Ostorius de l'abbé de Pure.

ASTRATE.

Je veux voir la reine.

PLUTON.

Mais admirez cet impertinent. Ne diriez-vous pas que j'ai une reine que je garde ici dans une boîte, et que je montre à tous ceux qui la veulent voir ? qu'es-tu, toi ? as-tu jamais été ?

ASTRATE.

Oui-dà, j'ai été, et il y a un historien latin qui dit de moi en propres termes, *Astratus vixit*, Astrate a vécu.

PLUTON.

Est-ce là tout ce qu'on trouve de toi dans l'histoire ?

ASTRATE.

Oui ; et c'est sur ce bel argument qu'on a composé une tragédie intitulée du nom d'*Astrate*, où les passions tragiques sont maniées si adroitement, que les spectateurs y rient à gorge déployée depuis le commencement jusqu'à la fin, tandis que moi j'y pleure toujours, ne pouvant obtenir que l'on m'y montre une reine dont je suis passionnément épris.

PLUTON.

Oh bien ! va-t-en dans ces galeries voir si cette reine y est. Mais quel est ce grand mal bâti de Romain qui vient après ce chaud amoureux ? Peut-on savoir son nom ?

OSTORIUS.

Mon nom est Ostorius.

PLUTON.

Je ne me souviens point d'avoir jamais nulle part lu ce nom-là dans l'histoire.

OSTORIUS.

Il y est pourtant. L'abbé de Pure assure qu'il l'y a lu.

PLUTON.

Voilà un merveilleux garant ! Mais, dis-moi, appuyé de l'abbé de Pure, comme tu es, as-tu fait quelque figure dans le monde ? t'y a-t-on jamais vu ?

OSTORIUS.

Oui-dà ; et, à la faveur d'une pièce de théâtre que cet abbé a faite de moi, on m'a vu à l'hôtel de Bourgogne (1).

PLUTON.

Combien de fois ?

OSTORIUS.

Hé ! une fois.

PLUTON.

Retourne-t'y-en.

OSTORIUS.

Les comédiens ne veulent plus de moi.

(1) Théâtre où l'on jouoit autrefois.

PLUTON.

Crois-tu que je m'accommode mieux de toi qu'eux? Allons, déloge d'ici au plus vîte, et va te confiner dans mes galeries. Voici encore une héroïne qui ne se hâte pas trop, ce me semble, de s'en aller. Mais je lui pardonne : car elle me paroît si lourde de sa personne, et si pesamment armée, que je vois bien que c'est la difficulté de marcher, plutôt que la répugnance à m'obéir, qui l'empêche d'aller plus vîte. Qui est-elle?

DIOGÈNE.

Pouvez-vous ne pas reconnoître la Pucelle d'Orléans?

PLUTON.

C'est donc là cette vaillante fille qui délivra la France du joug des Anglois?

DIOGÈNE.

C'est elle-même.

PLUTON.

Je lui trouve la physionomie bien plate et bien peu digne de tout ce qu'on dit d'elle.

DIOGÈNE.

Elle tousse, et s'approche de la balustrade. Ecoutons. C'est assurément une harangue qu'elle vous vient faire, et une harangue en vers; car elle ne parle plus qu'en vers.

PLUTON.

A-t-elle en effet du talent pour la poësie?

DIOGÈNE.

Vous l'allez voir.

LA PUCELLE.

O grand prince, que grand dès cette heure j'appelle;
Il est vrai, le respect sert de bride à mon zèle:
Mais ton illustre aspect me redouble le cœur,
Et me le redoublant, me redouble la peur.
A ton illustre aspect mon cœur se sollicite,
Et grimpant contre mont, la dure terre quitte.
O que n'ai-je le ton désormais assez fort
Pour aspirer à toi sans te faire de tort!
Pour toi puissé-je avoir une mortelle pointe
Vers où l'épaule gauche à la gorge est conjointe!
Que le coup brisât l'os, et fit pleuvoir le sang
De la tempe, du dos, de l'épaule et du flanc (1)!

PLUTON.

Quelle langue vient-elle de parler?

DIOGÈNE.

Belle demande! françoise.

PLUTON.

Quoi! c'est du françois qu'elle a dit! Je croyois que ce fût du bas-breton ou de l'allemand. Qui lui a appris cet étrange françois-là?

DIOGÈNE.

C'est un poëte chez qui elle a été en pension quarante ans durant.

(1) Vers extraits de la *Pucelle*

PLUTON.

Voilà un poëte qui l'a bien mal élevée!

DIOGÈNE.

Ce n'est pas manque d'avoir été bien payé, et d'avoir exactement touché ses pensions.

PLUTON.

Voilà de l'argent bien mal employé. Hé! Pucelle d'Orléans, pourquoi vous êtes-vous chargé la mémoire de ces grands vilains mots, vous qui ne songiez autrefois qu'à délivrer votre patrie, et qui n'aviez d'objet que la gloire?

LA PUCELLE.

La gloire?

Un seul endroit y mène, et de ce seul endroit
Droite et roide....

PLUTON.

Ah! elle m'écorche les oreilles.

LA PUCELLE.

Droite et roide est la côte et le sentier étroit.

PLUTON.

Quels vers, juste ciel! Je n'en puis pas entendre prononcer un, que ma tête ne soit prête à se fendre.

LA PUCELLE.

De flèches toutefois aucune ne l'atteint;
Ou pourtant l'atteignant, de son sang ne se teint.

PLUTON.

Encore! J'avoue que de toutes les héroïnes qui ont paru en ce lieu, celle-ci me paroît beaucoup la plus insupportable. Vraiment elle ne prêche pas la tendresse. Tout en elle n'est que dureté et que sécheresse ; et elle me paroît plus propre à glacer l'ame qu'à inspirer l'amour.

DIOGÈNE.

Elle en a pourtant inspiré au vaillant Dunois.

PLUTON.

Elle ! inspirer de l'amour au cœur de Dunois !

DIOGÈNE.

Oui assurément.

Au grand cœur de Dunois, le plus grand de la terre,
Grand cœur, qui dans lui seul deux grands amours enserre.

Mais il faut savoir quel amour. Dunois s'en explique ainsi lui-même en un endroit du poëme fait pour cette merveilleuse fille :

Pour ces célestes yeux, pour ce front magnanime,
Je n'ai que du respect, je n'ai que de l'estime :
Je n'en souhaite rien ; et si j'en suis amant,
D'un amour sans désir je l'aime seulement.
Et soit. Consumons-nous d'une flamme si belle :
Brûlons en holocauste aux yeux de la Pucelle.

Ne voilà-t-il pas une passion bien exprimée ? et le mot d'*holocauste* n'est-il pas tout-à-fait bien placé dans la bouche d'un guerrier comme Dunois?

PLUTON.

Sans doute ; et cette vertueuse guerrière peut innocemment, avec de tels vers, aller tout de ce pas, si elle veut, inspirer un pareil amour à tous les héros qui sont dans ces galeries. Je ne crains pas que cela leur amollisse l'ame. Mais du reste qu'elle s'en aille : car je tremble qu'elle ne me veuille encore réciter quelques-uns de ses vers, et je ne suis pas résolu de les entendre. La voilà enfin partie. Je ne vois plus ici aucun héros, ce me semble. Mais non, je me trompe : en voici encore un qui demeure immobile derrière cette porte. Vraisemblablement il n'a pas entendu que je voulois que tout le monde sortît. Le connois-tu, Diogène?

DIOGÈNE.

C'est Pharamond, le premier roi des François.

PLUTON.

Que dit-il? il parle en lui-même.

PHARAMOND.

Vous le savez bien, divine Rosemonde, que pour vous aimer je n'attendis pas que j'eusse le bonheur de vous connoître ; et que c'est sur le seul récit de vos charmes, fait par un de mes rivaux, que je devins si ardemment épris de vous.

PLUTON.

PLUTON.

Il semble que celui-ci soit devenu amoureux avant que de voir sa maîtresse.

DIOGÈNE.

Assurément il ne l'avoit point vue.

PLUTON.

Quoi ! il est devenu amoureux d'elle sur son portrait ?

DIOGÈNE.

Il n'avoit pas même vu son portrait.

PLUTON.

Si ce n'est là une vrai folie, je ne sais pas ce qui peut l'être. Mais, dites-moi, vous, amoureux Pharamond, n'êtes-vous pas content d'avoir fondé le plus florissant royaume de l'Europe, et de pouvoir compter au rang de vos successeurs le roi qui y règne aujourd'hui ? Pourquoi vous êtes-vous allé mal-à-propos embarrasser l'esprit de la princesse Rosemonde ?

PHARAMOND.

Il est vrai, Seigneur. Mais l'amour....

PLUTON.

Ho ! l'amour ! l'amour ! Va exagérer, si tu veux, les injustices de l'amour dans mes galeries; mais pour moi, le premier qui m'en viendra encore parler, je lui donnerai de mon sceptre tout au travers du visage. En voilà un qui entre. Il faut que je lui casse la tête.

MINOS.

Prenez garde à ce que vous allez faire. Ne voyez-vous pas que c'est Mercure ?

PLUTON.

Ah ! Mercure, je vous demande pardon. Mais ne venez-vous point aussi me parler d'amour ?

MERCURE.

Vous savez bien que je n'ai jamais fait l'amour pour moi-même. La vérité est que je l'ai fait quelquefois pour mon père Jupiter, et qu'en sa faveur autrefois j'endormis si bien le bon Argus, qu'il ne s'est jamais réveillé. Mais je viens vous apporter une bonne nouvelle ; c'est qu'à peine l'artillerie que je vous amène a paru, que vos ennemis se sont rangés dans le devoir. Vous n'avez jamais été roi plus paisible de l'enfer que vous l'êtes.

PLUTON.

Divin messager de Jupiter, vous m'avez rendu la vie. Mais, au nom de notre proche parenté, dites-moi, vous qui êtes le dieu de l'éloquence, comment vous avez souffert qu'il se soit glissé dans l'un et dans l'autre monde une si impertinente manière de parler que celle qui règne aujourd'hui, sur-tout en ces livres qu'on appelle *romans ;* et comment vous avez permis que les plus grands héros de l'antiquité parlassent ce langage.

MERCURE.

Hélas ! Apollon et moi, nous sommes des dieux qu'on n'invoque presque plus ; et la plupart des écrivains d'aujourd'hui ne connoissent pour leur véritable patron qu'un certain Phébus, qui est bien le plus impertinent personnage qu'on puisse voir. Du reste, je viens vous avertir qu'on vous a joué une pièce.

PLUTON.

Une pièce à moi ! comment ?

MERCURE.

Vous croyez que les vrais héros sont venus ici ?

PLUTON.

Assurément, je le crois, et j'en ai de bonnes preuves, puisque je les tiens encore ici tous renfermés dans les galeries de mon palais.

MERCURE.

Vous sortirez d'erreur quand je vous dirai que c'est une troupe de faquins, ou plutôt de fantômes chimériques, qui, n'étant que de fades copies de beaucoup de personnages modernes, ont eu pourtant l'audace de prendre le nom des plus grands héros de l'antiquité, mais dont la vie a été fort courte, et qui errent maintenant sur les bords du Cocyte et du Styx. Je m'étonne que vous y ayez été trompé. Ne voyez-vous pas que ces gens-là n'ont nul caractère de héros ? Tout ce qui les soutient aux yeux des hommes, c'est un certain oripeau et un faux clinquant de paroles, dont les ont habillés ceux qui ont écrit leur vie, et qu'il n'y a qu'à leur ôter pour les faire paroître tels qu'ils sont. J'ai même amené des champs élysées, en venant ici, un François pour les reconnoître quand ils seront dépouillés : car je me persuade que vous consentirez sans peine qu'ils le soient.

PLUTON.

J'y consens si bien que je veux que sur-le-champ la chose ici soit exécutée. Et pour ne point perdre de temps, gardes, qu'on les fasse de ce pas sortir tous de mes galeries par les portes dérobées, et qu'on les amène tous dans la grande place. Pour nous, allons nous mettre sur le balcon de cette fenêtre basse, d'où nous pourrons les contempler et leur parler tout à notre aise. Qu'on y porte nos siéges. Mercure, mettez-vous à ma droite; et vous, Minos, à ma gauche; et que Diogène se tienne derrière nous.

MINOS.

Les voilà qui arrivent en foule.

PLUTON.

Y sont-ils tous?

UN GARDE.

On n'en a laissé aucun dans les galeries.

PLUTON.

Accourez donc, vous tous, fidelles exécuteurs de mes volontés, spectres, larves, démons, furies, milices infernales que j'ai fait assembler. Qu'on m'entoure tous ces prétendus héros, et qu'on me les dépouille.

CYRUS.

Quoi! vous ferez dépouiller un conquérant comme moi?

PLUTON.

Hé! de grâce, généreux Cyrus, il faut que vous passiez le pas.

HORATIUS COCLÈS.

Quoi! un romain comme moi, qui a défendu lui seul un pont contre toutes les forces de Porsenna, vous ne le considérerez pas plus qu'un coupeur de bourses?

PLUTON.

Je m'en vais te faire chanter.

ASTRATE.

Quoi! un galant aussi tendre et aussi passionné que moi, vous le ferez maltraiter?

PLUTON.

Je m'en vais te faire voir la reine. Ah! les voilà dépouillés.

MERCURE.

Où est le François que j'ai amené?

LE FRANÇOIS.

Me voilà, Seigneur. Que souhaitez-vous?

MERCURE.

Tiens, regarde bien tous ces gens-là; les connois-tu?

LE FRANÇOIS.

Si je les connois? Hé! ce sont tous la plupart des bourgeois de mon quartier. Bon jour, madame Lucrèce. Bon jour, monsieur Brutus. Bon jour, mademoiselle Clélie. Bon jour, monsieur Horatius Coclès.

PLUTON.

Tu vas voir accommoder tes bourgeois de toutes pièces. Allons, qu'on ne les épargne point; et qu'après qu'ils auront été abondamment fustigés, on me les conduise tous sans différer droit aux bords du fleuve de Léthé. Puis, lorsqu'ils y seront arrivés, qu'on me les jette tous, la tête la première, dans l'endroit du fleuve le plus profond, eux, leurs billets doux, leurs lettres galantes, leurs vers passionnés, avec tous les nombreux volumes, ou, pour mieux dire, les monceaux de ridicule papier où sont écrites leurs histoires. Marchez donc, faquins, autrefois si grands héros. Vous voilà arrivés à votre fin, ou, pour mieux dire, au dernier acte de la comédie que vous avez jouée si peu de temps.

CHOEUR DE HÉROS *s'en allant chargés d'escourgées.*

Ah! la Calprenède! Ah! Scuderi!

PLUTON.

Hé! que ne les tiens-je! que ne les tiens-je! Ce n'est pas tout, Minos. Il faut que vous vous en alliez tout de ce pas donner ordre que la même justice se fasse sur tous leurs pareils dans les autres provinces de mon royaume.

MINOS.

Je me charge avec plaisir de cette commission.

MERCURE.

Mais voici les véritables héros qui arrivent, et qui demandent à vous entretenir. Ne voulez-vous pas qu'on les introduise?

PLUTON.

Je serai ravi de les voir. Mais je suis si fatigué des sottises que m'ont dites tous ces impertinens usurpateurs de leurs noms, que vous trouverez bon avant tout que j'aille faire un somme.

LETTRES

ET

PIÈCES DIVERSES.

ARRÊT BURLESQUE

Donné en la grand'chambre du Parnasse, en faveur des maîtres-ès-arts, médecins et professeurs de l'université de Stagire (1), *au pays des Chimères, pour le maintien de la doctrine d'Aristote.*

VU par la cour la requête (1) présentée par les régens, maîtres-ès-arts, docteurs et professeurs de l'université, tant en leurs noms, que comme tuteurs et défenseurs de la doctrine de maître.... Aristote, ancien professeur royal en grec dans le collége du lycée, et précepteur du feu roi de querelleuse mémoire, Alexandre dit *le Grand*, acquéreur de l'Asie, Europe, Afrique et autres lieux; contenant que, depuis quelques années, une inconnue, nommée *la Raison*, auroit entrepris d'entrer par force dans les écoles de ladite université; et pour cet effet, à l'aide de certains quidams factieux, prenant les surnoms de *Gassendistes*, *Cartésiens*, *Malebranchistes* et *Pourchotistes*, gens sans aveu, se seroit mise en état d'en expulser ledit Aristote, ancien et paisible possesseur desdites écoles, contre lequel elle et ses consorts auroient déjà publié plusieurs

(1) Ville de Macédoine, sur la mer Egée, et patrie d'Aristote.

(2) L'université de Paris avoit présenté requête au parlement pour empêcher qu'on enseignât la philosophie de Descartes. La requête fut supprimée, et Bernier en fit imprimer une de sa façon.

livres, traités, dissertations et raisonnemens diffamatoires, voulant assujettir ledit Aristote à subir devant elle l'examen de sa doctrine ; ce qui seroit directement opposé aux lois, us et coutumes de ladite université, où ledit Aristote auroit toujours été reconnu pour juge sans appel et non comptable de ses opinions. Que même, sans l'aveu d'icelui, elle auroit changé et innové plusieurs choses en et au-dedans de la nature, ayant ôté au cœur la prérogative d'être le principe des nerfs, que ce philosophe lui avoit accordée libéralement et de son bon gré, et laquelle elle auroit cédée et transportée au cerveau. Et ensuite, par une procédure nulle de toute nullité, auroit attribué audit cœur la charge de recevoir le chyle, appartenant ci-devant au foie ; comme aussi de faire voiturer le sang par tout le corps, avec plein pouvoir audit sang d'y vaguer, errer et circuler impunément par les veines et artères, n'ayant autre droit ni titre pour faire lesdites vexations, que la seule expérience, dont le témoignage n'a jamais été reçu dans lesdites écoles. Auroit aussi attenté ladite Raison, par une entreprise inouie, de déloger le feu de la plus haute région du ciel, et prétendu qu'il n'avoit là aucun domicile, nonobstant les certificats dudit philosophe, et les visites et descentes faites par lui sur les lieux. Plus, par un attentat et voie de fait énorme contre la faculté de médecine, se seroit ingérée de guérir, et auroit réellement et de fait guéri quantité de fièvres intermittentes, comme tierces, double-tierces, quartes, triple-quartes, et même continues, avec vin pur, poudre, écorce de quinquina, et autres drogues inconnues audit Aristote, et à Hippocrate son devancier, et ce sans saignée, purgation ni évacuation précédentes; ce qui est non-seulement irrégulier, mais tortionnaire et abusif; ladite Raison n'ayant jamais été admise ni agrégée au corps de ladite faculté, et ne pouvant par conséquent consulter avec les docteurs d'icelle, ni être consultée par eux, comme elle ne l'a en effet jamais été. Nonobstant quoi, et malgré les plaintes et oppositions réitérées des sieurs Blondel (1), Courtois (2), Denyau (3), et autres défenseurs de la bonne doctrine, elle n'auroit pas laissé de se servir toujours desdites drogues, ayant eu la hardiesse de les employer sur les médecins même de ladite faculté, dont plusieurs, au grand scandale des règles, ont été guéris par lesdits remèdes : ce qui est d'un exemple très-dangereux, et ne peut avoir été fait que par mauvaises voies, sortiléges et pactes avec le diable. Et non content de ce, auroit entrepris de diffamer et de bannir des écoles de philosophie les formalités, matérialités, entités, identités, virtualités, eccéités, pétréités, polycarpéités, et autres êtres imaginaires, tous enfans et ayant cause de défunt maître Jean

(1) Blondel a écrit que le bon effet du quinquina venoit des pactes que les Américains avoient faits avec le diable.

(2) Courtois, médecin, aimoit fort la saignée.

(3) Denyau, autre médecin, nioit la circulation du sang.

Scot leur père. Ce qui porteroit un préjudice notable, et causeroit la totale subversion de la philosophie scholastique, dont elles font tout le mystère, et qui tire d'elles toute sa subsistance, s'il n'y étoit par la cour pourvu. Vu les libelles intitulés, *Physique de Rohault*, *Logique de Port-Royal*, *Traités du quinquina*, même l'*Adversus Aristoteleos* de Gassendi, et autres pièces attachées à ladite requête, signée CHICANEAU, procureur de ladite université : Oui le rapport du conseiller-commis : Tout considéré :

LA COUR, ayant égard à ladite requête, a maintenu et gardé, maintient et garde ledit Aristote en la pleine et paisible possession et jouissance desdites écoles. Ordonne qu'il sera toujours suivi et enseigné par les régens, docteurs, maîtres-ès-arts et professeurs de ladite université, sans que pour ce ils soient obligés de le lire, ni de savoir sa langue et ses sentimens. Et sur le fond de sa doctrine, les renvoie à leurs cahiers. Enjoint au cœur de continuer d'être le principe des nerfs, et à toutes personnes, de quelque condition et profession qu'elles soient, de le croire tel, nonobstant toute expérience à ce contraire. Ordonne pareillement au chyle d'aller droit au foie, sans plus passer par le cœur, et au foie de le recevoir. Fait défenses au sang d'être plus vagabond, errer ni circuler dans le corps, sous peine d'être entièrement livré et abandonné à la faculté de médecine. Défend à la Raison et à ses adhérens de plus s'ingérer à l'avenir de guérir les fièvres tierces, double-tierces, quartes, triple-quartes ni continues, par mauvais moyens et voies de sortiléges, comme vin pur, poudre, écorce de quinquina, et autres drogues non approuvées ni connues des anciens. Et en cas de guérisons irrégulières par icelles drogues, permet aux médecins de ladite faculté de rendre, suivant leur méthode ordinaire, la fièvre aux malades, avec casse, séné, sirops, juleps et autres remèdes propres à ce, et de remettre lesdits malades en tel et semblable état qu'ils étoient auparavant, pour être ensuite traités selon les règles; et s'ils n'en réchappent, conduits du moins en l'autre monde suffisamment purgés et évacués. Remet les entités, identités, virtualités, eccéités, et autres pareilles formules scotistes, en leur bonne fame et renommée. A donné acte aux sieurs Blondel, Courtois et Denyau, de leur opposition au bon sens. A réintégré le feu dans la plus haute région du ciel, suivant et conformément aux descentes faites sur les lieux. Enjoint à tous régens, maîtres-ès-arts et professeurs, d'enseigner comme ils ont accoutumé, et de se servir, pour raison de ce, de tels raisonnemens qu'ils aviseront bon être; et aux répétiteurs hibernois, et autres leurs suppôts, de leur prêter main-forte, et de courir sus aux contrevenans, à peine d'être privés du droit de disputer sur les prolégomènes de la logique. Et afin qu'à l'avenir il n'y soit contrevenu, a banni à perpétuité la Raison des écoles de ladite université; lui fait défenses d'y entrer, troubler ni inquiéter ledit Aristote en la possession et jouissance d'icelles, à peine d'être déclarée janséniste et amie des nouveautés. Et à cet effet, sera le présent Arrêt lu et publié aux Mathurins de Stagire, à la première assemblée qui sera faite pour la procession du recteur, et affichée aux portes de tous les colléges du Parnasse, et par-tout où besoin sera. Fait ce trente-huitième jour d'août, onze mil six cent soixante-quinze.

COLLATIONNÉ AVEC PARAPHE.

REMERCÎMENT

A MESSIEURS

DE L'ACADÉMIE FRANÇOISE.

MESSIEURS,

L'honneur que je reçois aujourd'hui est quelque chose pour moi de si grand, de si extraordinaire, de si peu attendu, et tant de sortes de raisons sembloient devoir pour jamais m'en exclure (1), que, dans le moment même où je vous en fais mes remercîmens, je ne sais encore ce que je dois croire. Est-il possible, est-il bien vrai que vous m'ayez en effet jugé digne d'être admis dans cet illustre compagnie, dont le fameux établissement ne fait guère moins d'honneur à la mémoire du cardinal de Richelieu, que tant de choses merveilleuses qui ont été exécutées sous son ministère? et que penseroit ce grand homme; que penseroit ce sage chancelier qui a possédé après lui la dignité de votre protecteur, et après lequel vous avez jugé ne pouvoir choisir d'autre protecteur que le roi même; que que penseroient-ils, dis-je, s'ils me voyoient aujourd'hui entrer dans ce corps si célèbre, l'objet de leurs soins et de leur estime, et où, par les lois qu'ils ont établies, par les maximes qu'ils ont maintenues, personne ne doit être reçu qu'il ne soit d'un mérite sans reproche, d'un esprit hors du commun, en un mot, semblable à vous? mais à qui

(1) L'auteur avoit écrit contre plusieurs académiciens.

est-ce encore que je succède dans la place que vous m'y donnez? n'est-ce pas à un homme également considérable et par ses grands emplois et par sa profonde capacité dans les affaires; qui tenoit une des premières places dans le conseil, et qui en tant d'importantes occasions a été honoré de la plus étroite confiance de son prince; à un magistrat non moins sage qu'éclairé, vigilant, laborieux, et avec lequel, plus je m'examine, moins je me trouve de proportion?

Je sais bien, Messieurs, et personne ne l'ignore, que, dans le choix que vous faites des hommes propres à remplir les places vacantes de votre savante assemblée, vous n'avez égard ni au rang ni à la dignité; que la politesse, le savoir, la connoissance des belles-lettres, ouvrent chez vous l'entrée aux honnêtes gens; et que vous ne croyez point remplacer indignement un magistrat du premier ordre, un ministre de la plus haute élévation, en lui substituant un poëte célèbre, un écrivain illustre par ses ouvrages, et qui n'a souveut d'autre dignité que celle que son mérite lui donne sur le Parnasse. Mais, en qualité même d'homme de lettres, que puis-je vous offrir qui soit digne de la grâce dont vous m'honorez? seroit-ce un foible recueil de poësies, qu'une témérité heureuse, et quelque adroite imitation des anciens, ont fait valoir, plutôt que la beauté des pensées, ni la richesse des expressions? seroit-ce une traduction si éloignée de ces grands chefs-d'œuvre que vous nous donnez tous les jours, et où vous faites si glorieusement revivre les Thucydide, les Xénophon, les

les Tacite, et tous ces autres célèbres héros de la savante antiquité ? Non, Messieurs, vous connoissez trop bien la juste valeur des choses, pour payer d'un si grand prix des ouvrages aussi médiocres que les miens, et pour m'offrir de vous mêmes, s'il faut ainsi dire, sur un si léger fondement, un honneur que la connoissance de mon peu de mérite ne m'a pas laissé seulement la hardiesse de demander.

Quelle est donc la raison qui a pu vous inspirer si heureusement pour moi en cette rencontre ? Je commence à l'entrevoir; et j'ose me flatter que je ne vous ferai point souffrir en la publiant. La bonté qu'a eu le plus grand Prince du monde, en voulant bien que je m'employasse avec un de vos plus illustres écrivains à ramasser en un corps le nombre infini de ses actions immortelles; cette permission, dis-je, qu'il m'a donnée, m'a tenu lieu auprès de vous de toutes les qualités qui me manquent. Elle vous a entièrement déterminés en ma faveur. Oui, Messieurs, quelque juste sujet qui dût pour jamais m'interdire l'entrée de votre académie, vous n'avez pas cru qu'il fût de votre équité de souffrir qu'un homme destiné à parler de si grandes choses, fût privé de l'utilité de vos leçons, ni instruit en d'autre école qu'en la vôtre. Et en cela vous avez bien fait voir que lorsqu'il s'agit de votre auguste protecteur, quelque autre considération qui vous pût retenir d'ailleurs, votre zèle ne vous laisse plus voir que le seul intérêt de sa gloire.

Permettez pourtant que je vous désabuse, si vous vous êtes persuadés que ce grand Prince, en m'accordant cette grâce, ait cru rencontrer en moi un écrivain capable de soutenir en quelque sorte, par la beauté du style et par la magnificence des paroles, la grandeur de ses exploits. C'est à vous, Messieurs, c'est à des plumes comme les vôtres, qu'il appartient de faire de tels chefs-d'œuvres; et il n'a jamais conçu de moi une si avantageuse pensée. Mais comme tout ce qui s'est fait sous son règne tient beaucoup du miracle et du prodige, il n'a pas trouvé mauvais qu'au milieu de tant d'écrivains célèbres qui s'apprêtent à l'envi à peindre ses actions dans tout leur éclat et avec tous les ornemens de l'éloquence la plus sublime, un homme sans fard, et accusé plutôt de trop de sincérité que de flatterie, contribuât de son travail et de ses conseils à bien mettre en jour et dans toute la naïveté du style le plus simple la vérité de ses actions, qui, étant si peu vraisemblables d'elles-mêmes, ont bien plus besoin d'être fidellement écrites que fortement exprimées.

En effet, Messieurs, lorsque des orateurs et des poëtes, ou des historiens même aussi entreprenans quelquefois que les poëtes et les orateurs, viendront à déployer sur une matière si heureuse toutes les hardiesses de leur art, toute la force de leurs expressions; quand ils diront de LOUIS *le Grand*, à meilleur titre qu'on ne l'a dit d'un fameux capitaine de l'antiquité, qu'il a lui seul plus fait d'exploits que les autres n'en ont lu (1), qu'il a pris plus de villes que les autres rois n'ont souhaité d'en prendre ; quand ils assureront qu'il n'y a point de potentat sur la terre, quelque ambitieux qu'il puisse être, qui, dans les vœux secrets qu'il fait au ciel, ose lui demander autant de prospérités et de gloire que le ciel en a accordé libéralement à ce Prince ; quand ils écriront que sa conduite est maîtresse des événemens, que la fortune n'oseroit contredire ses desseins ; quand ils le peindront à la tête de ses armées, marchant à pas de géant au travers des fleuves et des montagnes, foudroyant les remparts, brisant les rocs, terrassant tout ce qui s'oppose à sa rencontre : ces expressions paroîtront sans doute grandes, riches, nobles, accommodées au sujet ; mais, en les admirant, on ne se croira point obligé d'y ajouter foi, et la vérité, sous ces ornemens pompeux, pourra aisément être désavouée ou méconnue.

Mais lorsque des écrivains sans artifice, se contentant de rapporter fidellement les choses, et avec toute la simplicité de témoins qui déposent, plutôt même que d'historiens qui racontent, exposeront bien tout ce qui s'est passé en France depuis la fameuse paix des Pyrénées, tout ce que le Roi a fait pour rétablir dans ses états l'ordre, les lois, la discipline ; quand ils compteront bien

(1) Mot fameux de Cicéron en parlant de Pompée : *Plura bella gessit quàm caeteri legerunt : plures provincias confecit quàm alii concupiverunt.* (Pro lege Manilia.)

toutes les provinces que dans les guerres suivantes il a ajoutées à son royaume, toutes les villes qu'il a conquises, tous les avantages qu'il a eus, toutes les victoires qu'il a remportées sur ses ennemis, l'Espagne, la Hollande, l'Allemagne, l'Europe entière trop foible contre lui seul, une guerre toujours féconde en prospérités, une paix encore plus glorieuse; quand, dis-je, des plumes sincères, et plus soigneuses de dire vrai que de se faire admirer, articuleront bien tous ces faits disposés dans l'ordre des temps, et accompagnés de leurs véritables circonstances : qui est-ce qui en pourra disconvenir, je ne dis pas de nos voisins, je ne dis pas de nos alliés, je dis de nos ennemis même ? et quand ils n'en voudroient pas tomber d'accord, leurs puissances diminuées, leurs états resserrés dans des bornes plus étroites, leurs plaintes, leurs jalousies, leurs fureurs, leurs invectives même, ne les en convaincront-ils pas malgré eux ? pourront-ils nier que, l'année même où je parle, ce Prince voulant les contraindre d'accepter la paix, qu'il leur offroit pour le bien de la chrétienté, il a tout-à-coup, et lorsqu'ils le publioient entièrement épuisé d'argent et de forces, il a, dis-je, tout-à-coup fait sortir comme de terre, dans les Pays-Bas, deux armées de quarante mille hommes chacune, et les y a fait subsister abondamment, malgré la disette des fourrages et la sécheresse de la saison ? pourront-ils nier que tandis qu'avec une de ses armées il faisoit assiéger Luxembourg, lui-même avec l'autre, tenant toutes les villes du Hainaut et du Brabant comme bloquées, par cette conduite toute merveilleuse, ou plutôt par une espèce d'enchantement semblable à celui de cette tête si célèbre dans les fables, dont l'aspect convertissoit les hommes en rochers, il a rendu les Espagnols immobiles spectateurs de la prise de cette place si importante, où ils avoient mis leur dernière ressource; que, par un effet non moins admirable d'un enchantement si prodigieux, cet opiniâtre ennemi de sa gloire, cet industrieux artisan de ligues et de querelles, qui travailloit depuis si long-temps à remuer contre lui toute l'Europe, s'est trouvé lui-même dans l'impuissance, pour ainsi dire, de se mouvoir, lié de tous côtés, et réduit pour toute vengeance à semer des libelles, à pousser des cris et des injures? nos ennemis, je le répète, pourront-ils nier toutes ces choses? pourront-ils ne pas avouer qu'au même temps que ces merveilles s'exécutoient dans les Pays-Bas, notre armée navale sur la mer Méditerranée, après avoir forcé Alger à demander la paix, faisoit sentir à Gênes, par un exemple à jamais terrible, la juste punition de ses insolences et de ses perfidies, ensevelissoit sous les ruines de ses palais et de ses maisons cette superbe ville, plus aisée à détruire qu'à humilier? non, sans doute, nos ennemis n'oseroient démentir des vérités si reconnues, sur-tout lorsqu'ils les verront écrites avec cet air simple et naïf, et dans ce caractère de sincérité et de vraisemblance, qu'au défaut des autres choses je ne désespère pas absolument de pouvoir, au moins en partie, fournir à l'histoire.

Mais comme cette simplicité même, tout

ennemie qu'elle est de l'ostentation et du faste, a pourtant son art, sa méthode, ses agrémens, où pourrois-je mieux puiser cet art et ces agrémens que dans la source même de toutes les délicatesses, dans cette académie qui tient depuis si long-temps en sa possession tous les trésors, toutes les richesses de notre langue? C'est donc, Messieurs, ce que j'espère aujourd'hui trouver parmi vous, c'est ce que j'y viens étudier, c'est ce que j'y viens apprendre. Heureux si, par mon assiduité à vous cultiver, par mon adresse à vous faire parler sur ces matières, je puis vous engager à ne me rien cacher de vos connoissances et de vos secrets! plus heureux encore si, par mes respects et par mes sincères soumissions, je puis parfaitement vous convaincre de l'extrême reconnoissance que j'aurai toute ma vie de l'honneur inespéré que vous m'avez fait!

DISCOURS

SUR

LE STYLE DES INSCRIPTIONS (1).

Les inscriptions doivent être simples, courtes et familières. La pompe ni la multitude des paroles n'y valent rien, et ne sont point propres au style grave, qui est le vrai style des inscriptions. Il est absurde de faire une déclamation autour d'une médaille ou au bas d'un tableau, sur-tout lorsqu'il s'agit d'actions comme celles du Roi, qui, étant d'elles-mêmes toutes grandes et toutes merveilleuses, n'ont pas besoin d'être exagérées.

Il suffit d'énoncer simplement les choses pour les faire admirer. *Le passage du Rhin*

(1) Charpentier, de l'académie françoise, ayant composé des inscriptions pleines d'emphase, qui furent mises par ordre du Roi au bas des tableaux des victoires de ce prince, peints dans la grande galerie de Versailles par le Brun, M. de Louvois, qui succéda à M. Colbert dans la charge de surintendant des bâtimens, fit entendre à sa Majesté que ces inscriptions déplaisoient fort à tout le monde; et pour mieux lui montrer que c'étoit avec raison, me pria de lui adresser à ce sujet quelque chose qu'il pût montrer au Roi. Ce que je fis aussitôt. Sa Majesté lut cet écrit avec plaisir, et l'approuva : de sorte que la saison l'appelant à Fontainebleau, il ordonna qu'en son absence on ôtât toutes ces pompeuses déclamations de Charpentier, et qu'on y mît les inscriptions simples qui y sont, que nous composâmes presque sur-le-champ, Racine et moi, et qui furent approuvées de tout le monde. C'est cet écrit, fait à la prière de M. de Louvois, que je donne ici au public.

dit beaucoup plus que *le merveilleux passage du Rhin.* L'épithète de *merveilleux* en cet endroit, bien loin d'augmenter l'action, la diminue, et sent son déclamateur qui veut grossir de petites choses. C'est à l'inscription à dire, *voilà le passage du Rhin ;* et celui qui lit saura bien dire sans elle, *le passage du Rhin est une des plus merveilleuses actions qui aient jamais été faites dans la guerre.* Il le dira même d'autant plus volontiers que l'inscription ne l'aura pas dit avant lui, les hommes naturellement ne pouvant souffrir qu'on prévienne leur jugement, ni qu'on leur impose la nécessité d'admirer ce qu'ils admireront assez d'eux-mêmes.

D'ailleurs, comme les tableaux de la galerie de Versailles sont des espèces d'emblêmes héroïques des actions du Roi, il ne faut dans les règles que mettre au bas du tableau le fait historique qui a donné occasion à l'emblême. Le tableau doit dire le reste, et s'expliquer tout seul. Ainsi, par exemple, lorsqu'on aura mis au bas du premier tableau, *le Roi prend lui-même la conduite de son royaume, et se donne tout entier aux affaires,* 1661 ; il sera aisé de concevoir le dessein du tableau, où l'on voit le Roi fort jeune, qui s'éveille au milieu des Plaisirs dont il est environné, et qui, tenant de la main un timon, s'apprête à suivre la Gloire qui l'appelle, etc.

Au reste, cette simplicité d'inscriptions est extrêmement du goût des anciens, comme on le peut voir dans les médailles, où ils se contentoient souvent de mettre pour toute explication la date de l'action qui est figurée, ou le consulat sous lequel elle a été faite, ou tout au plus deux mots qui apprennent le sujet de la médaille.

Il est vrai que la langue latine dans cette simplicité a une noblesse et une énergie qu'il est difficile d'attraper en notre langue. Mais si l'on n'y peut atteindre, il faut s'efforcer d'en approcher, et tout du moins ne pas charger nos inscriptions d'un verbiage et d'une enflure de paroles, qui, étant fort mauvaise partout ailleurs, devient sur-tout insupportable en ces endroits.

Ajoutez à tout cela que ces tableaux étant dans l'appartement du Roi, et ayant été faits par son ordre, c'est en quelque sorte le Roi lui-même qui parle à ceux qui viennent voir sa galerie. C'est pour ces raisons qu'on a cherché une grande simplicité dans les nouvelles inscriptions, où l'on ne met proprement que le titre et la date, et où l'on a sur-tout évité le faste et l'ostentation.

LETTRES.

A MONSEIGNEUR LE DUC DE VIVONNE,

Sur son entrée dans le phare de Messine (1).

MONSEIGNEUR,

Savez-vous bien qu'un des plus sûrs moyens pour empêcher un homme d'être plaisant, c'est de lui dire, *je veux que vous le soyez?* Depuis que vous m'avez défendu le sérieux, je ne me suis jamais senti si grave, et je ne parle plus que par sentences. Et d'ailleurs votre dernière action a quelque chose de si grand, qu'en vérité je ferois conscience de vous en écrire autrement qu'en style héroïque. Cependant je ne saurois me résoudre à ne pas vous obéir en tout ce que vous m'ordonnez. Ainsi, dans l'humeur où je me trouve, je tremble également de vous fatiguer par un sérieux fade, ou de vous ennuyer par une méchante plaisanterie. Enfin mon Apollon m'a secouru ce matin, et, dans le temps que j'y pensois le moins, m'a fait trouver sur mon chevet deux lettres qui, au défaut de

(1) M. le duc de Vivonne, qui commandoit alors l'armée navale, manda à l'auteur qu'il le prioit de lui écrire quelque chose qui le consolât des mauvaises harangues qu'il étoit obligé d'entendre. C'est ce qui donna lieu à l'auteur de composer ces lettres.

la mienne, pourront peut-être vous amuser agréablement. Elles sont datées des champs élysées. L'une est de Balzac, et l'autre de Voiture, qui, tous deux, charmés du récit de votre dernier combat, vous écrivent de l'autre monde pour vous en féliciter.

Voici celle de Balzac. Vous la reconnoîtrez aisément à son style, qui ne sauroit dire simplement les choses, ni descendre de sa hauteur.

MONSEIGNEUR,

Aux champs élysées, le 2 juin 1675.

« Le bruit de vos actions ressuscite les » morts. Il réveille des gens endormis depuis » trente années, et condamnés à un sommeil » éternel. Il fait parler le silence même. La » belle, l'éclatante, la glorieuse conquête » que vous avez faite sur les ennemis de la » France ! vous avez redonné le pain à une » ville qui a accoutumé de le fournir à toutes » les autres. Vous avez nourri la mère nour- » rice de l'Italie. Les tonnerres de cette flotte » qui vous fermoit les avenues de son port » n'ont fait que saluer votre entrée. Sa ré- » sistance ne vous a pas arrêté plus long- » temps qu'une réception un peu trop civile. » Bien loin d'empêcher la rapidité de votre » course, elle n'a pas seulement interrompu » l'ordre de votre marche. Vous avez con- » traint à sa vue le sud et le nord à vous obéir. » Sans châtier la mer comme Xerxès (1),

(1) Hérodote, liv. VII; et Juvénal, sat. X.

» vous l'avez rendue disciplinable. Vous avez
» plus fait encore, vous avez rendu l'Espagnol
» humble. Après cela que ne peut-on point
» dire de vous ? non, la nature, je dis la
» nature encore jeune, et du temps qu'elle
» produisoit les Alexandre et les César, n'a
» rien produit de si grand que sous le règne
» de Louis quatorzième. Elle a donné aux
» François, sur son déclin, ce que Rome n'a
» pas obtenu d'elle dans sa plus grande ma-
» turité. Elle a fait voir au monde dans votre
» siècle, en corps et en ame, cette valeur
» parfaite dont on avoit à peine entrevu
» l'idée dans les romans et dans les poëmes
» héroïques. N'en déplaise à un de vos
» poëtes (1), il n'a pas raison d'écrire qu'au-
» delà du Cocyte le mérite n'est plus connu.
» Le vôtre, Monseigneur, est vanté ici d'une
» commune voix des deux côtés du Styx. Il
» fait sans cesse ressouvenir de vous dans
» le séjour même de l'oubli. Il trouve des
» partisans zélés dans le pays de l'indiffé-
» rence. Il met l'Achéron dans les intérêts
» de la Seine. Disons plus, il n'y a point
» d'ombre parmi nous, si prévenue des prin-
» cipes du portique, si endurcie dans l'école
» de Zénon, si fortifiée contre la joie et contre
» la douleur, qui n'entende vos louanges avec
» plaisir, qui ne batte des mains, qui ne
» crie miracle au moment que l'on vous

(1) Voiture, dans l'epître en vers à monseigneur le Prince, a dit :

Au-delà des bords du Cocyte
Il n'est plus parlé de mérite,

» nomme, et qui ne soit prête de dire avec » votre Malherbe :

A la fin c'est trop de silence
En si beau sujet de parler.

» Pour moi, Monseigneur, qui vous con» çois encore beaucoup mieux, je vous mé» dite sans cesse dans mon repos ; je m'oc» cupe tout entier de votre idée dans les » longues heures de notre loisir ; je crie con» tinuellement, *le grand personnage !* et si » je souhaite de revivre, c'est moins pour » revoir la lumière, que pour jouir de la » souveraine félicité de vous entretenir, et » de vous dire de bouche avec combien de » respect je suis de toute l'étendue de mon » ame,

MONSEIGNEUR,

votre très-humble et très-obéissant
serviteur, BALZAC.

Je ne sais, monseigneur, si ces violentes exagérations vous plairont, et si vous ne trouverez point que le style de Balzac s'est un peu corrompu dans l'autre monde. Quoi qu'il en soit, jamais, à mon avis, il n'a prodigué ses hyperboles plus à propos. C'est à vous d'en juger. Mais auparavant, lisez, je vous prie, la lettre de Voiture.

MONSEIGNEUR,

Aux champs élysées, le 2 juin.

« Bien que nous autres morts ne prenions
» pas grand intérêt aux affaires des vivans,
» et ne soyons pas trop portés à rire, je ne
» saurois pourtant m'empêcher de me réjouir
» des grandes choses que vous faites au-
» dessus de notre tête. Sérieusement, votre
» dernier combat fait un bruit de diable aux
» enfers : il s'est fait entendre dans un lieu
» où l'on n'entend pas Dieu tonner, et a
» fait connoître votre gloire dans un pays
» où l'on ne connoît point le soleil. Il est
» venu ici un bon nombre d'espagnols qui
» y étoient, et qui nous en ont appris le
» détail. Je ne sais pas pourquoi on veut
» faire passer les gens de leur nation pour
» fanfarons. Ce sont, je vous assure, de fort
» bonnes gens ; et le Roi, depuis quelque
» temps, nous les envoie ici fort humbles
» et fort honnêtes. Sans mentir, Monsei-
» gneur, vous avez bien fait des vôtres depuis
» peu. A voir de quel air vous courez la mer
» Méditerranée, il semble qu'elle vous appar-
» tienne tout entière. Il n'y a pas à l'heure
» qu'il est, dans toute son étendue, un seul
» corsaire en sûreté; et, pour peu que cela
» dure, je ne vois pas de quoi vous voulez
» que Tunis et Alger subsistent. Nous avons
» ici les César, les Pompée et les Alexandre.
» Ils trouvent tous que vous avez assez attrapé
» leur air dans votre manière de combattre.
» Sur-tout César vous trouve très-César. Il

» n'y a pas jusqu'aux Alaric, aux Genséric, » aux Théodoric, et à tous ces autres con- » quérans en *ic*, qui ne parlent fort bien » de votre action; et dans le Tartare même, » je ne sais si ce lieu vous est connu, il n'y » a point de diable, Monseigneur, qui ne » confesse ingénument qu'à la tête d'une » armée vous êtes beaucoup plus diable que » lui. C'est une vérité dont vos ennemis » tombent d'accord. Néanmoins, à voir le » bien que vous avez fait à Messine, j'estime » pour moi que vous tenez plus de l'ange » que du diable, hors que les anges ont la » taille un peu plus légère que vous, et n'ont » point le bras en écharpe. Raillerie à part, » l'enfer est extrêmement déchaîné en votre » faveur. On ne trouve qu'une chose à redire » à votre conduite, c'est le peu de soin que » vous prenez quelquefois de votre vie. On » vous aime assez en ce pays-ci pour sou- » haiter de ne vous y point voir. Croyez-moi, » Monseigneur, je l'ai déjà dit en l'autre » monde, c'est fort peu de chose qu'un demi- » dieu quand il est mort. Il n'est rien tel que » d'être vivant. Et pour moi qui sais main- » tenant par expérience ce que c'est que de » ne plus être, je fais ici la meilleure con- » tenance que je puis; mais, à ne vous rien » céler, je meurs d'envie de retourner au » monde, ne fût-ce que pour avoir le plaisir » de vous y voir. Dans le dessein même que » j'ai de faire ce voyage, j'ai déjà envoyé » plusieurs fois chercher les parties de mon » corps pour les rassembler : mais je n'ai » jamais pu ravoir mon cœur, que j'avois » laissé en partant à ces sept maîtresses que

» je servois, comme vous savez, si fidèle-
» ment toutes sept à-la-fois. Pour mon esprit,
» à moins que vous ne l'ayez, on m'a assuré
» qu'il n'étoit plus dans le monde. A vous
» dire le vrai, je vous soupçonne un peu
» d'en avoir au moins l'enjouement; car on
» m'a rapporté ici quatre ou cinq mots de
» votre façon que je voudrois de tout mon
» cœur avoir dit, et pour lesquels je donne-
» rois volontiers le panégyrique de Pline (1),
» et deux de mes meilleures lettres. Supposé
» donc que vous l'ayez, je vous prie de me
» le renvoyer au plutôt; car, en vérité, vous
» ne sauriez croire quelle incommodité c'est
» que de n'avoir pas tout son esprit, sur-
» tout lorsqu'on écrit à un homme comme
» vous. C'est ce qui fait que mon style au-
» jourd'hui est tout changé. Sans cela vous
» me verriez encor rire comme autrefois avec
» mon compère le brochet, et je ne serois
» pas réduit à finir ma lettre trivialement,
» comme je fais, en vous disant que je
» suis,

MONSEIGNEUR,

votre très-humble et très-obéissant
serviteur, VOITURE.

Voilà les deux lettres telles que je les ai reçues. Je vous les envoie écrites de ma main, parce que vous auriez eu trop de peine à lire les caractères de l'autre monde, si je

(1) Voiture se déclaroit hautement contre ce panégyrique.

vous

vous les avois envoyées en original. N'allez donc pas vous figurer, Monseigneur, que ce soit ici un pur jeu d'esprit et une imitation du style de ces deux écrivains. Vous savez bien que Balzac et Voiture sont deux hommes inimitables. Quand il seroit vrai pourtant que j'aurois eu recours à cette invention pour vous divertir, aurois-je si grand tort ? et ne devroit-on pas au contraire m'estimer d'avoir trouvé cette adresse pour vous faire lire des louanges que vous n'auriez jamais souffertes autrement ? En un mot, pourrois-je mieux faire voir avec quelle sincérité et quel respect je suis,

Monseigneur,

votre, etc.

A MONSEIGNEUR LE MARÉCHAL DUC DE VIVONNE, A MESSINE.

Monseigneur,

Sans une maladie très-violente qui m'a tourmenté pendant quatre mois, et qui m'a mis très-long-temps dans un état moins glorieux à la vérité, mais presque aussi périlleux que celui où vous êtes tous les jours, vous ne vous plaindriez pas de ma paresse.

Avant ce temps-là je me suis donné l'honneur de vousécrire plusieurs fois ; et si vous n'avez pas reçu mes lettres, c'est la faute des couriers, et non pas la mienne. Quoiqu'il en soit, me voilà guéri; je suis en état de réparer mes fautes, si j'en ai commis quelques-unes; et j'espère que cette lettre-ci prendra une route plus sûre que les autres. Mais dites-moi, Monseigneur, sur quel ton faut-il maintenant vous parler? Je savois bien autrefois de quel air il falloit écrire à MONSEIGNEUR DE VIVONNE, GÉNÉRAL DES GALÈRES DE FRANCE; mais oseroit-on se familiariser de même avec le libérateur de Messine, le vainqueur de Ruyter, le destructeur de la flotte espagnole? seriez-vous le premier héros qu'une extrême prospérité ne pût énorgueillir? êtes-vous encore ce même grand seigneur qui venoit souper chez un misérable poëte, et y porteriez-vous sans honte vos nouveaux lauriers au second et au troisième étage? non, non, Monseigneur, je n'oserois plus me flatter de cet honneur. Ce seroit assez pour moi que vous fussiez de retour à Paris; et je me tiendrois trop heureux de pouvoir grossir les pelotons de peuple qui s'amasseroient dans les rues pour vous voir passer. Mais je n'oserois pas même espérer cette joie. Vous vous êtes si fort habitué à gagner des batailles, que vous ne voulez plus faire d'autre métier. Il n'y a pas moyen de vous tirer de la Sicile. Cela accommode fort toute la France, mais cela ne m'accommode point du tout. Quelque belles que soient vos victoires, je n'en saurois être content, puisqu'elles vous rendent d'autant plus nécessaire au pays où vous êtes, et qu'en avançant vos conquêtes elles reculent votre retour. Tout passionné que je suis pour votre gloire, je chéris encore plus votre personne, et j'aimerois encore mieux vous entendre parler ici de Chapelain et de Quinault, que d'entendre la renommée parler si avantageusement de vous. Et puis, Monseigneur, combien pensez-vous que votre protection m'est nécessaire en ce pays, dans les démêlés que j'ai incessamment sur le Parnasse? il faut que je vous en conte un, pour vous faire voir que je ne mens pas. Vous saurez donc, Monseigneur, qu'il y a un médecin à Paris, nommé Perrault, très-grand ennemi de la santé et du bon sens, mais en récompense fort grand ami de Quinault. Un mouvement de pitié pour son pays, ou plutôt le peu de gain qu'il faisoit dans son métier, lui en a fait à la fin embrasser un autre. Il a lu Vitruve, il a fréquenté M. le Vau et M. Ratabon, et s'est enfin jeté dans l'architecture, où l'on prétend qu'en peu d'années il a autant élevé de mauvais bâtimens, qu'étant médecin il avoit ruiné de bonnes santés. Ce nouvel architecte, qui veut se mêler aussi de poësie, m'a pris en haine sur le peu d'estime que je faisois des ouvrages de son cher Quinault. Sur cela il s'est déchaîné contre moi dans le monde : je l'ai souffert quelque temps avec assez de modération ; mais enfin la bile satirique n'a pu se contenir, si bien que, dans le quatrième chant de ma poétique, à quelque temps de-là, j'ai inséré la métamorphose d'un médecin en architecte. Vous l'y avez peut-être vue, elle finit ainsi :

Notre assassin renonce à son art inhumain ;
Et désormais la règle et l'équerre en main,
Laissant de Galien la science suspecte,
De méchant médecin devient bon architecte.

Il n'avoit pourtant pas sujet de s'offenser ; puisque je parle d'un médecin de Florence, et que d'ailleurs il n'est pas le premier médecin qui, dans Paris, ait quitté sa robe pour la truelle. Ajoutez que si en qualité de médecin il avoit raison de se fâcher, vous m'avouerez qu'en qualité d'architecte il me devoit des remercîmens. Il ne me remercia pas pourtant ; au contraire, comme il a un frère chez M. Colbert, et qu'il est lui-même employé dans les bâtimens du Roi, il cria fort hautement contre ma hardiesse ; jusques-là que mes amis eurent peur que cela ne me fît une affaire auprès de cet illustre ministre. Je me rendis donc à leurs remontrances, et, pour raccommoder toutes choses, je fis une réparation sincère au médecin par l'épigramme que vous allez voir :

Oui, j'ai dit dans mes vers qu'un célèbre assassin,
Laissant de Galien la science infertile,
D'ignorant médecin devint maçon habile.
Mais de parler de vous je n'eus jamais dessein,
Lubin ; ma muse est trop correcte.
Vous êtes, je l'avoue, ignorant médecin,
Mais non pas habile architecte.

Cependant regardez, Monseigneur, comme les esprits des hommes sont faits ; cette réparation, bien loin d'appaiser l'architecte, l'irrita encore davantage. Il gronda, il se plaignit, il me menaça de me faire ôter ma pension. A tout cela je répondis que je craignois ses remèdes, et non pas ses menaces. Le dénoûment de l'affaire est que j'ai touché ma pension, que l'architecte s'est brouillé auprès de M. Colbert, et que si Dieu ne regarde en pitié son peuple, notre homme va se rejeter dans la médecine. Mais, Monseigneur, je vous entretiens-là d'étranges bagatelles. Il est temps, ce me semble, de vous dire que je suis avec toute sorte de zèle et de respect,

MONSEIGNEUR,

votre, etc.

RÉPONSE

A la lettre que son excellence M. le comte d'Ericeyra m'a écrite de Lisbonne en m'envoyant la traduction de mon Art poëtique, *faite par lui en vers portugais.*

MONSIEUR,

Bien que mes ouvrages aient fait de l'éclat dans le monde, je n'en ai point conçu une trop haute opinion de moi-même; et si les louanges qu'on m'a données m'ont flatté assez agréablement, elles ne m'ont pourtant point aveuglé. Mais j'avoue que la traduction que votre excellence a bien daigné faire de mon

Art poëtique, et les éloges dont elle l'a accompagnée en me l'envoyant, m'ont donné un véritable orgueil. Il ne m'a plus été possible de me croire un homme ordinaire en me voyant si extraordinairement honoré; et il m'a paru que d'avoir un traducteur de votre capacité et de votre élévation, étoit pour moi un titre de mérite qui me distinguoit de tous les écrivains de notre siècle. Je n'ai qu'une connoissance très-imparfaite de votre langue, et je n'en ai fait aucune étude particulière. J'ai pourtant assez bien entendu votre traduction pour m'y admirer moi-même, et pour me trouver beaucoup plus habile écrivain en portugais qu'en françois. En effet, vous enrichissez toutes mes pensées en les exprimant. Tout ce que vous maniez se change en or, et les cailloux même, s'il faut ainsi parler, deviennent des pierres précieuses entre vos mains. Jugez après cela si vous devez exiger de moi que je vous marque les endroits où vous pouvez vous être un peu écarté de mon sens. Quand, à la place de mes pensées, vous m'auriez, sans y prendre garde, prêté quelques-unes des vôtres, bien loin de m'employer à les faire ôter, je songerois à profiter de votre méprise, et je les adopterois sur-le-champ pour me faire honneur. Mais vous ne me mettez nulle part à cette épreuve. Tout est également juste, exact, fidelle, dans votre traduction; et bien que vous m'y ayez fort embelli, je ne laisse pas de m'y reconnoître par tout. Ne dites donc plus, Monsieur, que vous craignez de ne m'avoir pas assez bien entendu. Dites-moi plutôt comment vous avez fait pour m'entendre si bien, et pour appercevoir dans mon ouvrage jusqu'à des finesses que je croyois ne pouvoir être senties que par des gens nés en France et nourris à la cour de Louis *le Grand*. Je vois bien que vous n'êtes étranger en aucun pays, et que par l'étendue de vos connoissances vous êtes de toutes les cours et de toutes les nations. La lettre et les vers françois que vous m'avez fait l'honneur de m'écrire en sont un bon témoignage. On n'y voit rien d'étranger que votre nom, et il n'y a point en France d'homme de bon goût qui ne voulût les avoir faits. Je les ai montrés à plusieurs de nos meilleurs écrivains. Il n'y en a pas un qui n'en ait été extrêmement frappé, et qui ne m'ait fait comprendre que s'il avoit reçu de vous de pareilles louanges, il vous auroit déjà récrit des volumes de prose et de vers. Que penserez-vous donc de moi, de me contenter d'y répondre par une simple lettre de compliment? ne m'accuserez-vous point d'être ou méconnoissant ou grossier? non, Monsieur, je ne suis ni l'un ni l'autre; mais franchement je ne fais pas des vers, ni même de la prose, quand je veux. Apollon est pour moi un dieu bizarre, qui ne me donne pas comme à vous audience à toutes les heures. Il faut que j'attende les momens favorables. J'aurai soin d'en profiter dès que je les trouverai; et il y a bien du malheur si je ne meurs enfin quitte d'une partie de vos éloges. Ce que je puis vous dire par avance, c'est qu'à la première édition de mes ouvrages je ne manquerai pas d'y insérer votre traduction, et que je ne perdrai aucune occasion de faire savoir à toute la terre que c'est des extrémités de notre continent, et d'aussi loin que les colonnes d'Hercule, que me sont venues les louanges dont je m'applaudis davantage, et l'ouvrage dont je me sens le plus honoré. Je suis avec un très-grand respect,

DE VOTRE EXCELLENCE, etc.

A M. PERRAULT,

DE L'ACADÉMIE FRANÇOISE.

MONSIEUR,

Puisque le public a été instruit de notre démêlé, il est bon de lui apprendre aussi notre réconciliation, et de ne lui pas laisser ignorer qu'il en a été de notre querelle sur le Parnasse comme de ces duels d'autrefois, que la prudence du Roi a si sagement réprimés, où après s'être battus à outrance, et s'être quelquefois cruellement blessés l'un l'autre, on s'embrassoit et on devenoit sincèrement amis. Notre duel grammatical s'est même terminé encore plus noblement; et je puis dire, si j'ose vous citer Homère, que nous avons fait comme Ajax et Hector dans l'Iliade, qui, aussitôt après leur long combat en présence des Grecs et des Troyens, se comblent d'honnêtetés et se font des présens. En effet, Monsieur, notre dispute n'étoit pas encore bien finie, que vous m'avez fait l'honneur de m'envoyer vos ouvrages, et que j'ai eu soin qu'on vous portât les miens. Nous avons d'autant mieux imité ces deux héros du poëme qui vous plaît si peu, qu'en nous faisant ces civilités nous sommes demeurés comme eux chacun dans notre même parti et dans nos mêmes sentimens; c'est-à-dire, vous toujours bien résolu de ne point trop estimer Homère ni Virgile, et moi toujours leur passionné admirateur. Voilà de quoi il est bon que le public soit informé; et c'étoit pour commencer à le lui faire entendre, que peu de temps après notre réconciliation je composai une épigramme qui a couru et que vraisemblablement vous avez vue. La voici :

Tout le trouble poëtique
A Paris s'en va cesser :
Perrault l'anti-pindarique
Et Despréaux l'homérique
Consentent de s'embrasser.
Quelque aigreur qui les anime,
Quand, malgré l'emportement,
Comme eux l'un l'autre on s'estime,
L'accord se fait aisément.
Mon embarras est comment
On pourra finir la guerre
De Pradon et du parterre.

Vous pouvez reconnoître, Monsieur, par ces vers, où j'ai exprimé sincèrement ma pensée, la différence que j'ai toujours faite de vous et de ce poëte de théâtre dont j'ai mis le nom en œuvre pour égayer la fin de mon épigramme. Aussi étoit-ce l'homme du monde qui vous ressembloit le moins.

Mais maintenant que nous voilà bien remis, et qu'il ne reste plus entre nous aucun levain d'animosité ni d'aigreur, oserois-je, comme votre ami, vous demander ce qui a pu depuis si long-temps vous irriter et vous porter à écrire contre tous les plus célèbres écrivains de l'antiquité? est-ce le peu de cas qu'il vous a paru que l'on faisoit parmi nous des bons auteurs modernes? mais où avez-vous vu qu'on les méprisât? dans quel siècle a-t-on plus volontiers applaudi aux livres naissans, que dans le nôtre? quels éloges n'y a-t-on point donnés aux ouvrages de Descartes, d'Arnauld, de Nicole, et de tant d'autres admirables philosophes et théologiens que la France a produits depuis soixante ans, et qui sont en si grand nombre qu'on pourroit faire un petit volume de la seule liste de leurs écrits! Mais pour ne nous arrêter ici qu'aux seuls auteurs qui nous touchent vous et moi de plus près, je veux dire aux poëtes, quelle gloire ne s'y sont point acquise les Malherbe, les Racan, les Mainard! Avec quels battemens de mains n'y a-t-on point reçu les ouvrages de Voiture, de Sarrazin, et de La Fontaine! Quels honneurs n'y a-t-on point, pour ainsi dire, rendus à Corneille et à Racine! et qui est-ce qui n'a point admiré les comédies de Molière? vous-même, Monsieur, pouvez-vous vous plaindre qu'on n'y ait pas rendu justice à votre dialogue de l'Amour et de l'Amitié, à votre poëme sur la peinture, à votre épitre sur la Quintinie, et à tant d'autres excellentes pièces de votre façon? on n'y a pas véritablement fort estimé nos poëmes héroïques; mais a-t-on eu tort? et ne confessez-vous pas vous-même en quelque endroit de vos parallèles que le meilleur de ces poëmes est si dur et si forcé, qu'il n'est pas possible de le lire?

Quel est donc le motif qui vous a tant fait crier contre les anciens? Est-ce la peur qu'on ne se gâtât en les imitant? mais pouvez-vous nier que ce ne soit au contraire à cette imitation-là même que nos plus grands poëtes sont redevables du succès de leurs écrits? pouvez-vous nier que ce soit dans Tite-Live, dans Dion Cassius, dans Plutarque, dans Lucain, et dans Sénèque, que Corneille a pris ses plus beaux traits, a puisé ces grandes idées qui lui ont fait inventer un nouveau genre de tragédie inconnu à Aristote? car c'est sur ce pied, à mon avis, qu'on doit regarder quantité de ses plus belles pièces de théâtre, où, se mettant au-dessus des règles de ce philosophe, il n'a point songé, comme les poëtes de l'ancienne tragédie, à émouvoir la pitié et la terreur, mais à exciter dans l'ame des spectateurs, par la sublimité des pensées et par la beauté des sentimens, une certaine admiration, dont plusieurs personnes, et les jeunes gens sur-tout, s'accommodent souvent beaucoup mieux que des véritables passions tragiques. Enfin, Monsieur, pour finir cette période un peu longue, et pour ne me point écarter de mon sujet, pouvez-vous ne pas convenir que ce sont Sophocle et Euripide qui ont formé Racine? pouvez-vous ne pas avouer que c'est dans Plaute et dans Térence que Molière a appris les plus grandes finesses de son art?

D'où a pu donc venir votre chaleur contre les anciens? je commence, si je ne m'abuse, à l'appercevoir. Vous avez vraisemblablement rencontré il y a long-temps dans le monde quelques-uns de ces faux savans, tels que le président de vos dialogues, qui ne s'étudient qu'à enrichir leur mémoire, et qui n'ayant d'ailleurs ni esprit, ni jugement, ni goût, n'estiment les anciens que parce qu'ils sont anciens; ne pensent pas que la raison puisse parler une autre langue que la grecque ou la latine, et condamnent d'abord tout ouvrage en langue vulgaire, sur ce fondement seul qu'il est en langue vulgaire. Ces ridicules admirateurs de l'antiquité vous ont révolté contre tout ce que l'antiquité a de plus merveilleux. Vous n'avez pu vous résoudre d'être du sentiment de gens si déraisonnables, dans la chose même où ils avoient raison. Voilà, selon toutes les apparences, ce qui vous a fait faire vos parallèles. Vous vous êtes persuadé qu'avec l'esprit que vous avez et que ces gens-là n'ont point, avec quelques argumens spécieux, vous déconcerteriez aisément la vaine habileté de ces foibles antagonistes; et vous y avez si bien réussi, que, si je ne me fusse mis de la partie, le champ de bataille, s'il faut ainsi parler, vous demeuroit; ces faux savans n'ayant pu, et les vrais savans, par une hauteur un peu trop affectée, n'ayant pas daigné vous répondre. Permettez-moi cependant de vous faire ressouvenir que ce n'est point à l'approbation des faux ni des vrais savans que les grands écrivains de l'antiquité doivent leur gloire, mais à la constante et unanime admiration de ce qu'il y a eu dans tous les siècles d'hommes sensés et délicats, entre lesquels on compte plus d'un Alexandre et plus d'un César. Permettez-moi de vous représenter qu'aujourd'hui même encore ce ne sont point, comme vous vous le figurez, les Schrévélius, les Pérarédus, les Ménagius, ni, pour me servir des termes de Molière, les savans en *us*, qui goûtent davantage Homère, Horace, Cicéron, Virgile. Ceux que j'ai toujours vus le plus frappés de la lecture des écrits de ces grands personnages, ce sont des hommes de la plus haute élévation. Que s'il falloit nécessairement vous en citer ici quelques-uns, je vous étonnerois peut-être par les noms illustres que je mettrois sur le papier; et vous y trouveriez non-seulement des Lamoignon, des d'Aguesseau, des Troisvilles, mais des Condé, des Conti et des Turenne.

Ne pourroit-on point donc, Monsieur, aussi galant homme que vous l'êtes, vous réunir de sentimens avec tant de si galans hommes? oui, sans doute, on le peut; et nous ne sommes pas même, vous et moi, si éloigné d'opinion que vous pensez. En effet, qu'est-ce que vous avez voulu établir par tant de poëmes, de dialogues et de dissertations sur les anciens et sur les modernes? je ne sais si j'ai bien pris votre pensée; mais la voici, ce me semble. Votre dessein est de montrer que pour la connoissance sur-tout des beaux-arts, et pour le mérite des belles-lettres, notre siècle, ou, pour mieux parler, le siècle de Louis *le Grand*, est non-seulement comparable, mais supérieur à tous les plus fameux siècles de l'antiquité, et même au siècle d'Auguste. Vous allez donc être bien étonné quand je vous dirai que je suis sur cela entièrement de votre avis, et que même, si mes infirmités et mes emplois m'en laissoient le loisir, je m'offrirois volontiers de prouver, comme vous, cette proposition la plume à la main. A la vérité j'emploierois beaucoup d'autres raisons que les vôtres, car chacun a sa manière de raisonner; et je prendrois des précautions et des mesures que vous n'avez point prises.

Je n'opposerois donc pas, comme vous avez fait, notre nation et notre siècle seuls à toutes les autres nations et à tous les autres siècles joints ensemble. L'entreprise, à mon sens, n'est pas soutenable. J'examinerois chaque nation et chaque siècle l'un après l'autre; et après avoir mûrement pesé en quoi ils sont au-dessus de nous, et en quoi nous les surpassons, je suis fort trompé si je ne prouvois invinciblement que l'avantage est de notre côté. Ainsi, quand je viendrois au siècle d'Auguste, je commencerois par avouer sincèrement que nous n'avons point de poëtes héroïques ni d'orateurs que nous puissions comparer aux Virgile et aux Cicéron : je conviendrois que nos plus habiles historiens sont petits devant les Tite-Live et les Salluste : je passerois condamnation sur la satire et sur l'élégie, quoiqu'il y ait des satires de Regnier admirables, et des élégies de Voiture, de Sarrazin, de la comtesse de la Suze, d'un agrément infini. Mais en même temps je ferois voir que pour la tragédie nous sommes beaucoup supérieurs aux latins, qui ne sauroient opposer à tant d'excellentes pièces tragiques que nous avons en notre langue, que quelques déclamations plus pompeuses que raisonnables d'un prétendu Sénèque, et un peu de bruit qu'ont fait en leurs temps le Thyeste de Varius et la Médée d'Ovide. Je ferois voir que bien loin qu'ils aient eu dans ce siècle-là des poëtes comiques meilleurs que les nôtres, ils n'en ont pas un seul dont le nom ait mérité qu'on s'en souvînt, les Plautes, les Cécilius et les Térence étant morts dans le siècle précédent. Je montrerois que si pour l'ode nous n'avons point d'auteurs si parfaits qu'Horace, qui est leur seul poëte lyrique, nous en avons néanmoins un assez grand nombre qui ne lui sont guère inférieurs en délicatesse de langue et en justesse d'expression, et dont tous les ouvrages mis ensemble ne feroient peut-être pas dans la balance un poids de mérite moins considérable que les cinq livres d'odes qui nous restent de ce grand poëte. Je montrerois qu'il y a des genres de poësies où non-seulement les latins ne nous ont point surpassés, mais qu'ils n'ont pas même connus; comme, par exemple, ces poëmes en prose que nous appelons *romans*, et dont nous avons chez nous des modèles qu'on ne sauroit trop estimer, à la morale près qui y est fort vicieuse et qui en rend la lecture dangereuse aux jeunes personnes. Je soutiendrois hardiment qu'à prendre le siècle d'Auguste dans sa plus grande étendue, c'est-à-dire, depuis Cicéron jusqu'à Corneille Tacite, on ne sauroit trouver parmi les latins un seul philosophe qu'on puisse mettre, pour la physique, en parallèle avec Descartes, ni même avec Gassendi. Je prouverois que pour le grand savoir et la multiplicité de connoissances, leurs Varron et leurs Pline, qui sont leurs plus doctes écrivains, paroîtroient de médiocres savans devant nos Bignon, nos Scaliger, nos Saumaise, nos père Sirmond, et nos père Pétau. Je triompherois avec vous du peu d'étendue de leurs lumières sur l'astronomie, sur la géographie, et sur la navigation. Je les défierois de me citer, à l'exception du seul Vitruve, qui est même plutôt un bon docteur d'architecture qu'un excellent architecte, je les défierois, dis-je, de me nommer un seul habile architecte, un seul habile sculpteur, un seul peintre latin, ceux qui ont fait du bruit à Rome dans tous ces arts étant des grecs d'Europe et d'Asie qui venoient pratiquer chez les latins des arts que les latins, pour ainsi dire, ne connoissoient point; au lieu que toute la terre aujourd'hui est pleine de la réputation et des ouvrages de nos Poussin, de nos Lebrun, de nos Girardon, et de nos Mansard. Je pourrois ajouter encore à cela beaucoup d'autres choses; mais ce que j'ai dit est suffisant, je crois, pour vous faire entendre comment je me tirerois d'affaire à l'égard du siècle d'Auguste. Que si de la comparaison des gens de lettres et des illustres artisans, il falloit passer à celle des héros et des grands princes, peut-être en sortirois-je avec encore plus de succès. Je suis bien sûr au moins que je ne serois pas fort embarrassé à montrer

trer que l'Auguste des Latins ne l'emporte pas sur l'Auguste des François. Par tout ce que je viens de dire, vous voyez, Monsieur, qu'à proprement parler, nous ne sommes point d'avis différent sur l'estime qu'on doit faire de notre nation et de notre siècle ; mais que nous sommes différemment de même avis. Aussi n'est-ce point votre sentiment que j'ai attaqué dans vos parallèles, mais la manière hautaine et méprisante dont votre abbé et votre chevalier y traitent des écrivains pour qui, même en les blâmant, on ne sauroit, à mon avis, marquer trop d'estime, de respect et d'admiration. Il ne reste donc plus maintenant, pour assurer notre accord et pour étouffer en nous toute semence de dispute, que de nous guérir l'un et l'autre, vous, d'un penchant un peu trop fort à rabaisser les bons écrivains de l'antiquité ; et moi, d'une inclination un peu trop violente à blâmer les méchans, et même les médiocres auteurs de notre siècle. C'est à quoi nous devons sérieusement nous appliquer. Mais quand nous n'en pourrions venir à bout, je vous réponds que de mon côté cela ne troublera point notre réconciliation, et que, pourvu que vous ne me forciez point à lire le Clovis ni la Pucelle, je vous laisserai tout à votre aise critiquer l'Iliade et l'Enéide, me contentant de les admirer sans vous demander pour elles cette espèce de culte tendant à l'adoration que vous vous plaignez en quelqu'un de vos poëmes qu'on veut exiger de vous, et que Stace semble en effet avoir eu pour l'Enéide, quand il se dit à lui-même :

Nec tu divinam Æneida tenta ;
Sed longè sequere, et vestigia semper adora.

Voilà, Monsieur, ce que je suis bien aise que le public sache ; et c'est pour l'en instruire à fond que je me donne l'honneur de vous écrire aujourd'hui cette lettre, que j'aurai soin de faire imprimer dans la nouvelle édition qu'on fait en grand et en petit de mes ouvrages. J'aurois bien voulu pouvoir adoucir en cette nouvelle édition quelques railleries un peu fortes qui me sont échappées dans mes réflexions sur Longin ; mais il m'a paru que cela seroit inutile à cause des deux éditions qui l'ont précédée, auxquelles on ne manqueroit pas de recourir, aussi-bien qu'aux fausses éditions qu'on en pourra faire dans les pays étrangers, où il y a de l'apparence qu'on prendra soin de mettre les choses en l'état qu'elles étoient d'abord. J'ai cru donc que le meilleur moyen d'en corriger la petite malignité, c'étoit de marquer ici, comme je viens de le faire, mes vrais sentimens pour vous. J'espère que vous serez content de mon procédé, et que vous ne vous choquerez pas même de la liberté que je me suis donnée de faire imprimer dans cette dernière édition la lettre que l'illustre Arnauld vous a écrite au sujet de ma dixième satire.

Car outre que cette lettre a déjà été rendue publique dans deux recueils des ouvrages de ce grand homme, je vous prie, Monsieur, de faire réflexion que dans la préface de votre apologie des femmes, contre laquelle cet ouvrage me défend, vous ne me reprochez pas seulement des fautes de raisonnement et de grammaire, mais que vous m'accusez d'avoir dit des mots sales, d'avoir glissé beaucoup d'impuretés, et d'avoir fait des médisances. Je vous supplie, dis-je, de considérer que ces reproches regardant l'honneur, ce seroit en quelque sorte reconnoître qu'ils sont vrais que de les passer sous silence; qu'ainsi je ne pouvois pas honnêtement me dispenser de m'en disculper moi-même dans ma nouvelle édition, ou d'y insérer une lettre qui m'en disculpe si honorablement. Ajoutez que cette lettre est écrite avec tant d'honnêtetés et d'égards pour celui même contre qui elle est écrite, qu'un honnête homme, à mon avis, ne sauroit s'en offenser. J'ose donc me flatter, je le répète, que vous la verrez sans chagrin, et que, comme j'avoue franchement que le dépit de me voir critiqué dans vos dialogues m'a fait dire des choses qu'il seroit mieux de n'avoir point dites, vous confesserez aussi que le déplaisir d'être attaqué dans ma dixième satire, vous y a fait voir des médisances et des saletés qui n'y sont point. Du reste, je vous prie de croire que je vous estime comme je dois, et que je ne vous regarde pas simplement comme un très-bel esprit, mais comme un des hommes de France qui a le plus de probité et d'honneur. Je suis,

MONSIEUR,

votre, etc.

LETTRE DE M. ARNAULD,

Docteur de Sorbonne,

A M. PERRAULT,

Au sujet de ma dixième Satire.

Vous pouvez être surpris, Monsieur, de ce que j'ai tant différé à vous faire réponse, ayant à vous remercier de votre présent, et de la manière honnête dont vous me faites souvenir de l'affection que vous m'avez toujours témoignée, vous et Messieurs vos frères, depuis que j'ai le bien de vous connoître. Je n'ai pu lire votre lettre sans m'y trouver obligé. Mais, pour vous parler franchement, la lecture que je fis ensuite de la préface de votre apologie des femmes, me jeta dans un grand embarras, et me fit trouver cette réponse plus difficile que je ne pensois. En voici la raison.

Tout le monde sait que M. Despréaux est de mes meilleurs amis, et qu'il m'a rendu des témoignages d'estime et d'amitié en toutes sortes de temps. Un de mes amis m'avoit envoyé sa dernière satire. Je témoignai à cet ami la satisfaction que j'en avois eue, et lui marquai en particulier, que ce que j'en estimois le plus, par rapport à la morale, c'étoit la manière si ingénieuse et si vive dont il avoit représenté les mauvais effets que pouvoient produire dans les jeunes personnes les opéra et les romans. Mais comme je ne puis m'empêcher de parler à cœur ouvert à mes amis, je ne lui dissimulai pas que j'aurois souhaité qu'il n'y eût point parlé de l'auteur de Saint-Paulin. Cela a été écrit avant que j'eusse rien su de l'apologie des femmes, que je n'ai reçue qu'un mois après. J'ai fort approuvé ce que vous y dites en faveur des pères et mères qui portent leurs enfans à embrasser l'état du mariage par des motifs honnêtes et chrétiens; et j'y ai trouvé beaucoup de douceur et d'agrément dans les vers.

Mais ayant rencontré dans la préface diverses choses que je ne pouvois approuver sans blesser ma conscience, cela me jeta dans l'inquiétude de ce que j'avois à faire. Enfin, je me suis déterminé à vous marquer à vous-même quatre ou cinq points qui m'y ont fait le plus de peine, dans l'espérance que vous ne trouveriez pas mauvais que j'agisse à votre égard avec cette naïve et cordiale sincérité que les chrétiens doivent pratiquer envers leurs amis.

La première chose que je n'ai pu approuver, c'est que vous ayez attribué à votre adversaire cette proposition générale : *Que l'on ne peut manquer en suivant l'exemple des Anciens;* et que vous ayez conclu, *que parce qu'Horace et Juvénal ont déclamé contre les femmes d'une manière scandaleuse, il avoit pensé qu'il étoit en droit de faire la même chose.* Vous l'accusez donc d'avoir déclamé contre les femmes d'une manière scandaleuse, et en des termes qui blessent la pudeur, et de s'être cru en droit de le faire à l'exemple d'Horace et Juvénal. Mais bien loin de cela, il déclare positivement le contraire. Car après avoir dit dans sa préface, *qu'il n'appréhende pas que les femmes s'offensent de sa satire*, il ajoute, *qu'une chose au moins dont il est certain qu'elles le loueront, c'est d'avoir trouvé moyen, dans une matière ausi délicate que celle qu'il y traitoit, de ne pas laisser échapper un seul mot qui pût blesser le moins du monde la pudeur.* C'est ce que vous-même, *Monsieur*, avez rapporté de lui dans votre préface, et ce que vous prétendez avoir réfuté par ces paroles : *Quelle erreur! est-ce que* des *héros à voix luxurieuse*, des *morales lubriques*, des *rendez-vous chez la Cornu*, et *les plaisirs de l'enfer qu'on goûte en paradis, peuvent se présenter à l'esprit, sans y faire des images dont la pudeur est offensée?*

Je vous avoue, Monsieur, que j'ai été extrêmement surpris de vous voir soutenir une accusation de cette nature contre l'auteur de la satire, avec si peu de fondement. Car il n'est point vrai que les termes que vous rapportez, soient des termes déshonnêtes et qui blessent la pudeur; et la raison que vous en donnez ne le prouve point. S'il étoit vrai que la pudeur fût offensée de tous les termes qui peuvent présenter à notre esprit certaines choses dans la matière de la pureté, vous l'auriez bien offensée vous-même, quand vous avez dit : *Que les anciens poëtes enseignoient divers moyens pour se passer du mariage, qui sont des crimes parmi les chrétiens, et des crimes abominables.* Car y a-t-il rien de plus horrible et de plus infâme, que ce que ces mots de *crimes abominables* présentent à l'esprit? Ce n'est donc point par-là qu'on doit juger si un mot est déshonnête ou non.

On peut voir sur cela une lettre de Cicéron à Papirius Pœtus, qui commence par ces mots, *Amo verecundiam, tu potiùs libertatem loquendi*. Car c'est ainsi qu'il faut lire, et non pas, *Amo verecundiam, vel potiùs libertatem loquendi*, qui est une faute visible qui se trouve dans presque toutes les éditions de Cicéron. Il y traite fort au long cette question, sur laquelle les philosophes étoient partagés : *s'il y a des paroles qu'on doive regarder comme malhonnêtes, et dont la modestie ne permette pas que l'on se serve.* Il dit que les Stoïciens nioient qu'il y en eût : il rapporte leurs raisons. Ils disoient que l'obscénité, pour parler ainsi, ne pouvoit être que dans les mots ou dans les choses : qu'elle n'étoit point dans les mots, puisque plusieurs mots étant équivoques, et ayant diverses significations, ils ne passent point pour déshonnêtes, selon une de leurs significations, dont il apporte plusieurs exemples : qu'elle n'étoit point aussi dans les choses ; parce que la même chose pouvant être signifiée par plusieurs façons de parler, il y en avoit quelques-unes dont les personnes les plus modestes ne faisoient point de difficulté de se servir : comme, dit-il, personne ne se blessoit d'entendre dire, *Virginem me quondam invitam is per vim violat* : au lieu que si on se fût servi d'un autre mot que Cicéron laisse sous-entendre, et qu'il n'a eu garde d'écrire, *Nemo*, dit-il, *tulisset*, personne ne l'auroit pu souffrir.

Il est donc constant, selon tous les philosophes, et les Stoïciens même, que les hommes sont convenus, que la même chose étant exprimée par de certains termes, elle ne blesseroit pas la pudeur; et qu'étant exprimée par d'autres, elles la blesseroit. Car les Stoïciens même demeuroient d'accord de cette sorte de convention : mais la croyant déraisonnable, ils soutenoient qu'on n'étoit point obligé de la suivre. Ce qui leur faisoit dire, *nihil esse obscœnum, nec in verbo, nec in re;* et que le sage appeloit chaque chose par son nom.

Mais comme cette opinion des Stoïciens est insoutenable, et qu'elle est contraire à saint Paul, qui met entre les vices, *turpiloquium*, les mots sales, il faut nécessairement reconnoître que la même chose peut être exprimée par de certains termes qui seroient fort déshonnêtes; mais qu'elle peut aussi être exprimée par de certains termes qui ne ne le sont point du tout au jugement de toutes les personnes raisonnables. Que si on veut en savoir la raison, que Cicéron n'a point donnée, on peut voir ce qui en a été écrit dans l'*Art de penser*, première partie, chapitre 13.

Mais sans nous arrêter à cette raison, il est certain que dans toutes les langues policées, car je ne sais pas s'il en est de même des langues sauvages, il y a de certains termes que l'usage a voulu qui fussent regardés comme déshonnêtes, et dont on ne pourroit se servir sans blesser la pudeur; et qu'il y en a d'autres qui signifiant la même chose ou les mêmes actions, mais d'une manière moins grossière, et, pour ainsi dire, plus voilée, n'étoient point censés déshonnêtes. Et il falloit bien que cela fût ainsi. Car si certaines choses qui font rougir, quand on les exprime trop grossièrement, ne pouvoient être signifiées par d'autres termes dont la pudeur n'est point offensée, il y a de certains vices dont on n'auroit point pu parler, quelque nécessité qu'on en eût, pour en donner de l'horreur et pour les faire éviter.

Cela étant donc certain, comment n'avez-vous point vu que les termes que vous avez repris, ne passeront jamais pour déshonnêtes? Les premiers sont *les voix luxurieuses*, et *la morale lubrique de l'opéra*. Ce que l'on peut dire de ces mots *luxurieux* et *lubrique*, est qu'ils sont un peu vieux: ce qui n'empêche pas qu'ils ne puissent bien trouver place dans une satire. Mais il est inoui qu'ils aient jamais été pris pour des mots déshonnêtes et qui blessent la pudeur. Si cela étoit, auroit-on laissé le mot *luxurieux* dans les commandemens de Dieu que l'on apprend aux enfans? *Les rendez-vous chez la Cornu*, sont assurément de vilaines choses pour les personnes qui les donnent. C'est aussi dans cette vue que l'auteur de la satire en a parlé, pour les faire détester. Mais quelle raison auroit-on de vouloir que cette expression soit malhonnête? Est-ce qu'il auroit mieux valu nommer le métier de la Cornu par son propre nom? c'est au contraire ce qu'on n'auroit pu faire sans blesser un peu la pudeur. Il en est de même *des plaisirs de l'enfer goûtés en paradis*. Et je ne vois pas que ce que vous en dites soit bien fondé. *C'est*, dites-vous, *une expression fort obs-*

cure. Un peu d'obscurité ne sied pas mal dans ces matières. Mais il n'y en a point ici que les gens d'esprit ne développent sans peine. Il ne faut que lire ce qui précède dans la satire, qui est la fin de la fausse dévote :

Voilà le digne fruit des soins de son docteur,
Encore est-ce beaucoup, si ce guide imposteur,
Par les chemins fleuris d'un charmant quiétisme,
Tout-à-coup l'amenant au vrai molinosisme,
Il ne lui fait bientôt, aidé de Lucifer,
Goûter en paradis les plaisirs de l'enfer.

N'est-il pas louable d'avoir cherché les plus noires couleurs qu'il a pu, pour donner de l'horreur d'un si détestable abus, dont on a vu depuis peu de si terribles exemples ? on voit assez que ce qu'il a entendu par ce que nous venons de rapporter, est le crime d'un directeur hypocrite, qui, aidé du démon, fait goûter des plaisirs criminels, dignes de l'enfer, à une malheureuse qu'il auroit feint de conduire en paradis. *Mais*, dites-vous, *on ne peut creuser cette pensée, que l'imagination ne se salisse effroyablement.* Si creuser une pensée de cette nature, c'est s'en former dans l'imagination une image sale, quoiqu'on n'en eût donné aucun sujet, tant pis pour ceux qui, comme vous dites, creuseroient celle-ci. Car ces sortes de pensées revêtues de formes honnêtes, comme elles le sont dans la satire, ne présentent rien proprement à l'imagination, mais seulement à l'esprit, afin d'inspirer de l'aversion pour la chose dont on parle : ce qui, bien loin de porter au vice, est un puissant moyen d'en détourner. Il n'est donc pas vrai qu'on ne puisse lire cet endroit de la satire, sans que l'imagination en soit salie, à moins qu'on ne l'ait fort gâtée par une habitude vicieuse d'imaginer ce que l'on doit seulement connoître pour le fuir, selon cette belle parole de Tertullien, si ma mémoire ne me trompe : *Spiritualia nequitiae non amicâ conscientiâ, sed inimicâ scientiâ novimus.*

Cela me fait souvenir de la scrupuleuse pudeur du père Bouhours, qui s'est avisé de condamner tous les traducteurs du Nouveau Testament pour avoir traduit, *Abraham* genuit *Isaac; Abraham* engendra *Isaac;* parce, dit-il, que ce mot *engendra* salit l'imagination. Comme si le mot latin, *genuit,* donnoit une autre idée que le mot *engendrer* en françois. Les personnes sages et modestes ne font point de ces sortes de réflexions qui banniroient de notre langue une infinité de mots, comme celui de *concevoir*, d'*user du mariage*, de *consommer le mariage*, et plusieurs autres. Et ce seroit en vain que les Hébreux loueroient la chasteté de la langue sainte dans ces façons de parler, *Adam* connut *sa femme*, *et elle* enfanta *Caïn.* Car ne peut-on pas dire qu'on ne peut creuser ce mot, *connoître sa femme*, que l'imagination n'en soit salie ? Saint Paul a-t-il eu cette crainte, quand il a parlé en ces termes de la fornication, dans la première épître aux Corinthiens, chapitre VI. *Ne savez-vous pas*, dit-il, *que vos corps sont les membres de Jésus-Christ? Arracherai-je donc à Jésus-Christ ses propres membres pour en faire les membres d'une prostituée? A Dieu ne plaise. Ne savez-vous pas que celui qui se joint à une prostituée, devient un même corps avec elle? Car ceux qui étoient deux ne sont plus qu'une même chair, dit l'Ecriture : mais celui qui demeure attaché au Seigneur, est un même esprit avec lui. Fuyez la fornication.* Qui peut douter que ces paroles ne présentent à l'esprit des choses qui feroient rougir, si elles étoient exprimées en certains termes que l'honnêteté ne souffre point? Mais outre que les termes dont l'apôtre se sert, sont d'une nature à ne point blesser la pudeur, l'idée qu'on en peut prendre, est accompagnée d'une idée d'exécration, qui non-seulement empêche que la pudeur n'en soit offensée, mais qui fait de plus que les chrétiens conçoivent une grande horreur du vice dont cet apôtre a voulu détourner les fidelles. Mais veut-on savoir ce qui peut être un sujet de scandale aux foibles? c'est quand un faux délicat leur fait appréhender une saleté d'imagination, où personne avant lui n'en avoit trouvé. Car il est cause par-là qu'ils pensent à quoi ils n'auroient point pensé, si on les avoit laissés dans leur simplicité. Vous voyez donc que vous n'avez pas eu sujet de reprocher à votre adversaire qu'il avoit eu tort de se vanter, « qu'il ne lui » étoit pas échappé un seul mot qui pût » blesser le moins du monde la pudeur. »

La seconde chose qui m'a fait beaucoup de peine, Monsieur, c'est que vous blâmiez dans votre préface les endroits de la satire qui m'avoient paru les plus beaux, les plus édifians, et les plus capables de contribuer aux bonnes mœurs et à l'honnêteté publique. J'en rapporterai deux ou trois exemples. J'ai été charmé, je vous l'avoue, de ces vers de la page sixième.

L'épouse que tu prens, sans tache en sa conduite,
Aux vertus, m'a-t-on dit, dans Port-Royal instruite,
Aux lois de son devoir règle tous ses désirs.
Mais qui peut t'assurer qu'invincible aux plaisirs,
Chez toi dans une vie ouverte à la licence,
Elle conservera sa première innocence ?
Par toi-même bientôt conduite à l'opéra,
De quel air penses-tu que ta sainte verra
D'un spectacle enchanteur la pompe harmonieuse,
Ces danses, ces héros à voix luxurieuse;
Entendra ces discours sur l'amour seul roulans,
Ces doucereux Renauds, ces insensés Rolands;
Saura d'eux qu'à l'amour, comme au seul Dieu suprême,
On doit immoler tout, jusqu'à la vertu même:
Qu'on ne sauroit trop tôt se laisser enflammer,
Qu'on n'a reçu du Ciel un cœur que pour aimer;
Et tous ces lieux communs de morale lubrique,
Que Lulli réchauffa des sons de sa musique ?
Mais de quels mouvemens dans son cœur excités
Sentira-t-elle alors tous ses sens agités ?

On trouvera quelque chose de semblable dans un livre imprimé il y a dix ans. Car on y fait voir par l'autorité des païens même, combien c'est une chose pernicieuse de faire un Dieu de l'amour, et d'inspirer aux jeunes personnes qu'il n'y a rien de plus doux que d'aimer. Permettez-moi de rapporter ici ce qui est dit dans ce livre, qui est assez rare:

Peut-on avoir un peu de zèle pour le salut des ames, qu'on ne déplore le mal que font dans l'esprit d'une infinité de personnes, les romans, les comédies et les opéra? Ce n'est pas qu'on n'ait soin présentement de n'y rien mettre qui soit grossièrement déshonnête, mais c'est qu'on s'y étudie à faire paroître l'amour comme la chose du monde la plus charmante et la plus douce. Il n'en faut pas davantage pour donner une grande pente à cette malheureuse passion. Ce qui fait si souvent de si grandes plaies, qu'il faut une grâce bien extraordinaire pour en guérir. Les païens même ont reconnu combien cela pouvoit causer de désordres dans les mœurs. Car Cicéron ayant rapporté les vers d'une comédie, où il est dit que l'amour est le plus grand des Dieux; (ce qui ne se dit que trop dans celles de ce temps-ci) *il s'écrie avec raison :* O la belle réformatrice des mœurs que la poësie, qui nous fait une divinité de l'amour, qui est une source de tant de folies et de déréglemens honteux! mais il n'est pas étonnant de lire de telles choses dans une comédie, puisque nous n'en aurions aucune, si nous n'approuvions ces désordres. *De comœdia loquor, quae, si haec flagitia non approbaremus, nulla esset omnino.* Tusc. lib. 8.

Mais ce qu'il y a de particulier dans l'auteur de la satire, et en quoi il est le plus louable, c'est d'avoir représenté avec tant d'esprit et de force, le ravage que peuvent faire dans les bonnes mœurs les vers de l'opéra, qui roulent tous sur l'amour, chantés sur des airs, qu'il a eu grande raison d'appeler *lu-*

xurieux, puisqu'on ne s'auroit s'en imaginer de plus propres à enflammer les passions, et à faire entrer dans les cœurs *la morale lubrique* des vers. Et ce qu'il y a de pis, c'est que le poison de ces chansons lascives ne se termine pas au lieu où se jouent ces pièces, mais se répand par toute la France, où une infinité de gens s'appliquent à les apprendre par cœur, et se font un plaisir de les chanter par tout où ils se trouvent.

Cependant, Monsieur, bien loin de reconnoître le service que l'auteur de la satire a rendu par-là au public, vous voudriez faire croire que c'est pour donner un coup de dent à M. Quinault, auteur de ces vers de l'opéra, qu'il en a parlé si mal : et c'est dans cet endroit-là même, que vous avez cru avoir trouvé des mots déshonnêtes dont la pudeur est offensée.

Ce qui m'a aussi beaucoup plu dans la satire, c'est ce qu'il dit contre les mauvais effets de la lecture des romans. Trouvez bon que je le rapporte encore ici.

Supposons toutefois, qu'encor fidelle et pure,
Sa vertu de ce choc revienne sans blessure ;
Bientôt dans ce grand monde où tu vas l'entraîner,
Au milieu des écueils qui vont l'environner,
Crois-tu que toujours ferme aux bords du précipice,
Elle pourra marcher sans que le pied lui glisse ?
Que toujours insensible aux discours enchanteurs
D'un idolâtre amas de jeunes séducteurs,
Sa sagesse jamais ne deviendra folie ?
D'abord tu la verras, ainsi que dans Clélie,

Recevant ses amans sous le doux nom d'amis,
S'en tenir avec eux aux petits soins permis;
Puis bientôt en grande eau sur le fleuve de Tendre;
Naviguer à souhait, tout dire et tout entendre.
Et ne présume pas que Vénus ou Satan,
Souffre qu'elle en demeure aux termes du roman.
Dans le crime il suffit qu'une fois on débute,
Une chûte toujours attire une autre chûte:
L'honneur est comme une île escarpée et sans bords,
On n'y peut plus rentrer dès qu'on en est dehors.

Peut-on mieux représenter le mal que sont capables de faire les romans les plus estimés; et par quels degrés insensibles ils peuvent mener les jeunes gens qui s'en laissent empoisonner, bien loin au-delà des termes du roman, et jusqu'aux derniers désordres? Mais parce qu'on y a nommé *la Clélie*, il n'y a presque rien dont vous fassiez un plus grand crime à l'auteur de la satire. *Combien*, dites-vous, *a-t-on été indigné de voir continuer son acharnement sur la Clélie? L'estime qu'on a toujours faite de cet ouvrage, et l'extrême vénération qu'on a toujours eue pour l'illustre personne qui l'a composé, ont fait soulever tout le monde contre une attaque si souvent et si inutilement répétée. Il paroît bien que le vrai mérite est bien plutôt une raison pour avoir place dans ses satires, qu'une raison d'en être exempt.*

Il ne s'agit point du mérite de la personne qui a composé la Clélie, ni de l'estime qu'on a faite de cet ouvrage. Il en a pu mériter pour l'esprit, pour la politesse, pour l'agré-

ment

ment des inventions, pour les caractères bien suivis, et pour les autres choses qui rendent agréables à tant de personnes la lecture des romans. Que ce soit, si vous voulez, le plus beau de tous les romans : mais enfin c'est un roman ; c'est tout dire. Le caractère de ces pièces est de rouler sur l'amour, et d'en donner des leçons d'une manière ingénieuse, et qui soit d'autant mieux reçue, qu'on en écarte plus en apparence tout ce qui pourroit paroître de trop grossièrement contraire à la pureté. C'est par-là qu'on va insensiblement jusqu'au bord du précipice, s'imaginant qu'on n'y tombera pas, quoiqu'on y soit déjà à demi tombé par le plaisir qu'on a pris à se remplir l'esprit et le cœur de la doucereuse morale qui s'enseigne au pays de Tendre. Vous pouvez dire, tant qu'il vous plaira, que cet ouvrage est en vénération à tout le monde. Mais voici deux faits dont je suis très-bien informé. Le premier est, que feue Madame la princesse de Conti et Madame de Longueville ayant su que M. Despréaux avoit une pièce en prose contre les romans, où la Clélie n'étoit pas épargnée; comme ces princesses connoissoient mieux que personne, combien ces lectures sont dangereuses, elles lui firent dire qu'elles seroient bien-aises de la voir. Il la leur récita ; et elles en furent tellement satisfaites, qu'elles témoignèrent souhaiter beaucoup qu'elle fût imprimée. Mais il s'en excusa, pour ne pas s'attirer sur les bras de nouveaux ennemis.

L'autre fait est, qu'un abbé de grand mérite, et qui n'avoit pas moins de piété que de lumière, se résolut de lire la *Clélie*, pour en juger avec connoissance de cause ; et le jugement qu'il en porta, fut le même que celui de ces deux princesses. Plus on estime l'illustre personne à qui on attribue cet ouvrage, plus on est porté à croire qu'elle n'est pas à cette heure d'un autre sentiment que ces princesses, et qu'elle a un vrai repentir de ce qu'elle a fait autrefois, lorsqu'elle étoit moins éclairée. Tous les amis de (1) M. de Gomberville, qui avoit beaucoup de mérite, et qui a été un des premiers académiciens, savent que ça été sa disposition à l'égard de son *Polexandre*, et qu'il eût voulu, si cela eût été possible, l'avoir effacé de ses larmes. Supposé que Dieu ait fait la même grâce à la personne que l'on dit auteur de la *Clélie*, c'est lui faire peu d'honneur, que de la représenter comme tellement attachée à ce qu'elle a écrit autrefois, qu'elle ne puisse souffrir qu'on y reprenne ce que les règles de la piété chrétienne y font trouver de repréhensible.

Enfin, Monsieur, j'ai fort estimé, je vous l'avoue, ce qui est dit dans la satire contre un misérable directeur, qui faisoit passer la dévote du quiétisme au vrai molinozisme. Et nous avons déjà vu que c'est un des endroits où vous avez trouvé le plus à redire. Je vous supplie, de faire sur cela de sérieuses réflexions.

Vous dites à l'entrée de votre préface, que *dans cette dispute entre vous et M. Despréaux, il s'agit non-seulement de la dé-*

(1) Martin le Roi, sieur de Gomberville, de l'Académie Françoise. Outre son *Polexandre*, il a composé encore deux autres romans ; savoir *la Cythérée*, et *la jeune Alciane*.

fense de la vérité, mais encore des bonnes mœurs et de l'honnêteté publique. Permettez-moi, Monsieur, de vous demander si vous n'avez point sujet de craindre que ceux qui compareront ces trois endroits de la satire avec ceux que vous y opposez, ne soient portés à juger que c'est plutôt de son côté que du vôtre, qu'est la défense des bonnes mœurs et de l'honnêteté publique. Car ils voyent du côté de la satire, 1°. une très-juste et très-chrétienne condamnation des vers de l'opéra, soutenus par les airs efféminés de Lulli. 2°. Les pernicieux effets des romans, représentés avec une force capable de porter les pères et les mères, qui ont quelque crainte de Dieu, à ne les pas laisser entre les mains de leurs enfans. 3°. Le paradis, le démon et l'enfer, mis en œuvre pour faire avoir plus d'horreur d'une abominable profanation des choses saintes. Voilà, diront-ils, comme la satire de M. Despréaux est contraire aux bonnes mœurs et à l'honnêteté publique.

Ils verront d'autre part dans votre préface, 1°. ces mêmes vers de l'opéra, jugés si bons, ou au moins si innocens, qu'il y a selon vous, Monsieur, sujet de croire qu'ils n'ont été blâmés par M. Despréaux, que pour donner un coup de dent à M. Quinault qui en est l'auteur. 2°. Un si grand zèle pour la défense de la *Clélie*, qu'il n'y a guères de choses que vous blâmiez plus fortement dans l'auteur de la satire, que de n'avoir pas eu pour cet ouvrage assez de respect et de vénération. 3°. Un injuste reproche que vous lui faites d'avoir offensé la pudeur, pour avoir eu soin de bien faire sentir l'énormité du crime d'un faux directeur. En vérité, Monsieur, je ne sais si vous avez lieu de croire que ce qu'on jugeroit sur cela vous pût être favorable.

Ce que vous dites de plus fort contre M. Despréaux, paroît appuyé sur un fondement bien foible. Vous prétendez que sa satire est contraire aux bonnes mœurs, et vous n'en donnez pour preuve que deux endroits. Le premier est ce qu'il dit, en badinant avec son ami,

> Quelle joie, etc.
> De voir autour de soi croître dans sa maison
> De petits citoyens, dont on croit être père !

L'autre est dans la page suivante, où il ne fait encore que rire.

> On peut trouver encor quelques femmes fidelles.
> Sans doute, et dans Paris, si je sais bien compter,
> Il en est jusqu'à trois que je pourrois citer.

Vous dites sur le premier : *Qu'il fait entendre par-là qu'un homme n'est guères fin ni guères instruit des choses du monde, quand il croit que ses enfans sont ses enfans ?* Et vous dites sur le second : *Qu'il fait aussi entendre, que, selon son calcul et le raisonnement qui en résulte, nous sommes presque tous des enfans illégitimes.*

Plus une accusation est atroce, plus on doit éviter de s'y engager, à moins qu'on n'ait de bonnes preuves. Or c'en est une assurément fort atroce, d'imputer à l'auteur de la satire, d'avoir fait entendre *qu'un homme n'est guères fin, quand il croit que les enfans de sa femme sont ses enfans, et qu'il n'y a que trois femmes de bien dans une ville où il y en a plus de deux cent mille.* Cependant, Monsieur, vous ne donnez pour preuve de ces étranges accusations, que les deux endroits que j'ai rapportés. Mais il vous étoit aisé de remarquer que l'auteur de la satire a clairement fait entendre, qu'il n'a parlé qu'en riant dans ces endroits, et surtout dans le dernier. Car il n'entre dans le sérieux, qu'à l'endroit où il fait parler Alcippe en faveur du mariage, qui commence par ces vers :

Jeune autrefois par vous dans le monde conduit, etc.

Et finit par ceux-ci qui contiennent une vérité que les payens n'ont point connue, et que saint Paul nous a enseignée : *Qui se non continet, nubat; melius est nubere, quàm uri.*

L'hyménée est un joug ; et c'est ce qui m'en plaît,
L'homme en ses passions toujours errant sans guide,
A besoin qu'on lui mette et le mords et la bride ;
Son pouvoir malheureux ne sert qu'à le gêner.
Et pour le rendre libre, il le faut enchaîner.

Que répond le poëte à cela ? le contredit-il ? le réfute-t-il ? il l'approuve au contraire en ces termes :

Ha, bon ! voilà parler en docte janséniste,
Alcippe : et sur ce point si savamment touché,
Desmâres dans Saint-Roch n'auroit pas mieux prêché.

Et c'est ensuite qu'il témoigne qu'il va parler sérieusement et sans raillerie.

Mais c'est trop t'insulter; quittons la raillerie,
Parlons sans hyperbole et sans plaisanterie.

Peut-on plus expressement marquer que ce qu'il avoit dit auparavant de ces trois femmes fidelles dans Paris n'étoit que pour rire : des hyperboles si outrées ne se disent qu'en badinant. Et vous-même, Monsieur, voudriez-vous qu'on vous crût, quand vous dites, *Que pour deux ou trois femmes dont le crime est avéré, on ne doit pas les condamner toutes.*

De bonne-foi, croyez-vous qu'il n'y en ait guères davantage dans Paris, qui soient diffamées par leur mauvaise vie? Mais une preuve évidente, que l'auteur de la satire n'a pas cru qu'il y eût si peu de femmes fidelles, c'est que dans une vingtaine de portraits qu'il en fait, il n'y a que les deux premiers qui ayent pour leur caractère l'infidélité; si ce n'est que dans celui de la fausse dévote, il dit seulement que son directeur pourroit l'y précipiter.

Pour ce qui est de ces termes, *dont on croit être père ;* il n'est pas vrai qu'ils fassent entendre *qu'un mari n'est guères fin ni guères instruit des choses du monde, quand il croit que ses enfans sont ses enfans.* Car outre que l'auteur parle-là en badinant, ils ne disent au fond que ce qui est marqué par cette règle de droit : *Pater est quem nuptiae demonstrant;* c'est-à-dire, que le mari doit être regardé comme le père des enfans nés dans son mariage, quoique cela ne soit pas toujours vrai. Mais cela fait-il qu'un mari doive croire, à moins que de passer pour peu fin, et pour peu instruit des choses du monde, qu'il n'est pas le père des enfans de sa femme? C'est tout le contraire. Car à moins qu'il n'en eût des preuves certaines, il ne pourroit croire qu'il ne l'est pas, sans faire un jugement téméraire très-criminel contre son épouse.

Cependant, Monsieur, comme c'est de ces deux endroits, que vous avez pris sujet de faire passer la satire de M. Despréaux pour une déclamation contre le mariage, et qui blessoit l'honnêteté et les bonnes mœurs, jugez si vous l'avez pu faire sans blesser vous-même la justice et la charité.

Je trouve dans votre préface deux endroits très-propres à justifier la satire, quoique ce soit en la blâmant. L'un est que vous dites, *que tout homme qui compose une satire, doit avoir pour but d'inspirer une bonne morale; et qu'on ne peut, sans faire tort à M. Despréaux, présumer qu'il n'a pas eu ce dessein.* L'autre est la réponse que vous faites à ce qu'il avoit dit à la fin de la préface de sa satire, *que les femmes ne seront pas plus choquées des prédications qu'il leur fait dans cette satire contre leurs défauts, que des satires que les prédicateurs font tous les jours en chaire contre ces mêmes défauts.*

Vous avouez qu'on peut comparer les satires avec les prédications, et qu'il est de la nature de toutes les deux de combattre les vices, mais que ce ne doit être qu'en général, sans nommer les personnes. Or M. Despréaux n'a point nommé les personnes en qui les vices qu'il décrit se rencontroient; et on ne peut nier que les vices qu'il a combattus, ne soient de véritables vices. On le peut donc louer avec raison d'avoir travaillé à inspirer une bonne morale; puisque c'en est une partie, de donner de l'horreur des vices, et d'en faire voir le ridicule. Ce qui souvent est plus capable que les discours sérieux, d'en détourner plusieurs personnes, selon cette parole d'un ancien :

Ridiculum acri
Fortiùs ac meliùs magnas plerumque secat res.

Et ce seroit en vain qu'on objecteroit, qu'il ne s'est point contenté dans son quatrième portrait, de combattre l'avarice en général, l'ayant appliquée à deux personnes connues. Car ne les ayant point nommées, il n'a rien appris au public qu'il ne sût déjà. Or, comme ce seroit porter trop loin cette prétendue règle de ne point nommer les personnes, que de vouloir qu'il fût interdit aux prédicateurs de se servir quelquefois d'histoires connues de tout le monde, pour porter plus efficacement leurs auditeurs à fuir certains vices ; ce seroit aussi en abuser que d'étendre cette interdiction jusqu'aux auteurs des satires.

Ce n'est point aussi comme vous le prenez. Vous prétendez que M. Despréaux a encore nommé les personnes dans cette dernière satire, et d'une manière qui a déplu aux plus enclins à la médisance. Et toute la preuve que vous en donnez, est qu'il a fait revenir sur les rangs Chapelain, Cotin, Pradon, Coras, et plusieurs autres : *Ce qui est*, dites-vous, *la chose du monde la plus ennuyeuse et la plus dégoûtante*. Pardonnez-moi si je vous dis, que vous ne prouvez point du tout par-là ce que vous aviez à prouver. Car il s'agissoit de savoir, si M. Despréaux n'avoit point contribué à inspirer une bonne morale, en blâmant dans sa satire les mêmes défauts que les prédicateurs blâment dans leurs sermons. Vous aviez répondu que pour inspirer une bonne morale, soit par les satires, soit par les sermons, on doit combattre les vices en général, sans nommer les personnes. Il falloit donc montrer, que l'auteur de la satire avoit nommé les femmes, dont il combattoit les défauts. Or Chapelain, Cotin, Pradon, Coras, ne sont pas des noms de femmes, mais de poëtes. Il ne sont donc pas propres à montrer que M. Despréaux, combattant différens vices des femmes, ce que vous avouez lui avoir été permis, se soit rendu coupable de médisance, en nommant des femmes particulières, à qui il les auroit attribués.

Voilà donc M. Despréaux justifié, selon vous-même, sur le sujet des femmes, qui est le capital de sa satire. Je veux bien cependant examiner avec vous, s'il est coupable de médisance à l'égard des poëtes. C'est ce que je vous avoue ne pouvoir comprendre. Car tout le monde a cru jusqu'ici, qu'un auteur, remarquant les défauts qu'il croyoit avoir trouvés dans ses ouvrages, sans passer pour médisant, pourvu qu'il agisse de bonne-foi, sans lui imposer, et sans le chicaner, lors, surtout, qu'il ne reprend que de véritables défauts.

Quand, par exemple, le P. Goulu, général des Feuillans, publia, il y a plus de soixante ans, deux volumes contre les lettres de M. de Balzac, qui faisoient grand bruit dans le monde; le public s'en divertit. Les uns prenoient parti pour Balzac, les autres pour le

Feuillant : mais personne ne s'avisa de l'accuser de médisance. Et on ne fit point non plus ce reproche à Javersac, qui avoit écrit contre l'un et contre l'autre. Les guerres entre les auteurs passent pour innocentes, quand elles ne s'attachent qu'à la critique de ce qui regarde la littérature, la grammaire, la poësie, l'éloquence, et que l'on n'y mêle point de calomnies et d'injures personnellles. Or que fait autre chose M. Despréaux à l'égard de tous les poëtes qu'il a nommés dans ses satires, Chapelain, Cotin, Pradon, Coras et autres, sinon d'en dire son jugement, et d'avertir le public que ce ne sont pas des modèles à imiter ? ce qui peut être de quelqu'utilité pour faire éviter leurs défauts, et peut contribuer même à la gloire de la nation, à qui les ouvrages d'esprit font honneur, quand ils sont bien faits ; comme, au contraire, ç'a été un deshonneur à la France d'avoir fait tant d'estime des pitoyables poësies de Ronsard.

Celui dont M. Despréaux a le plus parlé, c'est M. Chapelain. Mais qu'en a-t-il dit ? Il en rend lui-même compte au public dans sa neuvième satire.

Il a tort, dira l'un, pourquoi faut-il qu'il nomme ?
Attaquer Chapelain ! Ah ! c'est un si bon homme.
Balzac en fait l'éloge en cent endroits divers.
Il est vrai, s'il m'eût cru, qu'il n'eût point fait de vers.
Il se tue à rimer, que n'écrit-il en prose ?
Voilà ce que l'on dit, et que dis-je autre chose ?
En blâmant ses écrits, ai-je d'un style affreux
Distillé sur sa vie un venin dangereux ?
Ma muse en l'attaquant, charitable et discrète,

Sait de l'homme d'honneur distinguer le poëte:
Qu'on vante en lui la foi, l'honneur, la probité,
Qu'on prise sa candeur, et sa civilité;
Qu'il soit doux, complaisant, officieux, sincère,
On le veut, j'y souscris, et suis prêt de me taire.
Mais que pour un modèle on montre ses écrits,
Qu'il soit le mieux renté de tous les beaux esprits,
Comme roi des auteurs qu'on l'élève à l'empire,
Ma bile alors s'échauffe, et je brûle d'écrire.

Cependant, Monsieur, vous ne pouvez pas douter que ce ne soit être médisant, que de taxer de médisance celui qui n'en seroit pas coupable. Or si on prétendoit que M. Despréaux s'en fût rendu coupable, en disant que M. Chapelain, quoique d'ailleurs honnête, civil et officieux, n'étoit pas un fort bon poëte, il lui seroit bien aisé de confondre ceux qui lui feroient ce reproche. Il n'auroit qu'à leur faire lire ces vers de ce grand poëte sur la belle Agnès.

On voit hors des deux bouts de ses deux courtes manches
Sortir à découvert deux mains longues et blanches,
Dont les doigts inégaux, mais tout ronds et menus,
Imitent l'embonpoint des bras ronds et charnus.

Enfin, Monsieur, je ne comprends pas comment vous n'avez point appréhendé qu'on ne vous appliquât ce que vous dites de M. Despréaux dans vos vers : *Qu'il croit avoir droit de maltraiter dans ses satires ce qu'il lui plaît; et que la raison a beau lui crier sans cesse*, que l'équité naturelle nous défend de faire à autrui ce que nous ne voudrions pas qui nous soit fait à nous-même; *cette voix ne l'émeut point*. Car si vous le trouvez blâmable d'avoir fait passer *la Pucelle* et *le Jonas* pour de méchans poëmes, pourquoi ne le seriez-vous pas d'avoir parlé avec tant de mépris de son ode pindarique, qui paroît avoir été si estimée, que trois des meilleurs poëtes latins de ce temps ont bien voulu prendre la peine d'en faire chacun une ode latine. Je ne vous en dis pas davantage. Vous ne voudriez pas, sans doute, contre la défense que Dieu en fait, avoir deux poids et deux mesures. Je vous supplie, monsieur, de ne pas trouver mauvais qu'un homme de mon âge vous donne ce dernier avis en vrai ami.

On doit avoir du respect pour le jugement du public; et quand il s'est déclaré hautement pour un auteur ou pour un ouvrage, on ne peut guères le combattre de front, et le contredire ouvertement, qu'on ne s'expose à en être maltraité. Les vains efforts du cardinal de Richelieu contre *le Cid* en sont un grand exemple; et on ne peut rien voir de plus heureusement exprimé que ce qu'en dit votre adversaire.

En vain contre le Cid un ministre se ligue :
Tout Paris pour Chimène a les yeux de Rodrigue,
L'Académie en corps a beau le censurer,
Le public révolté s'obstine à l'admirer.

Jugez par-là, Monsieur, de ce que vous devez espérer du mépris que vous tâchez d'inspirer pour les ouvrages de M. Despréaux dans votre préface. Vous n'ignorez pas combien ce qu'il a mis au jour a été bien reçu dans le monde, à la Cour, à Paris, dans les provinces, et même dans tous les pays étrangers où l'on entend le françois. Il n'est pas moins certain que tous les bons connoisseurs trouvent le même esprit, le même art, et les mêmes agrémens dans ses autres pièces que dans ses satires. Je ne sais donc, monsieur, comment vous vous êtes pu promettre qu'on ne seroit point choqué de vous en voir parler d'une manière si opposée au jugement du public ? Avez-vous cru, que supposant sans raison que tout ce que l'on dit librement des défauts de quelque poëte, doit être pris pour médisance, on applaudiroit à ce que vous dites : *Que ce ne sont que ses médisances qui ont fait rechercher ses ouvrages avec tant d'empressement. Qu'il va toujours terre à terre, comme un corbeau qui va de charogne en charogne. Que tant qu'il ne fera que des satires, comme celles qu'il nous a données, Horace et Juvénal viendront toujours revendiquer plus de la moitié des bonnes choses qu'il y aura mises. Que Chapelain, Quinault, Cassagne, et les autres qu'il y aura nommés, prétendront aussi qu'une partie de l'agrément qu'on y trouve, viendra de la célébrité de leurs noms, qu'on se plaît d'y voir tourner en ridicule. Que la malignité du cœur humain, qui aime tant la médisance et la calomnie, parce qu'elles élèvent secrétement celui qui lit, au-dessus de ceux qu'elles rabaissent, dira toujours que c'est elle qui fait trouver tant de plaisir dans les ouvrages de M. Despréaux*, etc.

Vous reconnoissez donc, Monsieur, que tant de gens qui lisent les ouvrages de M. Despréaux, les lisent avec grand plaisir. Comment n'avez-vous donc pas vu, que de dire, comme vous faites, que ce qui fait trouver ce plaisir est la malignité du cœur humain, qui aime la médisance et la calomnie, c'est attribuer cette méchante disposition à tout ce qu'il y a de gens d'esprit à la Cour et à Paris.

Enfin, vous devez attendre qu'ils ne seront pas moins choqués du peu de cas que vous faites de leur jugement, lorsque vous prétendez que M. Despréaux a si peu réussi, quand il a voulu traiter des sujets d'un autre genre que ceux de la satire, qu'il pourroit y avoir de la malice à lui conseiller de travailler à d'autres ouvrages.

Il y a d'autres choses dans votre préface, que je voudrois que vous n'eussiez point écrites : mais celles-là suffisent pour m'acquitter de la promesse que je vous ai faite d'abord de vous parler avec la sincérité d'un ami chrétien, qui est sensiblement touché de voir cette division entre deux personnes qui font toutes deux profession de l'aimer. Que ne donnerois-je pas pour être en état de travailler à leur réconciliation plus heureusement que les gens d'honneur, que vous m'apprenez n'y avoir pas réussi ? Mais mon éloignement ne m'en laisse guères le moyen. Tout ce que je puis faire, Monsieur, est de demander à Dieu qu'il vous donne à l'un et à l'autre cet esprit de charité et de paix, qui est la marque la plus assurée des vrais chrétiens. Il est bien difficile que dans ces contestations on ne commette de part et d'autre des fautes, dont on est obligé de demander pardon à

Dieu. Mais le moyen le plus efficace que nous avons de l'obtenir, c'est de pratiquer ce que l'Apôtre nous recommande, *de nous supporter les uns les autres, chacun remettant à son frère le sujet de plainte qu'il pouvoit avoir contre lui, et nous entrepardonnant, comme le Seigneur nous a pardonné*. On ne trouve point d'obstacle à entrer dans des sentimens d'union et de paix, lorqu'on est dans cette disposition. Car l'amour-propre ne règne point où règne la charité; il n'y a que l'amour-propre qui nous rende pénible la connoissance de nos fautes, quand la raison nous les fait apercevoir. Que chacun de vous s'applique cela à soi-même, et vous serez bientôt bons amis. J'en prie Dieu de tout mon cœur, et suis très-sincèrement,

MONSIEUR,

Votre très-humble et très-obéissant serviteur, A. ARNAULD.

REMERCIEMENT

A M. ARNAULD,

Au sujet de la lettre précédente.

JE ne saurois, Monsieur, assez vous témoigner ma reconnoissance de la bonté que vous avez eue de vouloir bien permettre qu'on me montrât la lettre que vous avez écrite à M. Perrault sur ma dernière satire. Je n'ai jamais rien lu qui m'ait fait un si grand plaisir; et quelques injures que ce galant homme m'ait dites, je ne saurois plus lui en vouloir de mal, puisqu'elle m'ont attiré une si honorable apologie. Jamais cause ne fut si bien défendue que la mienne. Tout m'a charmé, ravi, édifié, dans votre lettre; mais ce qui m'y a touché davantage, c'est cette confiance si bien fondée avec laquelle vous y déclarez que vous me croyez sincèrement votre ami. N'en doutez point, Monsieur, je le suis; et c'est une qualité dont je me glorifie tous les jours en présence de vos plus grands ennemis. Il y a des jésuites qui me font l'honneur de m'estimer, et que j'estime et honore aussi beaucoup. Ils me viennent voir dans ma solitude d'Auteuil, et ils y séjournent même quelquefois. Je les reçois du mieux que je puis; mais la première convention que je fais avec eux, c'est qu'il me sera permis dans nos entretiens de vous louer à outrance. J'abuse souvent de cette permission, et l'écho des murailles de mon jardin a retenti plus d'une fois de nos contestations sur votre sujet. La vérité est pourtant qu'ils tombent sans peine d'accord de la grandeur de votre génie et de l'étendue de vos connoissances. Mais je leur soutiens, moi, que ce sont là vos moindres qualités, et que ce qu'il y a de plus estimable en vous, c'est la droiture de votre esprit, la candeur de votre ame, et la pureté de vos intentions. C'est alors que se font les grands cris; car je ne démords point sur cet article, non plus que sur celui des lettres au provincial, que, sans examiner qui des deux partis au fond a droit ou tort, je leur vante toujours comme le plus parfait ouvrage de prose qui soit en notre langue. Nous en venons

venons quelquefois à des paroles assez aigres. A la fin néanmoins tout se tourne en plaisanterie : *ridendo dicere verum quid vetat?* Ou, quand je les vois trop fâchés, je me jette sur les louanges du P. de la Chaise, que je révere de bonne foi, et à qui j'ai en effet tout récemment encore une très-grande obligation, puisque c'est en partie à ses bons offices que je dois la chanoinie de la Sainte-Chapelle de Paris, que j'ai obtenue de sa majesté pour mon frère le doyen de Sens. Mais, Monsieur, pour revenir à votre lettre, je ne sais pas pourquoi les amis de M. Perrault refusent de la lui montrer. Jamais ouvrage ne fut plus propre à lui ouvrir les yeux et à lui inspirer l'esprit de paix et d'humilité dont il a besoin aussi-bien que moi. Une preuve de ce que je dis, c'est qu'à mon égard, à peine en ai-je eu fait la lecture, que, frappé des salutaires leçons que vous nous y faites à l'un et à l'autre, je lui ai envoyé dire qu'il ne tiendroit qu'à lui que nous ne fussions bons amis ; que s'il vouloit demeurer en paix sur mon sujet, je m'engageois à ne plus rien écrire dont il pût se choquer, et lui ai même fait entendre que je le laisserois tout à son aise faire, s'il vouloit, un monde renversé du Parnasse, en y plaçant les Chapelain et les Cotin au-dessus des Horace et des Virgile. Ce sont les paroles que Racine et l'abbé Tallemant lui ont portées de ma part. Il n'a point voulu entendre à cet accord, et a exigé de moi, avant toutes choses, pour ses ouvrages une estime et une admiration que franchement je ne lui saurois promettre sans trahir la raison et ma conscience. Ainsi nous voilà plus brouillés que jamais, au grand contentement des rieurs, qui étoient déjà fort affligés du bruit qui couroit de notre réconciliation. Je ne doute point que cela ne vous fasse beaucoup de peine. Mais pour vous montrer que ce n'est pas de moi que la rupture est venue, c'est qu'en quelque lieu que vous soyez, je vous déclare, Monsieur, que vous n'avez qu'à me mander ce que vous souhaitez que je fasse pour parvenir à un accord, et je l'exécuterai ponctuellement, sachant bien que vous ne me prescrirez rien que de juste et de raisonnable. Je ne mets qu'une condition au traité que je ferai. Cette condition est que votre lettre verra le jour, et qu'on ne me privera point, en la supprimant, du plus grand honneur que j'aie reçu en ma vie. Obtenez cela de vous et de lui, et je lui donne sur tout le reste la carte blanche; car pour ce qui regarde l'estime qu'il veut que je fasse de ses écrits, je vous prie, Monsieur, d'examiner vous-même ce que je puis faire là-dessus. Voici une liste des principaux ouvrages qu'on veut que j'admire. Je suis fort trompé si vous en avez jamais lu aucun.

Le conte de Peau-d'Ane, et l'histoire de la femme au nez de boudin, mis en vers par M. Perrault de l'Académie françoise.

La Métamorphose d'Orante en miroir.

L'Amour Godenot.

Le Labyrinthe de Versailles, ou *les Maximes d'amour et de galanterie tirée des fables d'Esope.*

Elégie à Iris.

La Procession de Sainte-Geneviève.

Parallèles des anciens et des modernes, où l'on voit la poësie portée à son plus haut point de perfection dans les opéras de M. Quinault.

Saint-Paulin, poëme héroïque.

Réflexions sur Pindare, où l'on enseigne l'art de ne point entendre ce grand poëte.

Je ris, Monsieur, en vous écrivant cette liste, et je crois que vous aurez de la peine à vous empêcher aussi de rire en la lisant. Cependant je vous supplie de croire que l'offre que je vous fais est très-sérieuse, et que je tiendrai exactement ma parole. Mais soit que l'accommodement se fasse ou non, je vous réponds, puisque vous prenez si grand intérêt à la mémoire de feu M. Perrault le médecin, qu'à la première édition qui paroîtra de mon livre, il y aura dans la préface un article exprès en faveur de ce médecin, qui sûrément n'a point fait la façade du Louvre, ni l'Observatoire, ni l'arc de triomphe, comme on le prouvera dans peu démonstrativement; mais qui au fond étoit un homme de beaucoup de mérite, grand physicien, et, ce que j'estime encore plus que tout cela, qui avoit l'honneur d'être votre ami. Je doute même, quelque mine que je fasse du contraire, qu'il m'arrive jamais de prendre de nouveau la plume pour écrire contre M. Perrault l'académicien, puisque cela n'est plus nécessaire. En effet, pour ce qui est de ses écrits contre les anciens, beaucoup de mes amis sont persuadés que je n'ai déjà que trop employé de papier, dans mes réflexions sur Longin, à réfuter des ouvrages si pleins d'ignorance et si indignes d'être réfutés. Et pour ce qui regarde ses critiques sur mes mœurs et sur mes ouvrages, le seul bruit, ajoutent-ils, qui a couru que vous aviez pris mon parti contre lui est suffisant pour me mettre à couvert de ses invectives. J'avoue qu'ils ont raison. La vérité est pourtant que pour rendre ma gloire complète il faudroit que votre lettre fût publiée. Que ne ferois-je point pour en obtenir de vous le consentement ! faut-il se dédire de tout ce que j'ai écrit contre M. Perrault ? faut-il se mettre à genoux devant lui ? faut-il lire tout Saint-Paulin ? vous n'avez qu'à dire ; rien ne me sera difficile. Je suis avec beaucoup de respect, etc.

A M. LE VERRIER.

N'êtes-vous plus fâché, Monsieur, du peu de complaisance que j'eus hier pour vous ? non, sans doute, vous ne l'êtes plus ; et je suis persuadé qu'à l'heure qu'il est vous goûtez toutes mes raisons. Supposé pourtant que votre colère dure encore, je m'offre d'aller aujourd'hui chez vous à midi et demi vous prouver le verre à la main, par plus d'un argument en forme, qu'un homme comme moi n'est point obligé de préférer son plaisir à sa santé, ni de demeurer à souper, même avec la meilleure compagnie du monde, quand il sent que cela le pourroit incommoder, et quand il a pour s'en excuser soixante et six raison aussi bonnes et aussi valables que celles que la vieillesse avec ses doigts pesants m'a jetées sur la tête. Et pour commencer ma preuve, je vous dirai ces vers d'Horace à Mécénas :

Quam mihi das aegro, dabis aegrotare timenti,
Maecenas, veniam.

En cas donc que vous vouliez que j'achève ma démonstration, mandez-moi,

Si validus, si laetus eris, si denique posces.

Autrement, ordonnez qu'on ne m'ouvre point chez vous. J'aime encore mieux n'y point entrer que d'y être mal reçu. Au reste j'ai soigneusement relu votre plainte contre les tuileries, et j'y ai trouvé des vers si bien tournés, que franchement en les lisant je n'ai pu me défendre d'un moment de jalousie poëtique contre vous; de sorte qu'en la remaniant j'ai plutôt songé à vous surpasser qu'à vous réformer. C'est cette jalousie qui m'a fait mettre la pièce en l'état où vous l'allez voir. Prenez la peine de la lire.

PLAINTE CONTRE LES TUILERIES.

Agréables jardins, où les Zéphirs et Flore
Se trouvent tous les jours au lever de l'Aurore;
Lieux charmans, qui pouvez, dans vos sombres réduits,
Des plus tristes amans adoucir les ennuis;
Cessez de rappeler dans mon ame insensée
De mon premier bonheur la gloire enfin passée.
Ce fut, je m'en souviens, dans cet antique bois
Que Philis m'apparut pour la première fois;
C'est ici que souvent, dissipant mes alarmes,
Elle arrêtoit d'un mot mes soupirs et mes larmes;
Et que, me regardant d'un œil si gracieux,
Elle m'offroit le ciel ouvert dans ses beaux yeux.
Aujourd'hui cependant, injustes que vous êtes,
Je sais qu'à mes rivaux vous prêtez vos retraites,
Et qu'avec elle assis sur vos tapis de fleurs
Ils triomphent contens de mes vaines douleurs.

Allez, jardins dressés par une main fatale;
Tristes enfans de l'art du malheureux Dédale;
Vos bois, jadis pour moi si charmans et si beaux,
Ne sont plus qu'un désert, refuge de corbeaux,
Qu'un séjour infernal, où cent mille vipères
Tous les jours en naissant assassinent leur mères.

Je ne sais, Monsieur, si vous reconnoîtrez votre ouvrage, et si vous vous accommoderez des nouvelles pensées que je vous prête. Quoi qu'il en soit, faites-en tel usage que vous jugerez à propos; car pour moi je vous déclare que je n'y travaillerai pas davantage. Je ne vous cacherai pas même que j'ai une espèce de confusion d'avoir, par une molle complaisance pour vous, employé quelques heures à un ouvrage de cette nature, et d'être moi-même tombé dans le ridicule dont j'accuse les autres, et dont je me suis si bien moqué par ces vers de la satire à mon esprit:

Faudra-t-il de sang froid, et sans être amoureux,
Pour quelque Iris en l'air faire le langoureux;
Lui prodiguer les noms de Soleil et d'Aurore
Et toujours bien mangeant mourir par métaphore?

Ce qu'il y a de sûr, c'est que je ne retomberai plus dans une pareille foiblesse, et que c'est à ces vers d'amourettes, bien plus justement qu'à ceux de ma pénultième épître, qu'aujourd'hui je dis très-sérieusement,

Adieu, mes vers, adieu pour la dernière fois.

Du reste je suis parfaitement votre, etc.

A M. RACINE.

JE crois que vous serez bien aise d'être instruit de ce qui s'est passé dans la visite que nous avons, suivant votre conseil, rendue ce matin, mon frère le docteur de Sorbonne et moi, au P. de la Chaise. Nous sommes arrivés chez lui sur les neuf heures ; et sitôt qu'on lui a dit notre nom, il nous a fait entrer. Il nous a reçus avec beaucoup d'agrément, m'a interrogé fort obligeamment sur l'état de ma santé, et a paru fort content de ce que je lui ai dit que mon incommodité n'augmentoit point. Ensuite il a fait apporter des chaises, s'est mis tout proche de moi, afin que je le pusse mieux entendre, et aussitôt entrant en matière, m'a dit que vous lui aviez lu un ouvrage de ma façon, où il y avoit beaucoup de bonnes choses, mais que la matière que j'y traitois étoit une matière fort délicate et qui demandoit beaucoup de savoir : qu'il avoit autrefois enseigné la théologie, et qu'ainsi il devoit être instruit de cette matière à fond : qu'il falloit faire une grande différence de l'amour *affectif* d'avec l'amour *effectif* : que ce dernier etoit absolument nécessaire, et entroit dans l'attrition; au lieu que l'amour affectif venoit de la contrition parfaite, et qu'ainsi il justifioit par lui-même le pécheur, mais que l'amour effectif n'avoit d'effet qu'avec l'absolution du prêtre. Enfin il nous a débité en très-bons termes tout ce que beaucoup d'habiles auteurs scholastiques ont écrit sur ce sujet, sans pourtant dire, comme quelques-uns d'eux, que l'amour de Dieu, absolument parlant, n'est point nécessaire pour la justification du pécheur. Mon frère applaudissoit à chaque mot qu'il disoit, paroissant être enchanté de sa doctrine, et encore plus de sa manière de l'énoncer. Pour moi, je suis demeuré dans le silence. Enfin, lorsqu'il a cessé de parler, je lui ai dit que j'avois été fort surpris qu'on m'eût prêté des charités auprès de lui, et qu'on lui eût donné à entendre que j'avois fait un ouvrage contre les jésuites ; ajoutant que ce seroit une chose bien étrange, si soutenir qu'on doit aimer Dieu s'appeloit écrire contre les jésuites ; que mon frère avoit apporté avec lui vingt passages de dix ou douze de leurs plus fameux écrivains, qui soutenoient, en termes beaucoup plus forts que ceux de mon épître, que pour être justifié il faut indispensablement aimer Dieu ; qu'enfin j'avois si peu songé à écrire contre les jésuites, que les premiers à qui j'avois lu mon ouvrage, c'étoient six jésuites des plus célèbres, qui m'avoient tous dit qu'un chrétien ne pouvoit pas avoir d'autres sentimens sur l'amour de Dieu que ceux que j'énonçois dans mes vers. J'ai ajouté ensuite que depuis peu j'avois eu l'honneur de réciter mon ouvrage à monseigneur l'archevêque de Paris, et à monseigneur l'évêque de Meaux, qui en avoient tous deux paru, pour ainsi dire, transportés ; qu'avec tout cela néanmoins, si sa révérence croyoit mon ouvrage périlleux, je venois présentement pour le lui lire, afin qu'il m'instruisît de mes fautes. Enfin je lui ai fait le même compliment que je fis à monseigneur l'Archevêque lorsque j'eus l'honneur de le lui réciter, qui étoit que je ne venois pas pour être loué, mais pour être jugé ; que je le priois donc de me prêter une vive attention, et de trouver bon même que je lui répétasse beaucoup d'endroits. Il a fort approuvé ma proposition, et je lui ai lu mon épître très-posément, jetant au reste dans ma lecture toute la force et tout l'agrément que j'ai pu. J'oubliois de vous avertir que je lui ai auparavant dit encore une particularité qui l'a assez agréablement surpris, c'est à savoir que je prétendois n'avoir proprement fait autre chose dans mon ouvrage que mettre en vers la doctrine qu'il venoit de nous débiter, et l'ai assuré que j'étois persuadé que lui-même n'en disconviendroit pas. Mais pour en revenir au récit de ma pièce, croiriez-vous, Monsieur, que la chose est arrivée comme je l'avois prophétisé, et qu'à la réserve de deux petits scrupules qu'il vous a dit et qu'il nous a répété qui lui étoient venus au sujet de ma hardiesse à traiter en vers une matière si délicate, il n'a fait d'ailleurs que s'écrier : PULCHRÈ ! BENÈ ! RECTÈ ! *Cela est vrai. Cela est indubitable. Voilà qui est merveilleux. Il faut lire cela au Roi. Répétez-moi encore cet endroit. Est-ce là ce que M. Racine m'a lu ?* Il a été surtout extrêmement frappé de ces vers que vous lui aviez passés, et que je lui ai récités avec toute l'énergie dont je suis capable :

Cependant on ne voit que docteurs, même austères,
Qui, les semant par tout s'en vont pieusement
De toute piété saper le fondement, etc.

Il est vrai que je me suis heureusement avisé d'insérer dans mon épître huit vers que vous n'avez point approuvés, et que mon frère juge très-à-propos de rétablir. Les voici. C'est ensuite de ces vers :

Oui, dites-vous. Allez, vous l'aimez, croyez-moi.
Qui fait exactement ce que ma loi commande,
A pour moi, dit ce Dieu, l'amour que je demande.
Faites-le donc ; et, sûr qu'il nous veut sauver tous,
Ne vous alarmez point pour quelques vains dégoûts
Qu'en sa ferveur souvent la plus sainte ame éprouve.
Marchez, courez à lui ; qui le cherche le trouve ;
Et plus de votre cœur il paroît s'écarter,
Plus par vos actions songez à l'arrêter.

Il m'a fait redire trois fois ces huit vers. Mais je ne saurois vous exprimer avec quelle joie, quels éclats de rire il a entendu la prosopopée de la fin. En un mot, j'ai si bien échauffé le révérend père, que, sans une visite que dans ce temps-là son frère lui est venu rendre, il ne nous laissoit point partir que je ne lui eusse récité aussi les deux autres nouvelles épîtres de ma façon que vous avez lues au Roi. Encore ne nous a-t-il laissé partir qu'à la charge que nous l'irions voir à sa maison de campagne, et il s'est chargé de nous faire avertir du jour où nous l'y pourrions trouver seul. Vous voyez donc, Monsieur, que si je ne suis point bon poëte, il faut que je sois bon récitateur. Après avoir quitté le P. de la Chaise, nous avons été voir le P. Gaillard, à qui j'ai aussi, comme vous pouvez penser, récité l'épître. Je ne vous dirai point les louanges excessives qu'il m'a données. Il m'a traité d'homme inspiré de Dieu, et m'a dit qu'il n'y avoit que des coquins qui pussent contredire mon opinion. Je l'ai fait ressouvenir du petit théologien avec qui j'eus une prise devant lui chez M. de Lamoignon. Il m'a dit que ce théologien étoit le dernier des hommes; que si sa société avoit à être fâchée, ce n'étoit pas de mon ouvrage, mais de ce que des gens osoient dire que cet ouvrage étoient fait contre les jésuites. Je vous écris tout ceci à dix heures du soir, au courant de la plume. Je vous prie de retirer la copie que vous avez mise entre les mains de madame de.... afin que je lui en donne une autre où l'ouvrage soit dans l'état où il doit demeurer. Je vous embrasse de tout mon cœur, et suis tout à vous.

A M. DE MAUCROIX.

Les choses hors de vraisemblance qu'on m'a dites de La Fontaine sont à-peu-près celles que vous avez devinées; je veux dire que ce sont ces haires, ces cilices et ces disciplines dont on m'a assuré qu'il affligeoit fréquemment son corps, et qui m'ont paru d'autant plus incroyables de notre défunt ami, que jamais rien, à mon avis, ne fut plus éloigné de son caractère que ces mortifications. Mais quoi! la grâce de Dieu ne se borne pas à des changemens ordinaires, et c'est quelquefois de véritables métamorphoses qu'elle fait. Elle ne paroît pas s'être répandue de la même sorte sur le pauvre M. Cassandre, qui est mort tel qu'il a vécu, c'est à savoir très-misanthrope, et non-seulement haïssant les hommes, mais ayant même assez de peine à se réconcilier avec Dieu, à qui, disoit-il, si le rapport qu'on m'a fait est véritable, il n'avoit nulle obligation. Qui eût cru que de ces deux hommes c'étoit La Fontaine qui étoit le vase d'élection? voilà, Monsieur, de quoi augmenter les réflexions sages et chrétiennes que vous me faites dans votre lettre, et qui me paroissent partir d'un cœur sincèrement persuadé de ce qu'il dit.

Pour venir à vos ouvrages, j'ai déjà commencé à conférer le dialogue des orateurs avec le latin. Ce que j'en ai vu me paroît extrêmement bien. La langue y est parfaite-écrite. Il n'y a rien de gêné, et tout y paroît libre et original. Il y a pourtant des endroits où je ne conviens pas du sens que vous avez suivi. J'en ai marqué quelques-uns avec du crayon, et vous y trouverez ces marques quand on vous les renverra. Si j'ai le temps, je vous expliquerai mes objections; car je doute sans cela que vous les puissiez bien comprendre. En voici une que par avance je vais vous écrire, parce qu'elle me paroît plus de conséquence que les autres. Vous traduisez :

Minimum inter tot ac tanta locum obtinent imagines, ac tituli, et statuae, quae neque ipsa tamen negliguntur.

« Au prix de ces talens si estimables, qu'est-ce que la » noblesse et la naissance, qui pourtant ne sont pas » méprisées? »

Il ne s'agit point, à mon sens, dans cet endroit, de la noblesse ni de la naissance, mais des images, des inscriptions et des statues qu'on faisoit faire souvent à l'honneur des orateurs, et qu'on leur envoyoit chez eux. Juvenal parle d'un avocat de son temps qui prenoit beaucoup plus d'argent que les autres, à cause qu'il en avoit une équestre. Sans rapporter ici toutes les preuves que je pourrois alléguer, Maternus lui-même, dans votre dialogue, fait entendre clairement la même chose lorsqu'il dit que « ces statues et ces images » se sont emparées malgré lui de sa maison. »

Æra et imagines quae, etiam me nolente, in domum meam irruperunt.

Excusez, Monsieur, la liberté que je prends de vous dire si sincèrement mon avis. Mais ce seroit dommage qu'un aussi bel ouvrage que le vôtre eût de ces taches où les savans s'arrêtent, et qui pourroient donner occasion de le ravaler. Et puis vous m'avez donné tout pouvoir de vous dire mon sentiment.

Je suis bien aise que mon goût se rencontre si conforme au vôtre dans tout ce que je vous ai dit de nos auteurs, et je suis persuadé aussi-bien que vous que M. Godeau est un poëte fort estimable. Il me semble pourtant qu'on peut dire de lui ce que Longin dit d'Hypéride, qu'il est toujours à jeun, et qu'il n'a rien qui remue ni qui échauffe, en un mot qu'il n'a point cette force de style et cette vivacité d'expression qu'on cherche dans les ouvrages, et qui les font durer. Je ne sais point s'il passera à la postérité; mais il faudra pour cela qu'il ressuscite, puisqu'on peut dire qu'il est déja mort, n'étant presque plus maintenant lu de personne. Il n'en est pas ainsi de Malherbe, qui croît de réputation à mesure qu'il s'éloigne de son siècle. La vérité est pourtant, et c'étoit le sentiment de notre cher ami Patru, que la nature ne l'avoit pas fait grand poëte. Mais il corrige ce défaut par son esprit et par son travail ; car personne n'a plus travaillé ses ouvrages que lui, comme il paroît assez par le petit nombre de pièces qu'il a faites. Notre langue veut être extrêmement travaillée. Racan avoit plus de génie que lui ; mais il est plus négligé, et songe trop à le copier. Il excelle surtout, à mon avis, à dire les petites choses ; et c'est en quoi il ressemble mieux aux anciens, que j'admire surtout par cet endroit. Plus les choses sont sèches et mal-aisées à dire en vers, plus elles frappent quand elles sont dites noblement, et avec cette élégance qui fait proprement la poësie. Je me souviens que La Fontaine m'a dit plus d'une fois que les deux vers de mes ouvrages qu'il estimoit davantage, c'étoient ceux où je loue le Roi d'avoir établi la manufacture des points de France, à la place des points de Venise. Les voici. C'est dans la première épître à sa majesté :

Et nos voisins frustrés de ces tributs serviles
Que payoit à leur art le luxe de nos villes.

Virgile et Horace sont divins en cela, aussi-bien qu'Homère. C'est tout le contraire de nos poëte, qui ne disent que des choses vagues, que d'autres ont déjà dites avant eux, et dont les expressions sont trouvées. Quand ils sortentde là, ils ne sauroient plus s'exprimer, et ils tombent dans une sécheresse qui est encore pire que leurs larcins. Pour moi, je ne sais pas si j'y ai réussi ; mais quand je fais des vers, je songe toujours à dire ce qui ne s'est point encore dit en notre langue. C'est ce que j'ai principalement affecté dans une nouvelle épître que j'ai faite à propos de toutes les critiques qu'on a imprimées contre ma dernière satire. J'y conte tout ce que j'ai fait depuis que je suis au monde. J'y rapporte mes défauts, mon âge, mes inclinations, mes mœurs. J'y dis de quel père et de quelle mère je suis né. J'y marque les degrés de ma fortune, comment j'en suis sorti, les incommodités qui me sont survenues, les ouvrages que j'ai faits. Ce sont bien de petites choses dites en assez peu de mots, puisque la pièce n'a pas plus de cent trente vers. Elle n'a pas encore vu le jour, et je ne l'ai pas même encore écrite. Mais il me paroît que tous ceux à qui je l'ai récitée en sont aussi frappés que d'aucun autre de mes ouvrages. Croiriez-vous, Monsieur, qu'un des endroits où ils se recrient le plus, c'est un endroit qui ne dit autre chose, sinon qu'aujourd'hui que j'ai cinquante-sept ans, je ne dois plus prétendre à l'approbation publique? cela est dit en quatre vers, que je veux bien vous écrire ici afin que vous me mandiez si vous les approuvez :

> Mais aujourd'hui qu'enfin la vieillesse venue,
> Sous mes faux cheveux blonds déjà toute chenue,
> A jeté sur ma tête avec ses doigts pesans
> Onze lustres complets surchargés de deux ans....

Il me semble que la perruque est assez heureusement frondée dans ces quatre vers. Mais, Monsieur, à propos des petites choses qu'on doit dire en vers, il me paroît qu'en voilà beaucoup que je vous dis en prose, et que le plaisir que j'ai à vous parler de moi me fait assez mal-à-propos oublier à vous parler de vous. J'espère que vous excuserez un poëte nouvellement délivré d'un ouvrage. Il n'est pas possible qu'il s'empêche d'en parler, soit à droit, soit à tort.

Je reviens aux pièces que vous m'avez mises entre les mains. Il n'y en a pas une qui ne soit très-digne d'être imprimée. Je n'ai point vu les traductions de la *Vieillesse et de l'Amitié*, qu'a faites aussi-bien que vous le dévôt dont vous vous plaignez; tout ce que je sais, c'est qu'il a eu la hardiesse, pour ne pas dire l'impudence, de retraduire les *Confessions de Saint-Augustin* après messieurs de Port-Royal; et qu'étant autrefois leur humble et rampant écolier, il s'étoit tout-à-coup voulu ériger en maître. Il a fait une préface au-devant de sa traduction des *Sermons de Saint-Augustin*, qui, quoiqu'assez bien écrite, est un chef-d'œuvre d'impertinence et de mauvais sens. M. Arnauld, un peu avant que de mourir, a fait contre cette préface une dissertation qui est imprimée. Je ne sais si on vous l'a envoyée; mais je suis sûr que si vous l'avez lue, vous convenez avec moi qu'il ne s'est rien fait en notre langue de plus beau ni de plus fort sur les matières de rhétorique. C'est ainsi que toute la cour et toute la ville en ont jugé, et jamais ouvrage n'a été mieux réfuté que la *Préface du dévot*. Tout le monde voudroit qu'il fût en vie, pour voir ce qu'il diroit en se voyant si bien foudroyé. Cette dissertation est le pénultième ouvrage de M. Arnauld, et j'ai l'honneur que c'est par mes louanges que ce grand personnage a fini, puisque la lettre qu'il a écrite sur mon sujet à M. Perrault est son dernier écrit. Vous savez sans doute ce que c'est que cette

cette lettre qui me fait un si grand honneur ; et M. le Verrier en a une copie qu'il pourra vous faire tenir quand vous voudrez, supposé qu'il ne vous l'ait pas déjà envoyée. Il est surprenant qu'un homme dans l'extrême vieillesse ait conservé toute cette vigueur d'esprit et de mémoire qui paroît dans ces deux écrits, qu'il n'a fait pourtant que dicter, la foiblesse de sa vue ne lui permettant plus d'écrire lui-même.

Il me semble, Monsieur, que voilà une longue lettre. Mais quoi ! le loisir que je me suis trouvé aujourd'hui à Auteuil m'a comme transporté à Reims, où je me suis imaginé que je vous entretenois dans votre jardin, et que je vous revoyois encore, comme autrefois, avec tous ces chers amis que nous avons perdus, et qui ont disparu *velut somnium surgentis*. Je n'espère plus de m'y revoir. Mais vous, Monsieur, est-ce que nous ne vous reverrons plus à Paris ? et n'avez-vous point quelque curiosité de voir ma solitude d'Auteuil ? Que j'aurois de plaisir à vous y embrasser, et à déposer entre vos mains le chagrin que me donne tous les jours le mauvais goût de la plupart de nos académiciens ! gens assez comparables aux Hurons et aux Topinambous, comme vous savez bien que je l'ai déjà avancé dans mon épigramme, *Clio vint l'autre jour*, etc. J'ai supprimé cette épigramme, et ne l'ai point mise dans mes ouvrages, parce qu'au bout du compte, je suis de l'académie, et qu'il n'est pas honnête de diffamer un corps dont on est. Je n'ai même jamais montré à personne une badinerie que je fis ensuite pour m'excuser de cette épigramme. Je vais la mettre ici pour vous divertir ; mais c'est à la charge que vous me garderez le secret, et que, ni vous ne la retiendrez par cœur, ni ne la montrerez à personne :

J'ai traité de Topinambous
Tous ces beaux censeurs, je l'avoue,
Qui, de l'antiquité si follement jaloux,
Aiment tout ce qu'on hait, blâment tout ce qu'on loue.
Et l'académie, entre nous,
Souffrant chez soi de si grands fous,
Me semble un peu topinamboue.

C'est une folie, comme vous voyez ; mais je vous la donne pour telle. Adieu, Monsieur ; je vous embrasse de tout mon cœur, et suis entièrement à vous, etc.

DISSERTATION
CRITIQUE
SUR JOCONDE.
A. M. B.

Monsieur,

Votre gageure est sans doute fort plaisante, et j'ai ri de tout mon cœur de la bonne foi avec laquelle votre ami soutient une opinion aussi peu raisonnable que la sienne. Mais cela ne m'a point du tout surpris; ce n'est pas d'aujourd'hui que les plus méchans ouvrages ont trouvé de sincères protecteurs, et que des opiniâtres ont entrepris de combattre la raison à force ouverte. Et pour ne vous point citer ici d'exemples du commun, il n'est pas que vous n'ayez ouï parler du goût bizarre de cet empereur qui préféra les écrits d'un je ne sais quel poëte aux ouvrages d'Homère, et qui ne vouloit pas que tous les hommes ensemble, pendant près de vingt siècles, eussent le sens commun.

Le sentiment de votre ami a quelque chose d'aussi monstrueux. Et certainement quand je songe à la chaleur avec laquelle il va, le livre à la main, défendre la *Joconde* de M. Bouillon, il me semble voir Marfise dans l'*Arioste*, puisqu'Arioste il y a, qui veut faire confesser à tous les chevaliers que cette vieille qu'elle a en croupe est un chef-d'œuvre de beauté. Quoi qu'il en soit, s'il n'y prend garde, son opiniâtreté lui coûtera un peu cher; et quelque mauvais passe-temps qu'il y ait pour lui à perdre cent pistoles, je le plains encore plus de la perte qu'il va faire de sa réputation dans l'esprit des habiles gens.

Il a raison de dire qu'il n'y a point de comparaison entre les deux ouvrages dont vous êtes en dispute, puisqu'il n'y a point de comparaison entre un conte plaisant et une narration froide, entre une invention fleurie et enjouée et une traduction sèche et triste. Voilà en effet la proportion qui est entre ces deux ouvrages. La Fontaine a pris à la vérité son sujet de l'*Arioste ;* mais en même temps il s'est rendu maître de sa matière : ce n'est point une copie qu'il ait tirée un trait après l'autre sur l'original; c'est un original qu'il a formé sur l'idée que l'*Arioste* lui a fournie. C'est ainsi que Virgile a imité Homère ; Térence, Ménandre ; et le Tasse, Virgile. Au contraire, on peut dire de M. Bouillon que c'est un valet timide, qui n'oseroit faire un pas sans le congé de son maître, et qui ne le quitte jamais que quand il ne le peut plus suivre. C'est un traducteur maigre et décharné : les plus belles fleurs que l'*Arioste* lui fournit deviennent sèches entre ses mains ; et à tous momens quittant le françois pour s'attacher à l'italien, il n'est ni italien ni françois.

Voilà, à mon avis, ce qu'on doit penser de ces deux pièces. Mais je passe plus avant, et je soutiens que non-seulement la nouvelle de La Fontaine est infiniment meilleure que celle de ce Monsieur, mais qu'elle est même plus agréablement conté que celle de l'*Arioste*. C'est beaucoup dire, sans doute; et je vois bien que par-là je vais m'attirer sur les bras tous les amateurs de ce poëte. C'est pourquoi vous trouverez bon que je n'avance pas cette opinion sans l'appuyer de quelques raisons.

Premièrement, je ne vois pas par quelle licence poëtique l'Arioste a pu, dans un poëme héroïque et sérieux, mêler une fable et un conte de vieille, pour ainsi dire, aussi burlesque qu'est l'histoire de Joconde. *Je sais bien*, dit un poëte grand critique, *qu'il y a beaucoup de choses permises aux poëtes et aux peintres; qu'ils peuvent quelquefois donner carrière à leur imagination, et qu'il ne faut pas toujours les resserrer dans la raison étroite et rigoureuse. Bien loin de leur vouloir ravir ce privilége, je le leur accorde pour eux, et je le demande pour moi. Ce n'est pas à dire toutefois qu'il leur soit permis pour cela de confondre toutes choses; de renfermer dans un même corps mille espèces différentes, aussi confuses que les rêveries d'un malade; de mêler ensemble des choses incompatibles; d'accoupler les oiseaux avec les serpents, les tigres avec les agneaux*. Comme vous voyez, Monsieur, ce poëte avoit fait le procès à l'Arioste plus de mille ans avant que l'Arioste eût écrit. En effet, ce corps composé de mille espèces différentes, n'est-ce pas proprement l'image du poëme de Roland le furieux? qu'y-a-t-il de plus grave et de plus héroïque que certains endroits de ce poëme? qu'y-a-t-il de plus bas et de plus bouffon que d'autres? Et sans chercher si loin, peut-on rien voir de moins sérieux que l'histoire de *Joconde* et d'*Astolfe*? Les *Aventures de Buscon* et *de Lazarille* ont-elles quelque chose de plus extravagant? sans mentir, une telle bassesse est bien éloignée du goût de l'antiquité; et qu'auroit-on dit de Virgile, bon Dieu! si à la *Descente d'Enée dans l'Italie* il lui avoit fait conter par un hôtelier l'*histoire de Peau-d'Ane*, ou *les contes de ma Mère-l'Oie?* Je dis *les contes de ma Mère-l'Oie*, car l'histoire de Joconde n'est guère d'un autre rang. Que si Homère a été blâmé dans son Odyssée, qui est pourtant un ouvrage tout comique, comme l'a remarqué Aristote, si, dis-je, il a été repris par de fort habiles critiques pour avoir mêlé dans cet ouvrage l'histoire des compagnons d'Ulysse changés en pourceaux, comme étant indigne de la majesté de son sujet; que diroient ces critiques, s'ils voyoient celle de Joconde dans un poëme héroïque? n'auroit-ils pas raison de s'écrier que si cela est reçu, le bon sens ne doit plus avoir de jurisdiction sur les ouvrages d'esprit, et qu'il ne faut plus parler d'art ni de règles? Ainsi, Monsieur, quelque bonne que soit d'ailleurs la Joconde de l'Arioste, il faut tomber d'accord qu'elle n'est pas en son lieu.

Mais examinons un peu cette histoire en elle-même. Sans mentir, j'ai de la peine à souffrir le sérieux avec lequel l'Arioste écrit un conte si bouffon. Vous diriez que non-seulement c'est une histoire très-véritable, mais que c'est une chose très-noble et très-héroïque qu'il va raconter; et certes, s'il vouloit décrire les exploits d'un Alexandre ou d'un Charlemagne, il ne débuteroit pas plus gravement:

Astolfo, re de' Longobardi, quello
A cui lasciò il fratel monaco il regno,

Fu nella giovanezza sua si bello,
Che mai poch' altri giunsero a quel segno
N'avria a fatica un tal fatto a pennello
Apelle, Zeusi, o se v' è alcun più degno.

Le bon messer Ludovico ne se souvenoit pas, ou plutôt ne se soucioit pas du précepte de son *Horace*,

Versibus exponi tragicis res comica non vult.
Art poët. v. 89.

Cependant il est certain que ce précepte est fondé sur la pure raison, et que comme il n'y a rien de plus froid que de conter une chose grande en style bas, aussi n'y a-t-il rien de plus ridicule que de raconter une histoire comique et absurde en termes graves et sérieux, à moins que ce serieux ne soit affecté tout exprès pour rendre la chose encore plus burlesque. Le secret donc, en contant une chose absurde, est de s'énoncer d'une telle manière que vous fassiez concevoir au lecteur que vous ne croyez pas vous-même la chose que vous lui contez; car alors il aide lui-même à se décevoir, et ne songe qu'à rire de la plaisanterie agréable d'un auteur qui se joue et ne lui parle pas tout de bon. Et cela est si véritable, qu'on dit même assez souvent des choses qui choquent directement la raison, et qui ne laissent pas néanmoins de passer, à cause qu'elles excitent à rire. Telle est cette hyperbole d'un ancien poëte comique, pour se moquer d'un homme qui avoit une terre de fort petite étendue: *Il possédoit*, dit ce poëte, *une terre à la campagne, qui n'étoit pas plus grande qu'une épître de Lacédémonien*; y a-t-il rien, ajoute un ancien rhéteur, de plus absurde que cette pensée? Cependant elle ne laisse pas de passer pour vraisemblable, parce qu'elle touche la passion, je veux dire qu'elle excite à rire. Et n'est-ce pas en effet ce qui a rendu si agréables certaines lettres de Voiture, comme celle du *Brochet*, et de la *Carpe*, dont l'invention est absurde d'elle-même, mais dont il a caché les absurdités par l'enjouement de sa narration, et par la manière plaisante dont il dit toutes choses? c'est ce que La Fontaine a observé dans sa nouvelle, il a cru que dans un conte comme celui de Joconde, il ne falloit pas badiner sérieusement. Il rapporte, à la vérité, des aventures extravagantes; mais il les donne pour telles; par tout il rit et il joue : et si le lecteur lui veut faire un procès sur le peu de vraisemblance qu'il y a aux choses qu'il raconte, il ne va pas comme l'Arioste, les appuyer par des raisons forcées et plus absurdes encore que la chose même; mais il s'en sauve en riant et en se jouant du lecteur, qui est la route qu'on doit tenir en ces rencontres;

Ridiculum acri
Fortiùs et meliùs magnas plerumque secat res.
Hor. lib. I. sat. X, v. 14.

Ainsi lorsque Joconde, par exemple, trouve sa femme couchée entre les bras d'un valet, il n'y a pas d'apparence que dans la fureur il n'éclate contre elle, ou du moins contre ce valet. Comment est-ce donc que l'Arioste sauve cela? il dit que la violence de l'amour ne lui permet pas de faire déplaisir à sa femme;

Ma, dall' amor che porta, al suo dispetto,
All' ingrata moglie, li fu interdetto.

Voilà, sans mentir, un amant bien parfait; et Céladon ni Silvandre ne sont jamais parvenus à ce haut degré de perfection. Si je ne me trompe, c'étoit bien plutôt là une raison, non-seulement pour obliger Joconde à éclater, mais c'en étoit assez pour lui faire poignarder dans la rage sa femme, son valet, et soi-même, puisqu'il n'y point de passion plus tragique et plus violente que la jalousie qui naît d'un extrême amour. Et certainement, si les hommes les plus sages et les plus modérés ne sont pas maîtres d'eux-mêmes dans la chaleur de cette passion, et ne peuvent s'empêcher quelquefois de s'emporter jusqu'à l'excès pour des sujets fort légers; que devoit faire un jeune homme comme Joconde dans le premier accès d'une jalousie aussi bien fondée que la sienne? étoit-il en état de garder encore des mesures avec une perfide pour qui il ne pouvoit plus avoir que des sentimens d'horreur et de mépris? La Fontaine a bien vu l'absurdité qui s'en suivoit de là; il s'est donc bien gardé de faire Joconde amoureux d'un amour romanesque et extravagant; cela ne serviroit de rien, et une passion comme celle-là n'a point de rapport avec le caractère dont Joconde nous est dépeint, ni avec ses aventures amoureuses. Il l'a donc représenté seulement comme un homme persuadé au fond de la vertu et de l'honnêteté de sa femme. Ainsi quand il vient à reconnoître l'infidélité de cette femme, il peut fort bien, par un sentiment d'honneur, comme le suppose La Fontaine, n'en rien témoigner, puisqu'il n'y a rien qui fasse plus de tort à un homme d'honneur en ces sortes de rencontres, que l'éclat:

Tous deux dormoient: dans cet abord Joconde
Voulut les envoyer dormir en l'autre monde;
Mais cependant il n'en fit rien,
Et mon avis est qu'il fit bien.
Le moins de bruit que l'on peut faire
En telle affaire
Est le plus sûr de la moitié.
Soit par prudence ou par pitié,
Le Romain ne tua personne.

Que si l'Arioste n'a supposé l'extrême amour de Joconde que pour fonder la maladie et la maigreur qui lui vint ensuite, cela n'étoit point nécessaire, puisque la seule pensée d'un affront n'est que trop suffisante pour faire tomber malade un homme de cœur. Ajoutez à toutes ces raisons que l'image d'un honnête homme lâchement trahi par une ingratte qu'il aime, tel que Joconde nous est représenté dans l'Arioste, à quelque chose de tragique qui ne vaut rien dans un conte pour rire: au lieu que la peinture d'un mari qui se résout à souffrir discrètement les plaisirs de sa femme, comme l'a dépeint La Fontaine, n'a rien que de plaisant et d'agréable; et c'est le sujet ordinaire de nos comédies.

L'Arioste n'a pas mieux réussi dans cet autre endroit où Joconde apprend au roi l'abandonnement de sa femme avec le plus laid monstre de la cour. Il n'est pas vraisemblable que le roi n'en témoigne rien. Que fait donc l'Arioste pour fonder cela? il dit que Joconde, avant que de découvrir ce secret au roi, le fit jurer *sur le saint sacrement* ou *sur l'agnus Dei*, ce sont ses termes, qu'il ne s'en ressentiroit point. Ne voilà-t-il pas une invention bien agréable? et le saint sacrement n'est-il pas là bien placé? il n'y a que la licence italienne qui puisse mettre une semblable impertinence à couvert; et de pareilles sottises ne se souffrent point en latin ni en françois. Mais comment est-ce que l'Arioste sauvera toutes les autres absurdités qui s'ensuivent de là? où est-ce que Joconde trouve si vîte une hostie sacrée pour faire jurer le roi? et quelle apparence qu'un roi s'engage ainsi légèrement à un simple gentilhomme, par un serment si exécrable? Avouons que La Fontaine s'est bien plus sagement tiré de ce pas par la plaisanterie de Joconde, qui propose au roi, pour le consoler de cet accident, l'exemple des rois et des Césars qui avoient souffert un semblable malheur avec une constance héroïque; et peut-on en sortir plus agréablement qu'il ne fait par ces vers?

> Mais enfin il le prit en homme de courage,
> En galant homme, et, pour le faire court,
> En véritable homme de cour.

Ce trait ne vaut-il pas mieux lui seul que tout le sérieux de l'Arioste? ce n'est pas pourtant que l'Arioste n'ait cherché le plaisant autant qu'il a pu. Et on peut dire de lui ce que Quintilien dit de Démosthène. *Non displicuisse illi jocos, sed non contigisse;* qu'il ne fuyoit pas les bons mots, mais qu'il ne les trouvoit pas : car quelquefois de la plus haute gravité de son style il tombe dans des bassesses à peine dignes du burlesque. En effet, qu'y a-t-il de plus ridicule que cette longue généalogie qu'il fait du reliquaire que Joconde reçut, en partant, de sa femme ? cette raillerie contre la religion n'est-elle pas bien en son lieu ? que peut-on voir de plus sale que cette métaphore ennuyeuse, prise de l'exercice des chevaux, de laquelle Astolfe et Joconde se servent pour se reprocher l'un à l'autre leur lubricité ? que peut-on imaginer de plus froid que cette équivoque qu'il emploie à propos du retour de Joconde à Rome ? on croyoit, dit-il, qu'il étoit allé à Rome, et il étoit allé à Corneto :

Credeano che da lor si fosse tolto
Per gire a Roma, e gito era a Corneto.

Si La Fontaine avoit mis une semblable sottise dans toute sa pièce, trouveroit-il grâce auprès de ses censeurs ? et une impertinence de cette force n'auroit-elle pas été capable de décrier tout son ouvrage, quelques beautés qu'il eût eues d'ailleurs ? mais certes il ne falloit pas appréhender cela de lui. Un homme formé, comme je vois bien qu'il l'est, au goût de Térence et de Virgile ne se laisse pas emporter à ces extravagances italiennes, et ne s'écarte pas ainsi de la route du bon sens. Tout ce qu'il dit est simple et naturel ; et ce que j'estime surtout en lui, c'est une certaine naïveté de langage que peu de gens connoissent, et qui fait pourtant tout l'agrément du discours ; c'est cette naïveté inimitable qui a été tant estimée dans les écrits d'Horace et de Térence, à laquelle ils se sont étudiés particulièrement, jusqu'à rompre pour cela la mesure de leurs vers, comme a fait La Fontaine en beaucoup d'endroits. En effet, c'est ce *molle* et ce *facetum* qu'Horace a attribué à Virgile, et qu'Apollon ne donne qu'à ses favoris. En voulez-vous des exemples?

Marié depuis peu; content, je n'en sais rien:
Sa femme avoit de la jeunesse,
De la beauté, de la délicatesse;
Il ne tenoit qu'à lui qu'il ne s'en trouvât bien.

S'il eût dit simplement que Joconde vivoit content avec sa femme, son discours auroit été assez froid; mais par ce doute où il s'embarrasse lui-même, et qui ne veut pourtant dire que la même chose, il enjoue sa narration, et occupe agréablement le lecteur. C'est ainsi qu'il faut juger de ces vers de Virgile dans une de ses églogues, à propos de Médée, à qui une fureur d'amour et de jalousie avoit fait tuer ses enfans:

Crudelis mater magis, an puer improbus ille?
Improbus ille puer, crudelis tu quoque mater.
Ecl. VIII, v. 49.

Il en est de même encore de cette réflexion que fait La Fontaine, à propos de la désolation que fait paroître la femme de Joconde quand son mari est prêt à partir:

Vous autres bonnes gens auriez cru que la dame
Une heure après eût rendu l'ame;
Moi qui sais ce que c'est que l'esprit d'une femme, etc.

Je pourrois vous montrer beaucoup d'endroits

de la même force, mais cela ne serviroit de rien pour convaincre votre ami. Ces sortes de beautés sont de celles qu'il faut sentir, et qui ne se prouvent point. C'est je ne sais quoi qui nous charme, et sans lequel la beauté même n'auroit ni grâce ni beauté. Mais, après tout, c'est un je ne sais quoi; et si votre ami est aveugle, je ne m'engage pas à lui faire voir clair; et c'est aussi pourquoi vous me dispenserez, s'il vous plaît, de répondre à toutes les vaines objections qu'il vous a faites. Ce seroit combattre des fantômes qui s'évanouissent d'eux-mêmes; et je n'ai pas entrepris de dissiper toutes les chimères qu'il est d'humeur à se former dans l'esprit.

Mais il y a deux difficultés, dites-vous, qui vous ont été proposées par un fort galant homme, qui sont capables de vous embarrasser. La première regarde l'endroit où ce valet d'hôtellerie trouve le moyen de coucher avec la commune maîtresse d'Astolfe et de Joconde, au milieu de ces deux galans. Cette aventure, dit-on, paroît mieux fondée dans l'original, parce qu'elle se passe dans une hôtellerie, où Astolfe et Joconde viennent d'arriver fraîchement, et d'où ils doivent partir le lendemain; ce qui est une raison suffisante pour obliger ce valet à ne point perdre de temps, et à tenter ce moyen, quelque dangereux qu'il puisse être, pour jouir de sa maîtresse, parce que s'il laisse échapper cette occasion, il ne pourra plus la récouvrer: au lieu que, dans la nouvelle de La Fontaine, tout ce mystère arrive chez un hôte où Astolfe et Joconde font un assez long séjour. Ainsi ce valet logeant avec celle qu'il aime, et étant avec elle tous les jours, vraisemblablement il pouvoit trouver d'autres voies plus sûres pour coucher avec elle, que celle dont il se sert.

A cela je réponds que si ce valet a recours à celle-ci, c'est qu'il n'en peut imaginer de meilleure, et qu'un gros brutal, tel qu'il nous est représenté par La Fontaine, et tel qu'il devoit être en effet pour faire une entreprise comme celle-là, est fort capable de hasarder tout pour se satisfaire, et n'a pas toute la prudence que pourroit avoir un honnête homme. Il y auroit quelque chose à dire si La Fontaine nous l'avoit représenté comme un amoureux de roman, tel qu'il est dépeint dans l'Arioste, qui n'a pas pris garde que ces paroles de tendresse et de passion qu'il lui met dans la bouche sont fort bonnes pour un Tircis, mais ne conviennent pas trop bien à un muletier. Je soutiens en second lieu que la même raison qui, dans l'*Arioste*, empêche tout un jour ce valet et cette fille d'exécuter leur volonté, cette même raison, dis-je, a pu subsister plusieurs jours; et qu'ainsi étant continuellement observés l'un et l'autre par les gens d'Astolfe et de Joconde, et par les autres valets de l'hôtellerie, il n'est pas dans leur pouvoir d'accomplir leur dessein si ce n'est la nuit. Pourquoi donc, me direz-vous La Fontaine n'a-t-il point expimé cela? je soutiens qu'il n'étoit point obligé de le faire, parce que cela se suppose aisément de soi-même, et que tout l'artifice de la narration consiste à ne marquer que les circonstances qui sont absolument nécessaires. Ainsi, par exemple, quand je dis *qu'un tel est de retour de Rome*, je n'ai que faire de dire *qu'il y étoit allé*, puisque cela s'ensuit delà nécessairement. De même, lorsque, dans la nouvelle de La Fontaine, la fille dit au valet qu'elle ne lui peut pas accorder sa demande, parce que si elle le faisoit elle perdroit infailliblement l'anneau qu'Astolfe et Joconde lui avoient promis, il s'ensuit de-là infailliblement qu'elle ne lui pouvoit accorder cette demande sans être découverte, autrement l'anneau n'auroit couru aucun risque.

Qu'étoit-il donc besoin que La Fontaine allât perdre en paroles inutiles le temps qui est si cher dans une narration? on me dira peut-être que La Fontaine, après tout, n'avoit que faire de changer ici l'Arioste. Mais qui ne voit, au contraire, que par-là il a évité une absurdité manifeste, c'est à savoir ce marché qu'Astolfe et Joconde font avec leur hôte, par lequel ce père vend sa fille à beaux deniers comptans? en effet, ce marché n'a-t-il pas quelque chose de choquant, ou plutôt d'horrible? ajoutez que, dans la nouvelle de La Fontaine, Astolfe et Joconde sont trompés bien plus plaisamment, parce qu'ils regardent tous deux cette fille qu'ils ont abusée, comme une jeune innocente à qui ils ont donné, comme il dit,

> La première leçon du plaisir amoureux:

au lieu que dans l'Arioste, c'est une infâme qui va courir le pays avec eux, et qu'ils ne sauroient regarder que comme une abandonnée.

Je viens à la seconde objection. Il n'est pas vraisemblable, vous a-t-on dit, que quand Astolfe

Astolfe et Joconde prennent résolution de courir ensemble le pays, le roi dans la douleur où il est, soit le premier qui s'avise d'en faire la proposition; et il semble que l'Arioste ait mieux réussi de la faire faire par Joconde. Je dis que c'est tout le contraire, et qu'il n'y a point d'apparence qu'un simple gentilhomme fasse à un roi une proposition si étrange que celle d'abandonner son royaume, et d'aller exposer sa personne en des pays éloignés, puisque même la seule pensée en est coupable; au lieu qu'il peut fort bien tomber dans l'esprit d'un roi qui se voit sensiblement outragé en son honneur, et qui ne sauroit plus voir sa femme qu'avec chagrin, d'abandonner sa cour pour quelque temps, afin de s'ôter de devant les yeux un objet qui ne lui peut causer que de l'ennui.

Si je ne me trompe, Monsieur, voilà vos doutes assez bien résolus. Ce n'est pas pourtant que delà je veuille inférer que La Fontaine ait sauvé toutes les absurdités qui sont dans l'histoire de *Joconde*; il y auroit eu de l'absurdité à lui-même d'y penser. Ce seroit vouloir extravaguer sagement, puisqu'en effet toute cette histoire n'est autre chose qu'une extravagance assez ingénieuse, continuée depuis un bout jusqu'à l'autre. Ce que j'en dis n'est seulement que pour vous faire voir qu'aux endroits où il s'est écarté de l'Arioste, bien loin d'avoir fait de nouvelles fautes, il a rectifié celles de cet auteur. Après tout néanmoins, il faut avouer que c'est à l'Arioste qu'il doit sa principale invention. Ce n'est pas que les choses qu'il a ajoutées de lui-même ne pussent entrer en parallèle avec tout ce qu'il y a de plus ingénieux dans l'histoire de *Joconde*. Telle est l'invention du livre blanc que nos deux aventuriers emportèrent pour mettre les noms de celles qui ne seroient pas rebelles à leurs vœux; car cette badinerie me semble bien aussi agréable que tout le reste du conte. Il n'en faut pas moins dire de cette plaisante contestation qui s'émeut entre Astolfe et Joconde, pour le pucelage de leur commune maîtresse, qui n'étoit pourtant que les restes d'un valet. Mais, Monsieur, je ne veux point chicaner mal-à-propos. Donnons, si vous voulez à l'Arioste toute la gloire de l'invention, ne lui dénions pas le prix qui lui est justement dû pour l'élégance, la netteté et la brièveté inimitable avec laquelle il dit tant de choses en si peu de mots; ne rabaissons point malicieusement, en faveur de notre nation, le plus ingénieux auteur des derniers siècles : mais que les grâces et les charmes de son esprit ne nous enchantent pas de telle sorte qu'elles nous empêchent de voir les fautes de jugement qu'il a faites en plusieurs endroits; et quelque harmonie de vers dont il nous frappe l'oreille, confessons que La Fontaine ayant conté plus plaisamment une chose très-plaisante, il a mieux compris l'idée et le caractère de la narration.

Après cela, Monsieur, je ne pense pas que vous voulussiez exiger de moi de vous marquer ici exactement tous les défauts qui sont dans la pièce de M. Bouillon. J'aimerois autant être condamné à faire l'analyse exacte d'une chanson du pont-neuf par les règles de la poëtique d'Aristote. Jamais style ne fut plus vicieux que le sien, et jamais style ne fut plus éloigné de celui de La Fontaine. Ce n'est pas, Monsieur, que je veuille faire passer ici l'ouvrage de La Fontaine pour un ouvrage sans défauts ; je le tiens assez galant homme pour tomber d'accord lui-même des négligences qui s'y peuvent rencontrer : et où ne s'en rencontre-t-il point ? il suffit, pour moi, que le bon y passe infiniment le mauvais, et c'est assez pour faire un ouvrage excellent :

Verùm ubi plura nitent in carmine, non ego paucis
Offendar maculis.

Horat. Art. poët. v. 351.

Il n'en est pas ainsi de M. Bouillon : c'est un auteur sec et aride; toutes ses expressions sont rudes et forcées, il ne dit jamais rien qui ne puisse être mieux dit : et bien qu'il bronche à chaque ligne, son ouvrage est moins à blâmer pour les fautes qui y sont, que pour l'esprit et le génie qui n'y est pas. Je ne doute point que vos sentimens en cela ne soient d'accord avec les miens. Mais s'il vous semble que j'aille trop avant, je veux bien, pour l'amour de vous, faire un effort, et en examiner seulement une page.

Astolfe, roi de Lombardie,
A qui son frère *plein de vie*
Laissa l'empire *glorieux*
Pour se faire religieux,
Naquit d'une forme si belle,
Que Zeuxis, et *le grand* Apelle,
De leur docte et fameux pinceau
N'ont jamais rien fait de si beau.

Que dites-vous de cette longue période ? n'est-ce pas bien entendre la manière de conter, qui doit être simple et coupée, que de commencer une narration en vers par un enchaînement de paroles à peine supportable dans l'exorde d'une oraison?

A qui son frère *plein de vie*...

Plein de vie est une cheville, d'autant plus qu'il n'est pas du texte. M. Bouillon l'a ajouté de sa grâce; car il n'y a point en cela de beauté qui l'y ait contraint.

Laissa l'empire *glorieux*...

Ne semble-t-il pas que, selon M. Bouillon, il y a un empire particulier des glorieux, comme il y a un empire des ottomans et des romains; et qu'il a dit l'*empire glorieux*, comme un autre diroit l'*empire ottoman?* Ou bien il faut tomber d'accord que le mot de *glorieux* en cet endroit-là est une cheville, et une cheville grossière et ridicule.

Pour se faire religieux

Cette manière de parler est basse, et nullement poëtique.

Naquit d'une forme si belle...

Pourquoi *naquit?* N'y a-t-il pas des gens qui naissent fort beaux, et qui deviennent fort laids dans la suite du temps? et au contraire n'en voit-on pas qui viennent fort laids au monde, et que l'âge ensuite embellit?

Que Zeuxis et *le grand* Apelle...

On peut bien dire qu'Apelle étoit un grand peintre; mais qui a jamais dit le grand Apelle? Cette épithète de *grand* tout simple ne se donne jamais qu'à des conquérans et à nos saints. On peut bien appeler Cicéron *grand* orateur ; mais il seroit ridicule de dire le grand Cicéron, et cela auroit quelque chose d'enflé et de puérile. Mais qu'a fait ici le pauvre Zeuxis pour demeurer sans épithète, tandis qu'Apelle est le grand Apelle ? Sans mentir, il est bien malheureux que la mesure du vers ne l'ait pas permis, car il auroit été du moins le *brave* Zeuxis.

> De leur docte et fameux pinceau
> N'ont jamais rien fait de si beau.

Il a voulu exprimer ici la pensée de l'Arioste, que quand Zeuxis et Apelle auroient épuisé tous leurs efforts pour peindre une beauté douée de toutes les perfections, cette beauté n'auroit pas égalé celle d'Astolfe. Mais qu'il y a mal réussi ! et que cette façon de parler est grossière ! *N'ont jamais rien fait de si beau de leur pinceau.*

> Mais si sa grace *sans pareille* ....

Sans pareille est là une cheville ; et le poëte n'a pas pu dire cela d'Astolfe, puisqu'il déclare dans la suite qu'il y avoit un homme au monde plus beau que lui, c'est à savoir, Joconde.

> Etoit du monde la merveille .....

Cette transposition ne se peut souffrir.

> Ni les avantages que donne
> Le royal éclat de son sang....

Ne diriez-vous pas que le sang des Astolfes de Lombardie est ce qui donne ordinairement de l'éclat ? Il falloit dire, *ni les avantages que* lui donnoit *le royal éclat de son sang.*

Dans les italiques provinces....

Cette manière de parler sent le poëme épique, où même elle ne seroit pas fort bonne, et ne vaut rien du tout dans un conte, où les façons de parler doivent être simples et naturelles.

Elevoient au-desus des anges....

Pour parler françois, il falloit dire : *Elevoient au-dessus* de ceux *des anges.*

Au prix des charmes *de son corps.*

De son corps est dit bassement pour rimer. Il falloit dire : *de sa beauté.*

Si jamais il avoit vu *naître*....

Naître est maintenant aussi peu nécessaire qu'il l'étoit tantôt.

Rien qui fût comparable à lui....

Ne voilà-t-il pas un joli vers?

Sire, je crois que le soleil
Ne voit rien qui vous soit *pareil*,
Si ce n'est mon frère Joconde
Qui n'a point de *pareil* au monde.

Le pauvre Bouillon s'est terriblement embarrassé dans ces termes de *pareil* et de *sans pareil.* Il a dit là bas que la beauté d'Astolfe n'a point de pareille : ici il dit que c'est la beauté de Joconde qui est sans pareille : de là il conclut que la beauté sans pareille du roi n'a de pareille que la beauté sans pareille de Joconde. Mais, sauf l'honneur de l'Arioste que M. Bouillon a suivi en cet endroit, je trouve ce compliment fort impertinent, puisqu'il n'est pas vraisemblable qu'un courtisan aille de but en blanc dire à un roi qui se pique d'être le plus bel homme de son siècle : *J'ai un frère plus beau que vous.* La Fontaine a bien fait d'éviter cela, et de dire simplement que ce courtisan prit cette occasion de louer la beauté de son frère, sans l'élever néanmoins au-dessus de celle du roi.

Comme vous voyez, Monsieur, il n'y a pas un vers où il n'y ait quelque chose à reprendre, et que Quintilius n'envoyât rebattre sur l'enclume.

Mais en voilà assez ; et quelque résolution que j'aie prise d'examiner la page entière, vous trouverez bon que je me fasse grâce à moi-même, et que je ne passe pas plus avant. Et que seroit-ce, bon dieu ! si j'allois rechercher toutes les impertinences de cet ouvrage, les mauvaises façons de parler, les rudesses, les incongruités, les choses froides et platement dites, qui s'y rencontrent par tout ? que dirions-nous *de ces murailles dont les ouvertures baillent, de ces erremens qu'Astolfe et Joconde suivent dans les pays flamands ?* suivre des erremens ! juste ciel ! quelle langue est-ce là ! sans mentir, je suis honteux pour La Fontaine de voir qu'il ait pu être mis en parallele avec un tel auteur ; mais je suis encore plus honteux pour votre ami. Je le trouve bien hardi, sans doute, d'oser ainsi hasarder cent pistoles sur la foi de son jugement. Sil n'a point de meilleure caution, et qu'il fasse souvent de semblables gageures, il est au hasard de se ruiner.

Voilà, Monsieur, la manière d'agir ordinaire des demi-critiques, de ces gens, dis-je, qui, sous l'ombre d'un sens commun tourné pourtant à leur mode, prétendent avoir droit de juger souverainement de toutes choses, corrigent, disposent, réforment, louent, approuvent condamnent tout au hasard. J'ai peur que votre ami ne soit un peu de ce nombre. Je lui pardonne cette haute estime qu'il fait de la pièce de M. Bouillon; je lui pardonne même d'avoir chargé sa mémoire de toutes les sottises de cet ouvrage: mais je ne lui pardonne pas la confiance avec laquelle il se persuade que tout le monde confirmera son sentiment. Pense-t-il donc que trois des plus galants hommes de France aillent, de gaieté de cœur, se perdre d'estime dans l'esprit des habiles gens, pour lui faire gagner cent pistoles? et depuis Midas, d'impertinente mémoire, s'est-il trouvé personne qui ait rendu un jugement aussi absurde que celui qu'il attend d'eux?

Mais, Monsieur, il me semble qu'il y a assez long-temps que je vous entretiens, et ma lettre pourroit enfin passer pour une dissertation préméditée. Que voulez-vous? c'est que votre gageure me tient au cœur, et j'ai été bien aise de vous justifier à vous-même le droit que vous avez sur les cent pistoles de votre ami. J'espère que cela servira à vous faire voir avec combien de passion je suis, etc.

IN TUMULUM JOANNIS RACINE.

D. O. M.

Hîc jacet vir JOANNES RACINE, *Franciae thesauris praefectus, regi a secretis atque a cubiculo, necnon unus e quadraginta gallicanae academiae viris; qui postquam tragœdiarum argumenta diu cum ingenti hominum admiratione tractasset, musas tandem suas uni Deo consecravit, omnemque ingenii vim in eo laudando contulit, qui solus laude dignus. Cùm eum vitae negotiorumque rationes multis nominibus aulae tenerent addictum, tamen in frequenti hominum consortio omnia pietatis ac religionis officia coluit. A christianissimo rege Ludovico magno selectus unâ cum familiari ipsius amico fuerat, qui res eo regnante praeclarè ac mirabiliter gestas perscriberet. Huic intentus operi, repentè in gravem atque diuturnum morbum implicitus est, tandemque ab hac sede miseriarum in melius domicilium translatus, anno aetatis suae quinquagesimo-nono. Qui mortem longiori adhuc intervallo remotam valdè horruerat, ejusdem praesentis aspectum placidâ fronte sustinuit, obiitque spe magis et piâ in Deum fiduciâ erectus, quàm fractus metu. Ea jactura omnes illius amicos, e quibus nonnulli inter regni primores eminebant, acerbissimo dolore perculit. Manavit etiam ad ipsum regem tanti viri desiderium. Fecit modestia ejus singularis, et praecipua in hanc Portûs-Regii domum benevolentia, ut in isto caemeterio piè magis quàm magnifice sepeliri vellet; adeòque testamento cavit ut corpus suum juxta piorum hominum qui hîc jacent corpora humaretur.*

Tu verò, quicumque es, quem in hanc domum pietas adducit, tuae ipsius mortalitatis ad hunc aspectum recordare; et clarissimam tanti viri memoriam precibus potiùs quàm elogiis prosequere.

ÉPITAPHE DE JEAN RACINE.

A Dieu très-bon, très-grand.

CI gît messire JEAN RACINE, trésorier de France, secrétaire du roi, gentilhomme de la chambre, l'un des quarante de l'académie françoise. Il s'appliqua long-temps à composer des tragédies, qui firent l'admiration de tout le monde. Mais enfin il quitta ces sujets profanes pour ne plus employer son esprit et sa plume qu'à louer celui qui seul mérite nos louanges. Les engagemens de son état et la situation de ses affaires le tinrent attaché à la cour : mais au milieu du commerce des hommes il sut remplir tous les devoirs de la piété et de la religion chrétienne. Le roi Louis-le-Grand le choisit, lui et un de ses intimes amis, pour écrire l'histoire et les événemens admirables de son règne. Pendant qu'il travailloit à cet ouvrage, il tomba dans une longue et grande maladie qui le retira de ce lieu de misère pour l'établir dans un séjour plus heureux, la cinquante-neuvième année de son âge. Quoiqu'il eût eu autrefois des frayeurs horribles de la mort, il l'envisagea alors avec beaucoup de tranquillité ; et il mourut, non abattu par la crainte, mais soutenu par une ferme espérance et une grande confiance en Dieu. Tous ses amis, entre lesquels il comptoit plusieurs grands seigneurs, furent extrêmement sensibles à la perte de ce grand homme. Le roi même témoigna le regret qu'il en avoit. Sa grande modestie et son affection singulière pour cette maison de Port-Royal lui firent choisir une sépulture pauvre, mais sainte, dans ce cimetière ; et il ordonna par son testament qu'on enterrât son corps auprès des gens de bien qui y reposent.

Qui que vous soyez, qui venez ici par un motif de piété, souvenez-vous, en voyant le lieu de sa sépulture, que vous êtes mortels ; et pensez plutôt à prier Dieu pour cet homme illustre, qu'à lui donner des éloges.

E — B

p. t. n.

TRAITÉ
DU SUBLIME,
OU
DU MERVEILLEUX
DANS LE DISCOURS;
TRADUIT DU GREC DE LONGIN;

Suivi de réflexions critiques sur quelques passages de ce rhéteur, où par occasion on répond à plusieurs objections de M. Perrault contre Homère et contre Pindare; à la dissertation de le Clerc contre Longin, et à quelques critiques faites contre Racine.

PRÉFACE.

Ce petit traité, dont je donne la traduction, est une pièce échappée du naufrage de plusieurs autres livres que Longin avoit composés. Encore n'est-elle pas venue à nous toute entière : car bien que le volume ne soit pas fort gros, il y a plusieurs endroits défectueux ; et nous avons perdu le *traité des Passions*, dont l'auteur avoit fait un livre à part, qui étoit comme une suite naturelle de celui-ci. Néanmoins, tout défiguré qu'il est, il nous en reste encore assez pour nous faire concevoir une fort grande idée de son auteur, et nous donner un véritable regret de la perte de ses autres ouvrages. Le nombre n'en étoit pas médiocre. Suidas en compte jusqu'à neuf, dont il ne nous reste plus que des titres assez confus. C'étoient tous ouvrages de critique. Et certainement on ne sauroit assez plaindre la perte de ces excellens originaux, qui, à en juger par celui-ci, devoient être autant de chefs-d'œuvres de bons sens, d'érudition et d'éloquence. Je dis d'*éloquence*, parce que Longin ne s'est pas contenté, comme Aristote et Hermogène, de nous donner des préceptes tout secs et dépouillés d'ornemens. Il n'a pas voulu tomber dans le défaut qu'il reproche à Cécilius, qui avoit, dit-il, *écrit du sublime en style bas*. En traitant des beautés de l'élocution, il a employé toutes les finesses de l'élocution. Souvent il fait la figure qu'il enseigne; et, en parlant du *sublime*, il est lui-même très-sublime. Cepen-il fait cela si à propos et avec tant d'art, qu'on ne sauroit l'accuser en pas un endroit de sortir du style didactique. C'est ce qui a donné à son livre cette haute réputation qu'il s'est acquise parmi les savans, qui l'ont tous regardé comme un des plus précieux restes de l'antiquité sur les matières de rhétorique. Casaubon l'appelle *un livre d'or*, voulant marquer par-là le poids de ce petit ouvrage, qui, malgré sa petitesse, peut être mis en balance avec les plus gros volumes.

Aussi jamais homme, de son temps même, n'a été plus estimé que Longin. Le philosophe Porphyre, qui avoit été son disciple, parle de lui comme d'un prodige. Si on l'en croit, son jugement étoit la règle du bon sens, ses décisions en matière d'ouvrages passoient pour des arrêts souverains, et rien n'étoit bon ou mauvais qu'autant que Longin l'avoit approuvé ou blâmé. Ennapius, dans la vie des sophistes, passe encore plus avant. Pour exprimer l'estime qu'il fait de Longin, il se laisse emporter à des hyperboles extravagantes, et ne sauroit se résoudre à parler en style raisonnable d'un mérite aussi extraordinaire que celui de cet auteur. Mais Longin ne fut pas simplement un critique habile, ce fut un ministre d'état considérable ; et il suffit, pour faire son éloge, de dire qu'il fut considéré de Zénobie, cette fameuse reine des Palmyréniens, qui osa bien se déclarer reine de l'Orient après la mort de son mari Odenat. Elle avoit appelé d'abord Longin auprès d'elle pour s'instruire dans la langue grecque : mais de son maître en grec elle en fit un de ses principaux ministres. Ce fut lui qui encouragea cette reine à soutenir la qualité de reine de l'Orient, qui lui rehaussa le cœur dans l'adversité, et qui lui fournit les paroles altières qu'elle écrivit à Aurélian, quand cet empereur la somma de se rendre. Il en coûta la vie à notre auteur; mais sa mort fut également glorieuse pour lui et honteuse pour Aurélian, dont on peut dire qu'elle a pour jamais flétri la mémoire. Comme cette mort est un des plus fameux incidens de l'histoire de ce temps-là, le lecteur ne sera peut-être pas fâché que je lui rapporte ici ce que Flavius Vopiscus en a écrit. Cet auteur raconte que l'armée de Zénobie et de ses alliés ayant été mise en fuite près de la ville d'Emesse, Aurélian alla mettre le siége devant Palmyre, où cette princesse s'étoit retirée. Il y trouva plus de résistance qu'il ne s'étoit imaginé, et qu'il n'en devoit attendre vraisemblablement de la résolution d'une femme. Ennuyé de la longueur du siége, il essaya de l'avoir par composition. Il écrivit donc une lettre à Zénobie, dans laquelle il lui offroit la vie et un lieu de retraite, pourvu qu'elle se rendît dans un certain temps. Zénobie, ajoute Vopiscus, répondit à cette lettre avec une fierté plus grande que l'état de ses affaires ne le lui permettoit. Elle croyoit par-là donner de la terreur à Aurélian. Voici sa réponse.

Zénobie, reine de l'Orient, à l'empereur Aurélian.

Personne jusqu'ici n'a fait une demande pareille à la tienne. C'est la vertu, Aurélian, qui doit tout faire dans la guerre. Tu me commandes de me remettre entre tes mains, comme si tu ne savois pas que Cléopâtre aima mieux mourir avec le titre de reine, que de vivre dans toute autre dignité. Nous attendons le secours des Perses; les Sarrasins arment pour nous; les Arméniens se sont déclarés en notre faveur; une troupe de voleurs dans la Syrie a défait ton armée: juge ce que tu dois attendre quand toutes ces forces seront jointes. Tu rabattras de cet orgueil avec lequel, comme maître absolu de toutes choses, tu m'ordonnes de me rendre.

Cette

Cette lettre, ajoute Vopiscus, donna encore plus de colère que de honte à Aurélian. La ville de Palmyre fut prise peu de jours après, et Zénobie arrêtée comme elle s'enfuyoit chez les Perses. Toute l'armée demandoit sa mort, mais Aurélian ne voulut pas déshonorer sa victoire par la mort d'une femme. Il réserva donc Zénobie pour le triomphe, et se contenta de faire mourir ceux qui l'avoient assistée de leurs conseils. Entre ceux-là, continue cet historien, le philosophe Longin fut extrêmement regretté. Aurélian le fit mourir pour avoir écrit la lettre précédente; car bien qu'elle fût écrite en langue syriaque, on le soupçonnoit d'en être l'auteur. L'historien Zosime témoigne que ce fut Zénobie elle-même qui l'en accusa. *Zénobie*, dit-il, *se voyant arrêtée, rejeta toute sa faute sur ses ministres, qui avoient*, dit-elle, *abusé de la foiblesse de son esprit. Elle nomma entre autres Longin, celui dont nous avons encore plusieurs écrits si utiles. Aurélian ordonna qu'on l'envoyât au supplice. Ce grand personnage*, poursuit *Zosime, souffrit la mort avec une constance admirable, jusqu'à consoler en mourant ceux que son malheur touchoit de pitié et d'indignation.*

Par-là on peut voir que Longin n'étoit pas

seulement un habile rhéteur, comme Quintilien et comme Hermogène, mais un philosophe digne d'être mis en parallèle avec les Socrate et les Caton. Son livre n'a rien qui démente ce que je dis. Le caractère d'honnête homme y paroît par tout et ses sentimens ont je ne sais quoi qui marque non-seulement un esprit sublime, mais une ame fort élevée au-dessus du commun. Je n'ai donc point de regret d'avoir employé quelques-unes de mes veilles à débrouiller un si excellent ouvrage, que je puis dire n'avoir été entendu jusqu'ici que d'un très-petit nombre de savans. Muret fut le premier qui entreprit de le traduire en latin, à la sollicitation de Manuce; mais il n'acheva pas cet ouvrage, soit parce que les difficultés l'en rebutèrent, ou que la mort le surprit auparavant. Gabriel de Pétra, à quelque temps de là, fut plus courageux; et c'est à lui qu'on doit la traduction latine que nous en avons. Il y en a encore deux autres; mais elles sont si informes et si grossières que ce seroit faire trop d'honneur à leurs auteurs que de les nommer. Et même celle de Pétra, qui est infiniment la meilleure, n'est pas fort achevée; car, outre que souvent il parle grec en latin, il y a plusieurs endroits où l'on peut dire qu'il n'a pas fort bien entendu son auteur. Ce n'est pas que je veuille accuser un si savant homme d'ignorance, ni établir ma réputation sur les ruines de la sienne. Je sais ce que c'est que de débrouiller le premier un auteur; et j'avoue d'ailleurs que son ouvrage m'a beaucoup servi, aussi bien que les petites notes de Langbaine et de M. le Fèvre; mais je suis bien aise d'excuser, par les fautes de la traduction latine, celles qui pourront m'être échappées dans la françoise. J'ai pourtant fait tous mes efforts pour la rendre aussi exacte qu'elle pouvoit l'être. A dire vrai, je n'y ai pas trouvé de petites difficultés. Il est aisé à un traducteur latin de se tirer d'affaire aux endroits même qu'il n'entend pas. Il n'a qu'à traduire le grec mot pour mot, et à débiter des paroles qu'on peut au moins soupçonner d'être intelligibles. En effet le lecteur, qui bien souvent n'y conçoit rien, s'en prend plutôt à soi-même qu'à l'ignorance du traducteur, il n'en est pas ainsi des traductions en langue vulgaire. Tout ce que le lecteur n'ententend point s'appelle *un galimatias*, dont le traducteur tout seul est responsable. On lui impute jusqu'aux fautes de son auteur; et il faut en bien des endroits qu'il les rectifie, sans néanmoins qu'il ose s'en écarter.

Quelque petit donc que soit le volume de Longin, je ne croirois pas avoir fait un médiocre présent au public, si je lui en avois donné une bonne traduction en notre langue. Je n'y ai point épargné mes soins ni mes peines. Qu'on ne s'attende pas pourtant à trouver ici une version timide et scrupuleuse des paroles de Longin. Bien que je me sois efforcé de ne me point écarter en pas un endroit des règles de la véritable traduction, je me suis pourtant donné une honnête liberté, surtout dans les passages qu'il rapporte. J'ai songé qu'il ne s'agissoit pas simplement ici de traduire Longin, mais de donner au public un traité du sublime qui pût être utile. Avec tout cela néanmoins il se trouvera peut-être des gens qui, non-seulement n'approuveront pas ma traduction, mais qui n'épargneront pas même l'original. Je m'attends bien qu'il y en aura plusieurs qui déclineront la jurisdiction de Longin, qui condamneront ce qu'il approuve, et qui loueront ce qu'il blâme. C'est le traitement qu'il doit attendre de la plupart des juges de notre siècle. Ces hommes accoutumés aux débauches et aux excès des poëtes modernes, et qui, n'admirant que ce qu'ils n'entendent point, ne pensent pas qu'un auteur se soit élevé s'ils ne l'ont entièrement perdu de vue ; ces petits esprits ne seront pas sans doute fort frappés des hardiesses judicieuses des Homère, des Platon et des

Démosthène. Ils chercheront souvent le sublime dans le sublime, et peut-être se moqueront-ils des exclamations que Longin fait quelquefois sur des passages qui, bien que très-sublimes, ne laissent pas d'être simples et naturels, et qui saisissent plutôt l'ame qu'ils n'éclatent aux yeux. Quelque assurance pourtant que ces messieurs aient de la netteté de leurs lumières, je les prie de considérer que ce n'est pas ici l'ouvrage d'un apprentif que je leur offre, mais le chef-d'œuvre d'un des plus savans critiques de l'antiquité. Que s'ils ne voient pas la beauté de ces passages, cela peut aussitôt venir de la foiblesse de leur vue que du peu d'éclat dont ils brillent. Au pis aller, je leur conseille d'en accuser la traduction, puisqu'il n'est que trop vrai que je n'ai atteint ni pu atteindre à la perfection de ces excellens originaux; et je leur déclare par avance que s'il y a quelques défauts, ils ne sauroient venir que de moi.

Il ne reste plus, pour finir cette préface, qu'à dire ce que Longin entend par *sublime*; car, comme il écrit de cette matière après Cécilius, qui avoit presque employé tout son livre à montrer ce que c'est que *sublime*, il n'a pas cru devoir rabattre une chose qui n'avoit été déjà que trop discutée par un autre. Il faut donc savoir que par *sublime* Longin n'entend pas ce que les orateurs appellent *le style sublime*, mais cet extraordinaire et ce merveilleux qui frappe dans le discours, et qui fait qu'un ouvrage enlève, ravit, transporte. Le style sublime veut toujours de grands mots; mais le sublime se peut trouver dans une seule pensée, dans une seule figure, dans un seul tour de paroles. Une chose peut être dans le style sublime, et n'être pourtant pas sublime, c'est-à-dire n'avoir rien d'extraordinaire ni de surprenant. Par exemple: *Le souverain arbitre de la nature d'une seule parole forma le lumière:* voilà qui est dans le style sublime; cela n'est pas néanmoins sublime, parce qu'il n'y a rien là de fort merveilleux, et qu'on ne pût aisément trouver. Mais, *Dieu dit: Que la lumière se fasse; et la lumière se fit:* ce tour extraordinaire d'expression, qui marque si bien l'obéissance de la créature aux ordres du créateur, est véritablement sublime, et a quelque chose de divin. Il faut donc entendre par *sublime*, dans Longin, l'extraordinaire, le surprenant, et, comme je l'ai traduit, le merveilleux dans le discours.

J'ai rapporté ces paroles de la Génèse, comme l'expression la plus propre à mettre ma pensée en son jour, et je m'en suis servi d'autant plus volontiers que cette expression est citée avec éloge par Longin même, qui, au milieu des ténèbres du paganisme, n'a pas laissé de reconnoître le divin qu'il y avoit dans ces paroles de l'Ecriture. Mais que dirons-nous d'un des plus savans hommes de notre siècle, qui, éclairé des lumières de l'évangile, ne s'est pas apperçu de la beauté de cet endroit; qui a osé, dis-je, avancer, dans un livre qu'il a fait pour démontrer la réligion chrétienne, que Longin s'étoit trompé lorsqu'il avoit cru que ces paroles étoient sublimes? J'ai la satisfaction au moins que des personnes non moins considérables par leur piété que par leur profonde érudition, qui nous ont donné depuis peu la traduction du livre de la Genèse, n'ont pas été de l'avis de ce savant homme; et dans leur préface, entre plusieurs preuves excellentes qu'ils ont apportées pour faire voir que c'est l'Esprit saint qui a dicté ce livre, ont allégué le passage de Longin, pour montrer combien les chrétiens doivent être persuadés d'une vérité si claire, et qu'un païen même a sentie par les seules lumières de la raison.

Au reste, dans le temps qu'on travailloit à cette dernière édition de mon livre, M. Dacier, celui qui nous a depuis peu donné les odes d'Horace en françois, m'a communiqué de petite notes très-savantes qu'il a faites sur Longin, où il a cherché de nouveaux sens inconnus jusqu'ici aux interprètes. J'en ai suivi quelques-unes, M. Dacier n'étant pas seulement un homme de très-grande érudition et d'une critique très-fine, mais d'une politesse d'autant plus estimable qu'elle accompagne rarement un grand savoir. Il a été disciple du célèbre M. le Fèvre, père de cette savante fille à qui nous devons la première traduction qui ait encore paru d'Anacréon en françois, et qui travaille maintenant à nous faire voir Aristophane, Sophocle et Euripide en la même langue.

J'ai laissé dans toutes mes autres éditions cette préface telle qu'elle étoit lorsque je la fis imprimer pour la première fois, il y a plus de vingt ans, et je n'y ai rien ajouté. Mais aujourd'hui, comme j'en revoyois les épreuves, et je les allois renvoyer à l'imprimeur, il m'a paru qu'il ne seroit peut-être pas mauvais, pour mieux faire connoître ce que Longin entend par ce mot de *sublime*, de joindre encore ici au passage que j'ai rapporté de la Bible quelque autre exemple pris d'ailleurs. En voici un qui s'est présenté assez heureusement à ma mémoire. Il est tiré de l'Horace de Corneille. Dans cette tragédie, dont les trois premiers actes sont, à mon avis, le chef-d'œuvre de cet illustre écrivain, une femme qui avoit été présente au combat des trois Horaces, mais qui s'étoit retirée un peu trop tôt, et n'en avoit pas vu la fin, vient mal-à-propos annoncer au vieil Horace leur père que deux de ses fils ont été tués, et que le troisième, ne se voyant plus en état de résister, s'est enfui. Alors ce vieux Romain, possédé de l'amour de sa patrie, sans s'amuser à pleurer la perte de ses deux fils, morts si glorieusement, ne s'afflige que de la fuite honteuse du dernier, qui a, dit-il, par une si lâche action, imprimé un opprobre éternel au nom d'Horace. Et leur sœur, qui étoit là présente, lui ayant dit,

Que vouliez-vous qu'il fît contre trois?

il répond brusquement,

Qu'il mourût.

Voilà de fort petites paroles; cependant il n'y a personne qui ne sente la grandeur héroïque qui est renfermée dans ce mot, *qu'il mourût*, qui est d'autant plus sublime, qu'il est simple et naturel, et que par-là on voit que c'est du fond du cœur que parle ce vieux héros, et dans les transports d'une colère vraiment romaine. De fait, la chose auroit beaucoup perdu de sa force, si au lieu de *qu'il mourût*, il eut dit, *qu'il suivît l'exemple de ses deux frères;* ou *qu'il sacrifiât sa vie à l'intérêt et à la gloire de son pays.* Ainsi c'est la simplicité même de ce mot qui en fait la grandeur. Ce sont là de ces choses que Longin appelle *sublimes*, et qu'il auroit beaucoup plus admirées dans Corneille, s'il eut vécu du temps de Corneille, que ces grands mots dont Ptolomée remplit sa bouche au commencement de la mort de Pompée, pour exagérer les vaines circonstances d'une déroute qu'il n'a point vue.

TRAITÉ
DU SUBLIME,
OU
DU MERVEILLEUX
DANS LE DISCOURS;
TRADUIT DU GREC DE LONGIN.

CHAPITRE PREMIER,

Servant de préface à tout l'ouvrage.

Vous savez bien, mon cher Térentianus (1), que, lorsque nous lûmes ensemble le petit traité que Cécilius (2) a fait du *sublime*, nous trouvâmes que la bassesse de son style (3)

(1) Le grec porte : « *Mon cher Posthumius Térentianus* »; mais j'ai retranché *Posthumius*, le nom de *Térentianus* n'étant déjà que trop long. Au reste on ne sait pas trop bien qui étoit ce Térentianus. Ce qu'il y a de constant, c'est que c'étoit un latin, comme son nom le fait assez connoître, et comme Longin le témoigne lui-même dans le chapitre X.

(2) C'étoit un rhéteur sicilien. Il vivoit sous Auguste, et étoit contemporain de Denis d'Halicarnasse, avec qui il fut lié même d'une amitié assez étroite.

(3) C'est ainsi qu'il faut entendre ταπεινότερον. Je ne me souviens point d'avoir jamais vu ce mot employé dans le sens que lui veut donner M. Dacier : et quand il s'en trouveroit quelque exemple, il faudroit toujours, à mon avis, revenir au sens le plus naturel, qui est

répondoit assez mal à la dignité de son sujet; que les principaux points de cette matière n'y étoient pas touchés, et qu'en un mot cet ouvrage ne pouvoit pas apporter un grand profit aux lecteurs, qui est néanmoins le but où doit tendre tout homme qui veut écrire. D'ailleurs quand on traite d'un art, il y a deux choses à quoi il se faut toujours étudier. La première est de bien faire entendre son sujet; la seconde, que je tiens au fond la principale, consiste à montrer comment et par quels moyens ce que nous enseignons se peut acquérir. Cécilius s'est fort attaché à l'une de ces deux choses; car il s'efforce de montrer par une infinité de paroles ce que c'est que *le grand* et *le sublime*, comme si c'étoit un point fort ignoré; mais il ne dit rien des moyens qui peuvent porter l'esprit à *ce grand* et à *ce sublime*. Il passe cela, je ne sais pourquoi, comme une chose absolument inutile. Après tout, cet auteur peut-être n'est-il pas tant à reprendre pour ses fautes, qu'à louer pour son travail et pour le dessein qu'il a eu de bien faire (1). Toute-

celui que je lui ai donné; car pour ce qui est des paroles qui suivent, της ὁλης ὑποθεσεως, cela veut dire *que son style est par tout inférieur à son sujet*, y ayant beaucoup d'exemples en grec de ces adjectifs mis pour l'adverbe.

(1) Il faut prendre ici le mot d'ἐπινοια, comme il est pris en beaucoup d'endroits, pour une simple pensée. *Cécilius n'est pas tant à blâmer pour ses défauts, qu'à louer pour la pensée qu'il a eue, pour le dessein qu'il a eu de bien faire.* Il se prend aussi quelquefois pour invention; mais il ne s'agit pas d'invention dans un traité de rhétorique, c'est de la raison et du bon sens dont il est besoin.

fois, puisque vous voulez que j'écrive aussi *du sublime*, voyons, pour l'amour de vous, si nous n'avons point fait sur cette matière quelque observation raisonnable, et dont les orateurs puissent tirer quelque sorte d'utilité (1).

Mais c'est à la charge, mon cher Térentianus, que nous reverrons ensemble exactement mon ouvrage, et que vous m'en direz votre sentiment avec cette sincérité que nous devons naturellement à nos amis (*Réfl. I.*); car comme le sage Pythagore dit fort bien, *Si nous avons quelque voix pour nous rendre semblable aux dieux, c'est de faire du bien et de dire la vérité.*

Au reste, comme c'est à vous que j'écris, c'est-à-dire à un homme instruit de toutes les belles connoissances (2), je ne m'arrêterai point sur beaucoup de choses qu'il m'eût fallu établir avant que d'entrer en matière, pour montrer que *le sublime* est en effet ce qui forme l'excellence et la souveraine perfection du discours, que c'est par lui que les grands poëtes et les écrivains les plus fameux ont

(1) Le grec porte ἀνδρασι πολιτικοις, *viris politicis*, c'est-à-dire *les orateurs, en tant qu'ils sont opposés aux déclamateurs et à ceux qui font des discours de simple ostentation.* Ceux qui ont lu Hermogène savent ce que c'est que πολιτικος λογος, qui veut proprement dire *un style d'usage et propre aux affaires;* à la différence du style des déclamateurs, qui n'est qu'un style d'apparat, où souvent l'on sort de la nature pour éblouir les yeux. L'auteur donc, par *viros politicos*, entend ceux qui mettent en pratique *sermonem politicum.*

(2) Je n'ai point exprimé φιλτατον, parce qu'il me semble tout-à-fait inutile en cet endroit.

remporté le prix, et rempli toute la postérité du bruit de leur gloire (1).

Car il ne persuade pas proprement, mais il ravit, il transporte, et produit en nous une certaine admiration mêlée d'étonnement et de surprise, qui est tout autre chose que de plaire seulement, ou de persuader. Nous pouvons dire à l'égard de la persuasion, que pour l'ordinaire elle n'a sur nous qu'autant de puissance que nous voulons. Il n'en est pas ainsi *du sublime*. Il donne au discours une certaine vigueur noble, une force invincible qui enlève l'ame de quiconque nous écoute (2). Il ne suffit pas d'un endroit ou deux dans un ouvrage pour vous faire remarquer la finesse de l'invention, la beauté de l'économie et de la disposition; c'est avec peine que cette justesse se fait remarquer par toute la suite même du discours. Mais quand *le sublime* vient à éclater où il faut, il renverse tout, comme un foudre, et présente d'abord toutes

(1) Gérard Langbaine, qui a fait de petites notes très-savantes sur Longin, prétend qu'il y a ici une faute, et qu'au lieu de περιεβαλον ευκλειαις τον αιωνα, il faut mettre ὑπερεβαλον ευκλειαις. Ainsi, dans son sens, il faudroit traduire, *ont porté leur gloire au-delà de leurs siècles*. Mais il se trompe; περιεβαλον veut dire, *ont embrassé*, *ont rempli toute la postérité de l'étendue de leur gloire*. Et quand on voudroit même entendre ce passage à sa manière, il ne faudroit point faire pour cela de correction, puisque περιεβαλον signifie quelquefois ὑπερεβαλον, comme on le voit dans le vers d'Homère, Iliade, liv. XXIII, v. 276.

(2) Je ne sais pourquoi M. le Fèvre veut changer cet endroit, qui, à mon avis, s'entend fort bien sans mettre παντως au lieu de παντος, *surmonte tous ceux qui l'écoutent*, *se met au-dessus de tous ceux qui l'écoutent*.

les forces de l'orateur ramassées ensemble. Mais ce que je dis ici, et tout ce que je pourrois dire de semblable, seroit inutile pour vous, qui savez ces choses par expérience, et qui m'en feriez, au besoin, à moi-même des leçons.

CHAPITRE II.

S'il y a un art particulier du sublime ; *et des trois vices qui lui sont opposés.*

IL faut voir d'abord s'il y a un art particulier *du sublime* ; car il se trouve des gens qui s'imaginent que c'est une erreur de le vouloir réduire en art et d'en donner des préceptes. Le *sublime*, disent-ils, naît avec nous, et ne s'apprend point. Le seul art pour y parvenir, c'est d'y être né. Et même, à ce qu'ils prétendent, il y a des ouvrages que la nature doit produire toute seule : la contrainte des préceptes ne fait que les affoiblir, et leur donner une certaine sécheresse qui les rend maigres et décharnés. Mais je soutiens qu'à bien prendre les choses on verra clairement tout le contraire.

Et à dire vrai, quoique la nature ne se montre jamais plus libre que dans les discours sublimes et pathétiques, il est pourtant aisé de reçonnoître qu'elle ne se laisse pas conduire au hasard, et qu'elle n'est pas absolument ennemie de l'art et des règles. J'avoue que dans toutes nos productions, il la faut toujours supposer comme la base, le principe et le premier fondement. Mais aussi il est certain que notre esprit a besoin d'une méthode pour lui enseigner à ne dire que ce qu'il faut, et à le dire en son lieu (*Réfl. II.*); et que cette méthode peut beaucoup contribuer à nous acquérir la parfaite habitude *du sublime :* car comme les vaisseaux sont en danger de périr lorsqu'on les abandonne à leur seule légéreté, et qu'on ne sait pas leur donner la charge et le poids qu'ils doivent avoir ; il en est ainsi *du sublime*, si on l'abandonne à la seule impétuosité d'une nature ignorante et téméraire (1). Notre esprit assez souvent n'a pas moins besoin de bride que d'éperon. Démosthène dit en quelque endroit que le plus grand bien qui puisse nous arriver dans la vie, *c'est d'être heureux ;* mais qu'il y en a encore un autre qui n'est pas moindre, et sans lequel ce premier ne sauroit subsister, qui est *de savoir se conduire avec prudence.* Nous en pouvons dire autant à l'égard du discours (2). La nature est ce qu'il y a de plus nécessaire pour arriver au grand : cependant, si l'art ne prend soin de la conduire, c'est un aveugle qui ne sait où elle va..... (3).

(1) Il faut suppléer au grec ou sous-entendre πλοια, qui veut dire *des vaisseaux de charge*, και ὡς ἐπικινδυνοτερα αὐταπλοια etc. et expliquer ἀνερματιστα dans le sens de M. le Fèvre et de Suidas, *des vaisseaux qui flottent, manque de sable et de gravier dans le fond qui les soutienne et leur donne le poids qu'ils doivent avoir, auxquels on n'a pas donné le lest.* Autrement il n'y a point de sens.

(2) J'ai suppléé la reddition de la comparaison qui manque en cet endroit dans l'original.

(3) L'auteur avoit parlé du style enflé, et citoit à propos de cela les sottises d'un poëte tragique, dont voici quelques restes.

Telles

Telles sont ces pensées (1) : *Les torrens entortillés de flammes*, *Vomir contre le ciel*, *Faire de Borée son joueur de flûte* : et toutes les autres façons de parler dont cette pièce est pleine ; car elles ne sont pas grandes et tragiques, mais enflées et extravagantes. Toutes ces phrases ainsi embarrassées de vaines imaginations troublent et gâtent plus un discours qu'elles ne servent à l'élever ; de sorte qu'à les regarder de près et au grand jour, ce qui paroissoit d'abord si terrible devient tout-à-coup sot et ridicule. Que si c'est un défaut insupportable dans la tragédie, qui est naturellement pompeuse et magnifique, que de s'enfler mal-à-propos, à plus forte raison doit-

(1) Il y a ici une lacune considérable. L'auteur, après avoir montré qu'on peut donner des règles du sublime, commençoit à traiter des vices qui lui sont opposés, et entre autres du style enflé, qui n'est autre chose que le sublime trop poussé. Il en faisoit voir l'extravagance par le passage d'un je ne sais quel poëte tragique dont il reste encore ici quatre vers ; mais comme ces vers étoient déjà fort galimatias d'eux-mêmes, au rapport de Longin, ils le sont devenus encore bien davantage par la perte de ceux qui les précédoient. J'ai donc cru que le plus court étoit de les passer, n'y ayant dans ces quatre vers qu'un des trois mots que l'auteur raille dans la suite. En voilà pourtant le sens confusément. C'est quelque Capanée qui parle dans une tragédie. *Et qu'ils arrêtent la flamme qui sort à longs flots de la fournaise ; car si je trouve le maître de la maison seul, alors, d'un seul torrent de flammes entortillé, j'embrâserai la maison et la réduirai toute en cendres. Mais cette noble musique ne s'est pas encore fait ouïr.* J'ai suivi ici l'interprétation de Langbaine. Comme cette tragédie est perdue, on peut donner à ce passage tel sens qu'on voudra ; mais je doute qu'on attrape le vrai sens.

il être condamné dans le discours ordinaire. De là vient qu'on s'est raillé de Gorgias, pour avoir appelé Xerxès *le Jupiter des Perses*, et les vautours, *des sépulchres animés* (1). On n'a pas été plus indulgent pour Callisthène, qui, en certains endroits de ses écrits, ne s'élève pas proprement, mais se guinde si haut qu'on le perd de vue. De tous ceux-là pourtant je n'en vois pas de si enflé que Clitarque. Cet auteur n'a que du vent et de l'écorce; il ressemble à un homme qui, pour me servir des termes de Sophocle, *ouvre une grande bouche pour soufler dans une petite flûte* (2). Il faut faire le même jugement d'Amphicrate, d'Hégésias et de Matris. Ceux-ci

(1) Hermogène va plus loin, et trouve celui qui a dit cette pensée, digne des sépulcres dont il parle. Cependant je doute qu'elle déplût aux poëtes de notre siècle, et elle ne seroit pas en effet si condamnable dans les vers.

(2) J'ai traduit ainsi φορϐειας δ' ἄτερ, afin de rendre la chose intelligible. Pour expliquer ce que veut dire φορϐεια, il faut savoir que la flûte, chez les anciens, étoit fort différente de la flûte d'aujourd'hui; car on en tiroit un son bien plus éclatant, et pareil au son de la trompette, *tubaeque aemula*, dit Horace. Il falloit donc pour en jouer employer une bien plus grande force d'haleine, et par conséquent s'enfler extrêmement les joues, qui étoient une chose désagréable à la vue. Ce fut en effet ce qui en dégoûta Minerve et Alcibiade. Pour obvier à cette difformité, ils imaginèrent une espèce de lanière ou courroie qui s'appliquoit sur la bouche et se lioit derrière la tête, ayant au milieu un petit trou par où l'on embouchoit la flûte. Plutarque prétend que Marsyas en fut l'inventeur. Ils appeloient cette lanière φορϐειαν: et elle faisoit deux différens effets; car outre qu'en serrant les joues elles les empêchoit de s'enfler, elle donnoit bien plus de force à l'haleine, qui, étant repoussée, sortoit avec beaucoup plus d'impé-

quelquefois s'imaginant qu'ils sont épris d'un enthousiasme et d'une fureur divine, au lieu de tonner, comme ils pensent, ne font que niaiser et que badiner comme des enfans.

Et certainement, en matière d'éloquence, il n'y a rien de plus difficile à éviter que l'enflure; car comme en toutes choses naturellement nous cherchons le grand, et que nous craignons surtout d'être accusés de sécheresse ou de peu de force, il arrive, je ne sais comment, que la plupart tombent dans ce vice, fondés sur cette maxime commune :

Dans un noble projet on tombe noblement.

Cependant il est certain que l'enflure n'est pas moins vicieuse dans le discours que dans les corps. Elle n'a que de faux dehors et une apparence trompeuse; mais au-dedans elle est creuse et vide, et fait quelquefois un effet tout contraire au grand; car comme on dit fort bien, *il n'y a rien de plus sec qu'un hydropique.*

Au reste le défaut du style enflé, c'est de vouloir aller au-delà du grand. Il en est tout au contraire du puéril, car il n'y a rien de

tuosité et d'agrément. L'auteur donc, pour exprimer un poëte enflé qui souffle et se démène sans faire de bruit, le compare à un homme qui joue de la flûte sans cette lanière. Mais comme cela n'a point de rapport à la flûte d'aujourd'hui, puisqu'à peine on serre les lèvres quand on en joue, j'ai cru qu'il valoit mieux mettre une pensée équivalente, pourvu qu'elle ne s'éloignât point trop de la chose, afin que le lecteur, qui ne se soucie pas tant des antiquailles, puisse passer, sans être obligé, pour m'entendre, d'avoir recours aux remarques.

si bas, de si petit, ni de si opposé à la noblesse du discours.

Qu'est-ce donc que puérilité? Ce n'est visiblement autre chose qu'une pensée d'écolier, qui, pour être trop recherchée, devient froide. C'est le vice où tombent ceux qui veulent dire quelque chose d'extraordinaire et de brillant, mais surtout ceux qui cherchent avec tant de soin le plaisant et l'agréable; parce qu'à la fin, pour s'attacher trop au style figuré, ils tombent dans une sotte affectation.

Il y a encore un troisième défaut opposé au grand, qui regarde le pathétique. Théodore l'appelle *une fureur hors de saison*, lorsqu'on s'échauffe mal-à-propos, ou qu'on s'emporte avec excès quand le sujet ne permet que de s'échauffer médiocrement. En effet on voit très-souvent des orateurs qui, comme s'ils étoient ivres, se laissent emporter à des passions qui ne conviennent point à leur sujet, mais qui leur sont propres, et qu'ils ont apportées de l'école; si bien que comme on n'est point touché de ce qu'ils disent, ils se rendent à la fin odieux et insupportables; car c'est ce qui arrive nécessairement à ceux qui s'emportent et se débattent mal-à-propos devant des gens qui ne sont point du tout émus. Mais nous parlerons en un autre endroit de ce qui concerne les passions.

CHAPITRE III.

Du style froid.

Pour ce qui est de ce froid ou puéril dont nous parlions, Timée en est tout plein. Cet auteur est assez habile homme d'ailleurs ; il ne manque pas quelquefois par le grand et le sublime : il sait beaucoup, et dit même les choses d'assez de bon sens (1) ; si ce n'est qu'il est enclin naturellement à reprendre les vices des autres, quoiqu'aveugle pour ses propres défauts, et si curieux au reste d'étaler de nouvelles pensées, que cela le fait tomber assez souvent dans la dernière puérilité. (*Réfl. III*). Je me contenterai d'en donner ici un ou deux exemples, parce que Cécilius en a déjà rapporté un assez grand nombre. En voulant louer Alexandre-le-Grand, *Il a*, dit-il, *conquis toute l'Asie en moins de temps qu'Isocrate n'en a employé à composer son panégyrique* (2). Voilà, sans mentir, une comparaison admirable d'Alexandre-le-Grand avec un rhéteur (3). Par cette raison, Timée,

(1) Ἐπινοητικος veut dire un homme qui imagine, qui pense sur toutes choses ce qu'il faut penser ; et c'est proprement ce qu'on appelle *un homme de bon sens*.

(2) Le grec porte, *à composer son panégyrique pour la guerre contre les Perses*. Mais si je l'avois traduit de la sorte, on croiroit qu'il s'agiroit ici d'un autre panégyrique que du panégyrique d'Isocrate, qui est un mot consacré en notre langue.

(3) Il y a dans le grec, *du Macédonien avec un sophiste*. A l'égard du *Macédonien*, il falloit que ce mot eût quelque grâce en grec, et qu'on appelât ainsi Alexandre

il s'ensuivra que les Lacédémoniens le doivent céder à Isocrate, puisqu'ils furent trente ans à prendre la ville de Messène, et que celui-ci n'en mit que dix à faire son panégyrique.

Mais à propos des Athéniens, qui étoient prisonniers de guerre dans la Sicile, de quelle exclamation penseriez-vous qu'il se serve? Il dit: *Que c'étoit une punition du ciel, à cause de leur impiété envers le dieu Hermès*, autrement Mercure, *et pour avoir mutilé ses statues; vu principalement qu'il y avoit un des chefs de l'armée ennemie qui tiroit son nom d'Hermès de père en fils* (1), *savoir Hermocrate, fils d'Hermon*. Sans mentir, mon cher Térentianus, je m'étonne qu'il n'ait dit aussi de Denys le tyran, *que les dieux permirent qu'il fût chassé de son royaume par Dion et par Héraclide, à cause de son peu de respect à l'égard de Dios et d'Héraclès*, c'est-à-dire, *de Jupiter et d'Hercule*.

Mais pourquoi m'arrêter après Timée? Ces héros de l'antiquité, je veux dire Xénophon

par excellence, comme nous appelons Cicéron l'*orateur romain*. Mais *le macédonien* en françois, pour Alexandre, seroit ridicule. Pour le mot de *sophiste*, il signifie bien plutôt en grec un rhéteur qu'un sophiste, qui en françois ne peut jamais être pris en bonne part, et signifie toujours un homme qui trompe par de fausses raisons, qui fait des sophismes, *cavillatorem*; au lieu qu'en grec c'est souvent un nom honorable.

(1) Le grec porte: *qui tiroit son nom du dieu qu'on avoit offensé*, mais j'ai mis d'Hermès, afin qu'on vit mieux le jeux de mots. Quoique puisse dire M. Dacier, je suis de l'avis de Langbaine, et ne crois point que *ὃς ἀπο του παρανομηθεντος ἠν* veuille dire autre chose que: *qui tiroit son nom, de père en fils, du dieu qu'on avoit offensé*.

et Platon, sortis de l'école de Socrate, s'oublient bien quelquefois eux-mêmes, jusqu'à laisser échapper dans leurs écrits des choses basses et puériles. Par exemple, ce premier, dans le livre qu'il a écrit de la république des Lacédémoniens : *On ne les entend*, dit-il, *non plus parler que si c'étoient des pierres. Ils ne tournent non plus les yeux que s'ils étoient de bronze. Enfin vous diriez qu'ils ont plus de pudeur que ces parties de l'œil que nous appelons en grec du nom de vierge* (1). C'étoit à Amphicrate, et non pas à Xénophon, d'appeler les prunelles, *des vierges pleines de pudeur*. Quelle pensée, bon dieu ! parce que le mot de *coré*, qui signifie en grec *la prunelle de l'œil*, signifie *une vierge*, de vouloir que toutes les prunelles universellement soient des vierges pleines de modestie, vu qu'il n'y a peut-être point d'endroit sur nous où l'impudence éclate plus que dans les yeux ! Et c'est pourquoi Homère, pour exprimer un impudent : *Homme chargé de vin*, dit-il, *qui a l'impudence d'un chien dans les yeux*. Cependant Timée n'a pu voir une si froide pensée dans Xénophon sans la revendiquer comme un vol qui lui avoit été fait par cet auteur (2). Voici donc comme

(1) Ce passage est corrompu dans tous les exemplaires que nous avons de Xénophon, où l'on a mis θαλαμοις pour ὀφθαλμοις, faute d'avoir entendu l'équivoque de κορη. Cela fait voir qu'il ne faut pas aisément changer le texte d'un auteur.

(2) C'est ainsi qu'il faut entendre ὡς φωριουτινος ἐφαπτομενος, et non pas sans lui en faire une espèce de vol, *tanquam furtum quoddam attingens* ; car cela auroit bien moins de sel.

il l'emploie dans la vie d'Agathocle. *N'est-ce pas une chose étrange qu'il ait ravi sa propre cousine qui venoit d'être mariée à un autre, qu'il l'ait*, dis-je, *ravie le lendemain même de ses nôces? car qui est-ce qui eût voulu faire cela, s'il eût eu des vierges aux yeux, et non pas des prunelles impudiques?* Mais que dirons-nous de Platon, quoique divin d'ailleurs, qui, voulant parler de ces tablettes de bois de cyprès où l'on devoit écrire les actes publics, use de cette pensée, *Ayant écrit toutes ces choses, ils poseront dans les temples ces monumens de cyprès* (1)? Et ailleurs, à propos des murs : *Pour ce qui est des murs*, dit-il, *Mégillus, je suis de l'avis de Sparte* (2), *de les laisser dormir à terre, et de ne les point faire lever.* Il y a quelque chose d'aussi ridicule dans Hérodote, quand il appelle les belles femmes *le mal des yeux* (3). Ceci néanmoins semble en quelque façon pardonnable à l'endroit où il est, parce que

(1) J'ai oublié de dire, à propos de ces paroles de Timée qui sont rapportées dans le chapitre III, que je ne suis point du tout du sentiment de M. Dacier, et que tout le froid, à mon avis, de ce passage consiste dans le termes de *monumens* mis avec *cyprès*. C'est comme qui diroit, à propos des registres du parlement : *Ils poseront dans le greffe ces monumens de parchemin.*

(2) Il n'y avoit point de murailles à Sparte.

(3) Ce sont des ambassadeurs persans qui le disent dans Hérodote, chez le roi de Macédoine, Amyntas. Cependant Plutarque l'attribue à Alexandre *le grand*, et le met au rang des apophthegmes de ce prince. Si cela est, il falloit qu'Alexandre l'eût pris à Hérodote. Je suis pourtant du sentiment de Longin, et je trouve le mot froid dans la bouche même d'Alexandre.

ce sont des barbares qui le disent dans le vin et dans la débauche; mais ces personnes n'excusent pas la bassesse de la chose, et il ne falloit pas, pour rapporter un méchant mot, se mettre au hasard de déplaire à toute la postérité.

CHAPITRE IV.

De l'origine du style froid.

Toutes ces affectations cependant, si basses et si puériles, ne viennent que d'une seule cause, c'est à savoir de ce qu'on cherche trop la nouveauté dans les pensées, qui est la manie surtout des écrivains d'aujourd'hui. Car du même endroit que vient le bien, assez souvent vient aussi le mal. Ainsi voyons-nous que ce qui contribue le plus en de certaines occasions à embellir nos ouvrages, ce qui fait, dis-je, la beauté, la grandeur, les grâces de l'élocution, cela même, en d'autres rencontres, est quelquefois cause du contraire, comme on le peut aisément reconnoître dans les hyperboles et dans ces autres figures qu'on appelle *pluriels*. En effet nous montrerons dans la suite combien il est dangereux de s'en servir. Il faut donc voir maintenant comment nous pourrons éviter ces vices qui se glissent quelquefois dans le *sublime*. Or nous en viendrons à bout sans doute si nous acquérons d'abord une connoissance nette et distincte du *véritable sublime*, et si nous apprenons à en bien juger; ce qui n'est pas une chose peu difficile, puisqu'enfin de savoir bien juger du fort et du foible d'un discours, ce ne peut être que l'effet d'un long usage, et le dernier fruit, pour ainsi dire, d'une étude consommée. Mais, par avance, voici peut être un chemin pour y parvenir.

CHAPITRE V.

Des moyens en général pour connoître le sublime.

IL faut savoir, mon cher Térentianus, que dans la vie ordinaire, on ne peut point dire qu'une chose ait rien de grand, quand le mépris qu'on fait de cette chose tient lui-même du grand. Telles sont les richesses, les dignités, les honneurs, les empires, et tous ces autres biens en apparence qui n'ont qu'un certain faste au-dehors, et qui ne passeront jamais pour de véritables biens dans l'esprit d'un sage, puisqu'au contraire ce n'est pas un petit avantage que de les pouvoir mépriser. D'où vient aussi qu'on admire beaucoup moins ceux qui les possèdent, que ceux qui, les pouvant posséder, les rejettent par une pure grandeur d'ame.

Nous devons faire le même jugement à l'égard des ouvrages des poëtes et des orateurs. Je veux dire qu'il faut bien se donner de garde d'y prendre pour sublime une certaine apparence de grandeur, bâtie ordinairement sur de grands mots assemblés au hasard, et qui n'est, à la bien examiner, qu'une vaine enflure de paroles; plus digne en effet de mépris que d'admiration; car tout ce qui est *véritablement sublime* a cela de propre quand on l'écoute, qu'il élève l'ame et lui fait concevoir une plus haute opinion d'elle-même, la remplissant de joie et de je ne sais quel noble orgueil, comme si c'étoit elle qui eût produit les choses qu'elle vient simplement d'entendre. (*Réfl. XII.*)

Quand donc un homme de bon sens, et habile en ces matières, nous récitera quelque endroit d'un ouvrage ; si après avoir ouï cet endroit plusieurs fois, nous ne sentons point qu'il nous élève l'ame et nous laisse dans l'esprit une idée qui soit même au-dessus de ce que nous venons d'entendre ; mais si au contraire, en le regardant avec attention, nous trouvons qu'il tombe et ne se soutienne pas, il n'y a point là de grand, puisqu'enfin ce n'est qu'un son de paroles qui frappe simplement l'oreille, et dont il ne demeure rien dans l'esprit. La marque infaillible du *sublime*, c'est quand nous sentons qu'un discours nous laisse beaucoup à penser, qu'il fait d'abord un effet sur nous auquel il est bien difficile, pour ne pas dire impossible, de résister, et qu'ensuite le souvenir nous en dure et ne s'efface qu'avec peine (1). En un mot, figurez-vous qu'une chose est *véritablement sublime* quand vous voyez qu'elle

(1) Οὗ πολλη μεν ἀναθεωρησις, *dont la contemplation est fort étendue, qui nous remplit d'une grande idée.* A l'égard de κατεξαναστησις, il est vrai que ce mot ne se rencontre nulle part dans les auteurs grecs ; mais le sens que je lui donne est celui, à mon avis, qui lui convient le mieux : et lorsque je puis trouver un sens au mot d'un auteur, je n'aime point à corriger le texte.

plaît universellement et dans toutes ses parties; car lorsqu'en un grand nombre de personnes différentes de profession et d'âge, et qui n'ont aucun rapports ni d'humeurs ni d'inclinations, tout le monde vient à être frappé également de quelque endroit d'un discours (1); ce jugement et cet approbation uniforme de tant d'esprits si discordans d'ailleurs est une preuve certaine et indubitable qu'il y a là du merveilleux et du grand.

CHAPITRE VI.

Des cinq sources du grand.

Il y a pour ainsi dire, cinq sources principales du sublime; mais ces cinq sources présupposent comme pour fondement commun une faculté de bien parler, sans quoi tout le reste n'est rien.

Cela posé, la première et la plus considérable est *une certaine élévation d'esprit qui nous fait penser heureusement les choses*, comme nous l'avons déjà montré dans nos commentaires sur Xénophon.

La seconde consiste dans *le pathétique*; j'entends par pathétique *cet enthousiasme*, *cette véhémence naturelle* qui touche et qui émeut. Au reste, à l'égard de ces deux premières, elles doivent presque tout à la nature, il faut qu'elles naissent en nous; au lieu que les autres dépendent de l'art en partie.

(1) Λογων ἕν τι, c'est ainsi que tous les interprètes de Longin ont joint ces mots. M. Dacier les arrange d'une autre sorte, mais je doute qu'il ait raison.

La troisième n'est autre chose que *les figures tournées d'une certaine manière.* Or les figures sont de deux sortes; *les figures de pensée*, et *les figures de diction.*

Nous mettons pour la quatrième *la noblesse de l'expression*, qui a deux parties; *le choix des mots*, *et la diction élégante et figurée.*

Pour la cinquième, qui est celle à proprement parler, *qui produit* le grand *et qui renferme en soi toutes les autres*, c'est *la composition* et *l'arrangement des paroles dans toute leur magnificence et leur dignité.*

Examinons maintenant ce qu'il y a de remarquable dans chacune de ces espèces en particulier; mais nous avertirons en passant que Cécilius en a oublié quelques-unes, et entre autres *le pathétique :* et certainement s'il l'a fait pour avoir cru que *le sublime* et *le pathétique* naturellement n'alloient jamais l'un sans l'autre, et ne faisoient qu'un, il se trompe, puisqu'il y a des passions qui n'ont rien de grand, et qui ont même quelque chose de bas, comme l'affliction, la peur, la tristesse; et qu'au contraire il se rencontre quantité de choses grandes et sublimes où il n'entre point de passion. Tel est entre autres ce que dit Homère avec tant de hardiesse en parlant des Aloïdes (1) :

Pour détrôner les dieux, leur vaste ambition
Entreprit d'entasser Osse sur Pélion.

Ce qui suit est encore bien plus fort:

Ils l'eussent fait sans doute,

(1) C'étoient des géans qui croissoient tous les ans d'une coudée en largeur et d'une aune en longueur. Ils

Et dans la prose, les panégyriques et tous ces discours qui ne se font que pour l'ostentation ont par tout *du grand* et *du sublime*, bien qu'il n'y entre point de passion pour l'ordinaire. De sorte que, même entre les orateurs, ceux-là communément sont les moins propres pour le panégyrique, qui sont les plus pathétiques; et, au contraire, ceux qui réussissent le mieux dans le panégyrique s'entendent assez mal à toucher les passions.

Que si Cécilius s'est imaginé que le pathétique en général ne contribuoit point au grand, et qu'il étoit par conséquent inutile d'en parler, il ne s'abuse pas moins; car j'ose dire qu'il n'y a peut-être rien qui relève davantage un discours qu'un beau mouvement et une passion poussée à propos. En effet c'est comme une espèce d'enthousiasme et de fureur noble qui anime l'oraison, et et qui lui donne un feu et une vigueur toute divine.

n'avoient pas encore quinze ans lorsqu'ils se mirent en état d'escaláder le ciel. Ils se tuèrent l'un l'autre par l'adresse de Diane. *Odyssée, liv. XI, v.* 310.

Alœus étoit fils de Titan et de la Terre. Sa femme s'appeloit Iphimédie; elle fut violée par Neptune, dont elle eut deux enfans, Otus et Ephialte, qui furent appelés *Aloïdes*, à cause qu'ils furent nourris et élevés chez Alœus comme ses enfans. Virgile en a parlé dans le livre VI de l'Enéide, v. 582:

Hîc et Aloïdas geminos immania vidi
Corpora.

CHAPITRE VII.

De la sublimité dans les pensées.

Bien que, des cinq parties dont j'ai parlé, la première et la plus considérable, je veux dire *cette élévation d'esprit naturelle*, soit plutôt un présent du ciel qu'une qualité qui se puisse acquérir; nous devons, autant qu'il nous est possible, nourrir notre esprit au grand, et le tenir toujours plein et enflé, pour ainsi dire, d'une certaine fierté noble et généreuse.

Que si on demande comme il s'y faut prendre, j'ai déjà écrit ailleurs que *cette élévation d'esprit étoit une image de la grandeur d'ame;* et c'est pourquoi nous admirons quelquefois la seule pensée d'un homme, encore qu'il ne parle point, à cause de cette grandeur de courage que nous voyons: par exemple, le silence d'Ajax aux enfers, dans l'Odyssée (1); car ce silence a je ne sais quoi de plus grand que tout ce qu'il auroit pu dire.

La première qualité donc qu'il faut supposer en un véritable orateur, *c'est qu'il n'ait point l'esprit rampant.* En effet il n'est pas possible qu'un homme qui n'a toute sa vie que des sentimens et des inclinations basses et serviles puisse jamais rien produire qui soit merveilleux ni digne de la postérité.

(1) C'est dans l'onzième livre de l'Odyssée, vers 551 552, où Ulysse fait des soumissions à Ajax; mais Ajax ne daigne pas lui répondre.

Il n'y a vraisemblablement que ceux qui ont de hautes et de solides pensées qui puissent faire des discours élevés; et c'est particulièrement aux grands hommes qu'il échappe de dire des choses extraordinaires. Voyez, par exemple, ce que répondit Alexandre quand Darius lui offrit la moitié de l'Asie avec sa fille en mariage (1). *Pour moi*, lui disoit Parménion, *si j'étois Alexandre j'accepterois ces offres. Et moi aussi*, répliqua ce prince, *si j'étois Parménion*. N'est-il pas vrai qu'il falloit être Alexandre pour faire cette réponse?

Et c'est en cette partie qu'a principalement excellé Homère, dont les pensées sont toutes sublimes, comme on le peut voir (2) dans la description de la déesse Discorde, qui a, dit-il,

La tête dans les cieux et les pieds sur la terre. (*Réfl. IV*).

Car on peut dire que cette grandeur qu'il lui donne est moins la preuve de la Discorde que de la capacité et de l'élévation de l'esprit d'Homère. Hésiode a mis un vers bien différent de celui-ci dans son Bouclier, s'il est vrai que ce poëme soit de lui, quand il dit (3), à propos de la déesse des ténèbres:

Une puante humeur lui couloit des narines.

En effet il ne rend pas proprement cette déesse terrible, mais odieuse et dégoûtante.

(1) Tout ceci, jusqu'à *cette grandeur qu'il lui donne, etc.*, est suppléé au texte grec, qui est défectueux en cet endroit.

(2) Iliade, liv. IV, v. 443. (3) Vers 267.

Au contraire, voyez quelle majesté Homère (1) donne aux dieux :

Autant qu'un homme assis aux rivages des mers
Voit, d'un roc élevé, d'espace dans les airs,
Autant des immortels les coursiers intrépides
En franchissent d'un saut, etc.

Il mesure l'étendue de leur saut à celle de l'univers. Qui est-ce donc qui ne s'écrieroit avec raison, en voyant la magnificence de cette hyperbole, *que si les chevaux des dieux vouloient faire un second saut, ils ne trouveroient pas assez d'espace dans le monde?* Ces peintures aussi qu'il fait du combat des dieux ont quelque chose de fort grand, quand il dit (2):

Le ciel en retentit, et l'Olympe en trembla.

Et ailleurs (3) :

L'enfer s'émeut au bruit de Neptune en furie.
Pluton sort de son trône, il pâlit, il s'écrie;
Il a peur que ce dieu, dans cet affreux séjour,
D'un coup de son trident ne fasse entrer le jour,
Et, par le centre ouvert de la terre ébranlée,
Ne fasse voir du Styx la rive désolée;
Ne découvre aux vivans cet empire odieux,
Abhorré des mortels, et craint même des dieux.

Voyez-vous, mon cher Térentianus, la terre ouverte jusqu'en son centre, l'enfer prêt à paroître, et toute la machine du monde sur le point d'être détruite et renversée, pour montrer que dans ce combat le ciel, les enfers,

(1) Iliade, liv. V, v. 770. (2) Liv. XXI, v. 388. (3) *ibid.* XXI, v. 61.

les choses mortelles et immortelles, tout enfin combattoit avec les dieux, et qu'il n'y avoit rien dans la nature qui ne fût en danger? Mais il faut prendre toutes ces pensées dans un sens allégorique; autrement elles ont je ne sais quoi d'affreux, d'impie, et de peu convenable à la majesté des dieux. Et pour moi, lorsque je vois dans Homère les plaies, les ligues, les supplices, les larmes, les emprisonnemens des dieux, et tous ces autres accidens où ils tombent sans cesse, il me semble qu'il s'est efforcé, autant qu'il a pu, de faire des dieux de ces hommes qui furent au siége de Troie : et qu'au contraire, des dieux mêmes il a fait des hommes. Encore les fait-il de pire condition; car à l'égard de nous, quand nous sommes malheureux, au moins avons-nous la mort, qui est comme un port assuré pour sortir de nos misères; au lieu qu'en représentant les dieux de cette sorte, il ne les rend pas proprement immortels, mais éternellement misérables.

Il a donc bien mieux réussi lorsqu'il nous a peint un dieu tel qu'il est dans toute sa majesté et sa grandeur, et sans mélange des choses terrestres, comme dans cet endroit qui a été remarqué par plusieurs avant moi, où il dit (1), en parlant de Neptune :

> Neptune ainsi marchant dans ces vastes campagnes
> Fait trembler sous ses pieds et forêts et montagnes.

Et dans un autre endroit (2) :

> Il attelle son char, et, montant fièrement,
> Lui fait fendre les flots de l'humide élément.

(1) Iliade, liv. XIII, v. 18. (2) Ibid. v. 26.

Dès qu'on le voit marcher sur ces liquides plaines,
D'aise on entend sauter les pesantes baleines.
L'eau frémit sous le dieu qui lui donne la loi, (1)
Et semble avec plaisir reconnoître son roi.
Cependant le char vole, etc.

Ainsi le législateur des Juifs, qui n'étoit pas un homme ordinaire, ayant fort bien conçu la grandeur et la puissance de Dieu, l'a exprimée dans toute sa dignité au commencement de ses lois, par ces paroles, *Dieu dit: Que la lumière se fasse; et la lumière se fit: Que la terre se fasse; et la terre fut faite.* (Réfl. X.)

Je pense, mon cher Térentianus, que vous ne serez pas fâché que je vous rapporte encore ici un passage de notre poëte quand il parle des hommes, afin de vous faire voir combien Homère est héroïque lui-même en peignant le caractère d'un héros. Une épaisse obscurité avoit couvert tout d'un coup l'armée des Grecs, et les empêchoit de combattre. En cet endroit (2) Ajax, ne sachant plus quelle résolution prendre s'écrie:

Grand dieu! chasse la nuit qui nous couvre les yeux,
Et combats contre nous à la clarté des cieux (3).

(1) Il y dans le grec, *que l'eau, en voyant Neptune, se ridoit et sembloit sourire de joie.* Mais cela seroit trop fort en notre langue. Au reste j'ai cru que *l'eau reconnoît son roi* seroit quelque chose de plus sublime que de mettre, comme il y a dans le grec, que *les baleines reconnoissent leur roi.* J'ai tâché, dans les passages qui sont rapportés d'Homère, à enchérir sur lui plutôt que de le suivre trop scrupuleusement à la piste.

(2) Iliade, liv. XVII, v. 646.

(3) Il y a dans Homère: *Et après cela fais-nous*

Voilà les véritables sentimens d'un guerrier tel qu'Ajax. Il ne demande pas la vie; un héros n'étoit pas capable de cette bassesse: mais comme il ne voit point d'occasion de signaler son courage au milieu de l'obscurité, il se fâche de ne point combattre; il demande donc en hâte que le jour paroisse, pour faire au moins une fin digne de son grand cœur, quand il devroit avoir à combattre Jupiter même. En effet Homère, en cet endroit, est comme un vent favorable qui seconde l'ardeur des combattans; car il ne se remue pas avec moins de violence que s'il étoit épris aussi de fureur.

Tel que Mars en courroux au milieu des batailles;
Ou comme on voit un feu, jetant par tout l'horreur,
Au travers des forêts promener sa fureur:
De colère il écume, etc. (1).

Mais je vous prie de remarquer, pour plusieurs raisons, combien il est affoibli dans son Odyssée, où il fait voir en effet que c'est le propre d'un grand esprit, lorsqu'il commence à vieillir et à décliner, de se plaire aux contes et aux fables; car, qu'il ait composé l'Odyssée depuis l'Iliade, j'en pourrois donner plusieurs preuves. Et premièrement il est certain qu'il y a quantité de choses

périr si tu veux à la clarté des cieux. Mais cela auroit été foible en notre langue, et n'auroit pas si bien mis en jour la remarque de Longin, que, *et combats contre nous, etc.* Ajoutez que de dire à Jupiter, *combats contre nous*, c'est presque la même chose que, *fais-nous périr*, puisque dans un combat contre Jupiter on ne sauroit éviter de périr.

(1) Iliade, liv. XV, v. 605.

dans l'Odyssée qui ne sont que la suite des malheurs qu'on lit dans l'Iliade, et qu'il a transportées dans ce dernier ouvrage comme autant d'épisodes de la guerre de Troie. Ajoutez que les accidens qui arrivent dans l'Iliade sont déplorés souvent par les héros de l'Odyssée, comme des malheurs connus et arrivés il y a déjà long-temps ; et c'est pourquoi l'Odyssée n'est, à proprement parler, que l'épilogue de l'Iliade (1).

Là gît le grand Ajax et l'invincible Achille ;
Là de ses ans Patrocle a vu borner le cours ;
Là mon fils, mon cher fils, a terminé ses jours (2).

De là vient, à mon avis, que comme Homère a composé son Iliade durant que son esprit étoit en sa plus grande vigueur, tout le corps de son ouvrage est dramatique et plein d'action, au lieu que la meilleure partie de l'Odyssée se passe en narrations, qui est le génie de la vieillesse : tellement qu'on le peut comparer dans son dernier ouvrage au soleil quand il se couche, qui a toujours sa même grandeur, mais qui n'a plus tant d'ardeur ni de force. En effet, il ne parle plus du même ton ; on n'y voit plus ce sublime de l'Iliade qui marche par tout d'un pas égal, sans que jamais il s'arrête ni se repose. On n'y remarque point cette foule de mouvemens et de passions entassées les unes sur les autres. Il n'a plus cette même force, et, s'il faut

(1) La remarque de M. Dacier sur cet endroit est fort savante et fort subtile, mais je m'en tiens pourtant toujours à mon sens.

(2) Paroles de Nestor dans l'Odyssée, liv. III, v. 109.

ainsi parler, cette même volubilité de discours si propre pour l'action, et mêlée de tant d'images naïves des choses. Nous pouvons dire que c'est le reflux de son esprit, qui, comme un grand océan, se retire et déserte ses rivages. A tout propos il s'égare dans des imaginations et des fables incroyables (1). Je n'ai pas oublié pourtant les descriptions de tempêtes qu'il fait, les aventures qui arrivèrent à Ulysse chez Polyphême, et quelques autres endroits qui sont sans doute fort beaux. Mais cette vieillesse dans Homère, après tout, c'est la vieillesse d'Homère; joint qu'en tout ces endroits-là il y a beaucoup plus de fable et de narration que d'action.

Je me suis étendu là-dessus, comme j'ai déjà dit, afin de vous faire voir que les génies naturellement les plus élevés tombent quelquefois dans la badinerie, quand la force de leur esprit vient à s'éteindre. Dans ce rang on doit mettre ce qu'il dit du sac où Eole enferma les vents, et des compagnons d'Ulysse changés par Circé en pourceaux, que Zoïle appelle *de petits cochons larmoyans*. (Réfl. V.) Il en est de même *des colombes qui nourrissent Jupiter comme un pigeon; de la disette d'Ulysse, qui fut dix jours sans manger*

(1) Voilà à mon avis, le véritable sens de πλανος. Car pour ce qui est de dire qu'il n'y a pas d'apparence que Longin ait accusé Homère de tant d'absurdités, cela n'est pas vrai, puisqu'à quelques lignes de là il entre même dans le détail de ces absurdités. Au reste quand il dit, *des fables incroyables*, il n'entend pas des fables qui ne sont pas vraisemblables, mais des fables qui ne sont point vraisemblablement contées, comme la disette d'Ulysse qui fut dix jours sans manger, etc.

après son naufrage, et de toutes ces absurdités qu'il conte du meurtre des amans de Pénélope; car tout ce qu'on peut dire à l'avantage de ces fictions, *c'est que ce sont d'assez beaux songes*, et, si vous voulez, *des songes de Jupiter même*. Ce qui m'a encore obligé à parler de l'Odyssée, c'est pour vous montrer que les grands poëtes et les écrivains célèbres, quand leur esprit manque de vigueur pour le pathétique, s'amusent ordinairement à peindre les mœurs. C'est ce que fait Homère, quand il décrit la vie que menoient les amans de Pénélope dans la maison d'Ulysse. En effet toute cette description est proprement une espèce de comédie, où les différens caractères des hommes sont peints.

CHAPITRE VIII.

De la sublimité qui se tire des circonstances.

VOYONS si nous n'avons point encore quelque autre moyen par où nous puissions rendre un discours *sublime*. Je dis donc que comme naturellement rien n'arrive au monde qui ne soit toujours accompagné de certaines circonstances, ce sera un secret infaillible pour arriver au grand, si nous savons faire à propos le choix des plus considérables, et si, en les liant bien ensemble, nous en formons comme un corps; car d'un côté ce choix, et de l'autre cet amas de circonstances choisies, attachent fortement l'esprit.

Ainsi quand Sapho veut exprimer les fureurs de l'amour, elle ramasse de tous côtés les accidens qui suivent et qui accompagnent en effet cette passion. Mais où son adresse paroît principalement, c'est à choisir de tous ces accidens ceux qui marquent davantage l'excès et la violence de l'amour, et à bien lier tout cela ensemble.

Heureux qui près de toi pour toi seule soupire,
Qui jouit du plaisir de t'entendre parler,
Qui te voit quelquefois doucement lui sourire!
Les dieux dans son bonheur peuvent-ils l'égaler?

Je sens de veine en veine une subtile flamme
Courir par tout mon corps sitôt que je te vois;
Et, dans les doux transports où s'égare mon ame,
Je ne saurois trouver de langue ni de voix.

Un nuage confus se répand sur ma vue;
Je n'entends plus; je tombe en de douces langueurs:
Et pâle (1), sans haleine, interdite, éperdue,
Un frisson me saisit, je tremble, je me meurs (2).

Mais quand on n'a plus rien il faut tout hasarder, etc.

N'admirez-vous point comment elle ramasse toutes ces choses, l'ame, le corps, l'ouïe, la langue, la vue, la couleur, comme si c'étoient autant de personnes différentes et prêtes à expirer? Voyez de combien de mouvemens contraires elle est agitée. Elle gèle, elle brûle, elle est folle, elle est sage; ou elle est entièrement hors

(1) Le grec ajoute, *comme l'herbe;* mais cela ne se dit point en françois.

(2) Il y dans le grec, *une sueur froide*; mais le mot de *sueur* en françois ne peut jamais être agréable, et laisse une vilaine idée à l'esprit.

d'elle-même, ou elle va mourir (1). En un mot on diroit qu'elle n'est pas éprise d'une simple passion, mais que son ame est un rendez vous de toutes les passions; et c'est en effet ce qui arrive à ceux qui aiment. Vous voyez donc bien, comme j'ai déjà dit, que ce qui fait la principale beauté de son discours, ce sont toutes ces grandes circonstances marquées à propos et ramassées avec choix. Ainsi quand Homère veut faire la description d'une tempête, il a soin d'exprimer tout ce qui peut arriver de plus affreux dans une tempête; car, par exemple, l'auteur (2) du poëme des Arimaspiens (3) pense dire des choses fort étonnantes quand il s'écrie :

O prodige étonnant! ô fureur incroyable!
Des hommes insensés, sur de frêles vaisseaux,
S'en vont loin de la terre habiter sur les eaux;
Et, suivant sur la mer une route incertaine,
Courent chercher bien loin le travail et la peine.
Ils ne goûtent jamais de paisible repos.
Ils ont les yeux au ciel et l'esprit sur les flots;
Et, les bras étendus, les entrailles émues,
Ils font souvent aux dieux des prières perdues.

Cependant il n'y a personne, comme je pense, qui ne voie bien que ce discours est en effet

(1) C'est ainsi que j'ai traduit φοβεται, et c'est ainsi qu'il le faut entendre, comme je le prouverai aisément s'il est nécessaire. Horace, qui est amoureux des hellénismes, emploie le mot de *metus* en ce même sens dans l'ode *Bacchum in remotis*, quand il dit : *Evoe! recenti mens trépidat metu* : car cela veut dire : *Je suis encore plein de la sainte horreur du dieu qui m'a transporté.*

(2) Aristée. (3) C'étoient des peuples de Scythie.

plus fardé et plus fleuri que grand et sublime. Voyons donc comment fait Homère, et considérons cet endroit (1) entre plusieurs autres :

Comme l'on voit les flots, soulevés par l'orage,
Fondre sur un vaisseau qui s'oppose à leur rage;
Le vent avec fureur dans les voiles frémit;
La mer blanchit d'écume, et l'air au loin gémit :
Le matelot troublé, que son art abandonne,
Croit voir dans chaque flot la mort qui l'environne.

Aratus a tâché d'enchérir sur ce dernier vers, en disant :

Un bois mince et léger les défend de la mort.

Mais en fardant ainsi cette pensée, il l'a rendue basse et fleurie, de terrible, qu'elle étoit. Et puis, renfermant tout le péril dans ces mots,

Un bois mince et léger les défend de la mort,

il l'éloigne et le diminue plutôt qu'il ne l'augmente. Mais Homère ne met pas pour une seule fois devant les yeux le danger où se trouvent les matelots; il les représente, comme en un tableau, sur le point d'être submergés à tous les flots qui s'élèvent, et imprime jusques dans ses mots et ses syllabes l'image du péril (2). Archiloque ne s'est point servi

(1) Iliade, liv. XV, v. 624.

(2) Il y a dans le grec, *et joignant par force ensemble des propositions qui naturellement n'entrent point dans une même composition*, ὑπ' ἐκ θανατοιο : *par cette violence qu'il leur fait, il donne à son vers le mouvement même de la tempête, et exprime admirablement*

d'autre artifice dans la description de son naufrage, non plus que Démosthène dans cet endroit où il décrit le trouble des Athéniens à la nouvelle de la prise d'Elatée, quand il dit : *Il étoit déjà fort tard, etc.* (1) : car ils n'ont fait tous deux que trier, pour ainsi dire, et ramasser soigneusement les grandes circonstances, prenant garde à ne point insérer dans leurs discours des particularités basses et superflues, ou qui sentissent l'école.

la passion; car, par la rudesse de ces syllabes qui se heurtent l'une l'autre, il imprime jusques dans ses mots l'image du péril, ὑπ' ἐκ θανατοιο φερονται. Mais j'ai passé tout cela parce qu'il est entièrement attaché à la langue grecque.

(1) L'auteur n'a pas rapporté tout le passage, parce qu'il est un peu long. Il est tiré de l'oraison pour Ctésiphon. Le voici : *Il étoit déjà fort tard losqu'un courier vint apporter au Prytanée la nouvelle que la ville d'Elatée étoit prise. Les magistrats, qui soupoient dans ce moment, quittent aussitôt la table. Les uns vont dans la place publique, ils en chassent les marchands ; et, pour les obliger de se retirer, ils brûlent les pieux des boutiques où ils étaloient. Les autres envoient avertir les officiers de l'armée. On fait venir le héraut public : toute la ville est pleine de tumulte. Le lendemain, dès le point du jour, les magistrats assemblent le sénat. Cependant*, messieurs, *vous couriez de toutes parts dans la place publique, et le sénat n'avoit encore rien ordonné, que tout le peuple étoit déjà assis. Dès que les sénateurs furent entrés, les magistrats firent leur rapport. On entend le courier. Il confirme la nouvelle. Alors le héraut commence à crier :* Quelqu'un veut-il haranguer le peuple ? *Mais personne ne lui répond. Il a beau répéter la même chose plusieurs fois, aucun ne se lève ; tous les officiers, tous les orateurs étant présens aux yeux de la commune patrie, dont on entendoit la voix crier :* N'y a-t-il personne qui ait un conseil à me donner pour mon salut ?

En effet, de trop s'arrêter aux petites choses, cela gâte tout, (*Réfl. VI.*) et c'est comme du moellon ou des plâtras qu'on auroit arrangés et comme entassés les uns sur les autres pour élever un bâtiment.

CHAPITRE IX.

De l'amplification.

Entre les moyens dont nous avons parlé, qui contribuent au sublime, il faut aussi donner rang à ce qu'ils appellent *amplification* ; car quand la nature des sujets qu'on traite, ou des causes qu'on plaide, demande des périodes plus étendues et composées de plus de membres, on peut s'élever par degrés, de telle sorte qu'un mot enchérisse toujours l'un sur l'autre ; et cette adresse peut beaucoup servir, ou pour traiter quelque lieu d'un discours, ou pour exagérer, ou pour confirmer, ou pour mettre en jour un fait, ou pour manier une passion. En effet l'amplification se peut diviser en un nombre infini d'espèces ; mais l'orateur doit savoir que pas une de ces espèces n'est parfaite de soi, s'il n'y a du grand et du sublime, si ce n'est lorsqu'on cherche à émouvoir la pitié, ou que l'on veut rappeler le prix de quelque chose. Par tout ailleurs, si vous ôtez à l'amplification ce qu'il y a de grand, vous lui arrachez, pour ainsi dire, l'ame du corps. En un mot, dès que cet appui vient à lui manquer, elle languit, et n'a plus ni force, ni mouvement. Maintenant, pour plus grande netteté, disons en peu de mots la différence qu'il y a de cette partie à celle dont nous avons parlé dans le chapitre précédent, et qui, comme j'ai dit, n'est autre chose qu'un amas de circonstances choisies que l'on réunit ensemble; et voyons par où l'amplification en générale diffère du grand et du sublime.

CHAPITRE X.

*Ce que c'est qu'*amplification.

JE ne saurois approuver la définitiòn que lui donnent les maîtres de l'art: L'*amplification*, disent-ils, *est un discours qui augmente et qui agrandit les choses.* Car cette définition peut convenir tout de même au sublime, au pathétique, et aux figures, puisqu'elles donnent toutes au discours je ne sais quel caractère de grandeur. Il y pourtant bien de la différence; et premièrement le sublime consiste dans la hauteur et l'élévation, au lieu que l'amplification consiste aussi dans la multitude des paroles. C'est pourquoi le sublime se trouve quelquefois dans une simple pensée; mais l'amplification ne subsiste que dans la pompe et dans l'abondance. L'amplification donc, pour en donner une idée générale, *est un accroissement de paroles que l'on peut tirer de toutes les circonstances particulières des choses, et de tous les lieux de l'oraison, qui remplit le discours et le fortifie, en appuyant sur ce qu'on a déjà dit.* Ainsi elle diffère de la preuve, en ce qu'on emploie celle-ci pour prouver la question, au lieu que l'amplification ne sert qu'à étendre et à exagérer.... (1).

La même différence, à mon avis, est entre Démosthène et Cicéron pour le grand et le sublime, autant que nous autres Grecs pouvons juger des ouvrages d'un auteur latin. En effet, Démosthène est grand en ce qu'il est serré et concis, et Cicéron, au contraire, en ce qu'il est diffus et étendu. On peut comparer ce premier, à cause de la violence, de la rapidité, de la force et de la véhémence avec laquelle il ravage, pour ainsi dire, et emporte tout, à une tempête et à un foudre. Pour Cicéron, on peut dire, à mon avis, que, comme un grand embrâsement, il dévore et consume tout ce qu'il rencontre, avec un feu qui ne s'éteint point, qu'il répand diversement dans ses ouvrages, et qui, à mesure qu'il s'avance, prend toujours de nouvelles forces. Mais vous pouvez mieux juger de cela

(1) Cet endroit est fort défectueux. L'auteur, après avoir fait quelques remarques encore sur l'amplification, venoit ensuite à comparer deux orateurs dont on ne peut pas deviner les noms ; il reste même dans le texte trois ou quatre lignes de cette comparaison, que j'ai supprimées dans la traduction, parce que cela auroit embarrassé le lecteur, et auroit été inutile, puisqu'on ne sait point qui sont ceux dont l'auteur parle. Voici pourtant les paroles qui en restent : *Celui-ci est plus abondant et plus riche. On peut comparer son éloquence à une grande mer qui occupe beaucoup d'espace et se répand en plusieurs endroits. L'un, à mon avis, est plus pathétique et a bien plus de feu et d'éclat. L'autre demeurant toujours dans une certaine gravité pompeuse, n'est pas froid à la vérité, mais n'a pas aussi tant d'activité ni de mouvement.* Le traducteur latin a cru que ces paroles regardoient Cicéron et Démosthène ; mais, à mon avis, il se trompe.

que moi. Au reste le sublime de Démosthène vaut sans doute mieux dans les exagérations fortes et dans les violentes passions, quand il faut, pour ainsi dire, étonner l'auditeur. Au contraire, l'abondance est meilleure lorsqu'on veut, si j'ose me servir de ces termes, répandre une rosée agréable dans les esprits (1); et certainemet un discours diffus est bien plus propre pour les lieux communs, les péroraisons, les digressions, et généralement pour tous ces discours qui se font dans le genre démonstratif. Il en est de même pour les histoires, les traités de physique, et plusieurs autre semblables matières.

CHAPITRE XI.

De l'imitation.

Pour retourner à notre discours, Platon, dont le style ne laisse pas d'être fort élevé, bien qu'il coule sans être rapide et sans faire de bruit, nous a donné une idée de ce style, qu'on ne peut ignorer si on a lu les livres de sa République (2). *Ces hommes malheureux*, dit-il, *qui ne savent ce que c'est que de sagesse ni de vertu, et qui sont continuellement plongés dans les festins et dans la débauche, vont toujours de pis en pis, et*

(1) MM. le Fèvre et Dacier donnent à ce passage une interprétation fort subtile; mais je ne suis point de leur avis, et je rends ici le mot de *καταντλησας* dans son sens le plus naturel, *arroser, rafraîchir*, qui est le progrès du style abondant, opposé au style sec.

(2) Dialogue IX, p. 585, édit. de H. Etienne.

errent enfin toute leur vie. La vérité n'a point pour eux d'attraits ni de charmes, ils n'ont jamais levé les yeux pour la regarder; en un mot, ils n'ont jamais goûté de pur ni de solide plaisir. Ils sont comme des bêtes qui regardent toujours en bas, et qui sont courbées vers la terre. Ils ne songent qu'à manger et à repaître, qu'à satisfaire leur passion brutales : et, dans l'ardeur de les rassasier, ils regimbent, ils égratignent, ils se battent à coups d'ongles et de cornes de fer, et périssent à la fin par leur gourmandise insatiable.

Au reste ce philosophe nous a encore enseigné un autre chemin, si nous ne voulons point le négliger, qui nous peut conduire au sublime. Quel est ce chemin? C'est l'imitation et l'émulation des poëtes et des écrivains illustres qui ont vécu devant nous; car c'est le but que nous devons toujours nous mettre devant les yeux.

Et certainement il s'en voit beaucoup que l'esprit d'autrui ravit hors d'eux-mêmes, comme on dit *qu'une sainte fureur saisit la prêtresse d'Apollon sur le sacré trépied*; car on tient qu'il y une ouverture en terre d'où sort un souffle, une vapeur toute céleste qui la remplit sur-le-champ d'une vertu divine, et lui fait prononcer des oracles. De même ces grandes beautés que nous remarquons dans les ouvrages des anciens sont comme autant de sources sacrées d'où il s'élève des vapeurs heureuses qui se répandent dans l'ame de leurs imitateurs, et animent les esprits même naturellement les moins échauffés; si bien que dans ce moment ils sont

sont comme ravis et emportés de l'enthousiasme d'autrui : ainsi voyons-nous qu'Hérodote, et devant lui Stésichore et Archiloque, ont été grands imitateurs d'Homère. Platon néanmoins est celui de tous qui l'a le plus imité ; car il a puisé dans ce poëte comme dans une vive source dont il a détourné un nombre infini de ruisseaux : et j'en donnerois des exemples si Ammonius n'en avoit déjà rapporté plusieurs (1).

Au reste on ne doit point regarder cela comme un larcin, mais comme une belle idée qu'il a eue, et qu'il s'est formée sur les mœurs, l'invention et les ouvrages d'autrui. En effet, jamais, à mon avis, il n'eût mêlé de si grandes choses dans ses traités de philosophie, passant, comme il fait, du simple discours à des expressions et à des matières poëtiques, s'il ne fût venu, pour ainsi dire, comme un nouvel athléte, disputer de toute sa force le prix à Homère, c'est-à-dire à celui qui avoit déjà reçu les applaudissemens de tout le monde ; car bien qu'il ne le fasse peut-être qu'avec un peu trop d'ardeur, et, comme on dit, les armes à la main, cela ne laisse pas néanmoins de lui servir beaucoup, puisqu'enfin, selon Hésiode (2),

La noble jalousie est utile aux mortels.

Et n'est-ce pas en effet quelque chose de bien glorieux et bien digne d'une ame noble, que

(1) Il y a dans le grec *ἐι μη τα' ἐπ* l'*νδους και ὁι περι 'Αμμωνιον*. Mais cet endroit vraisemblablement est corrompu ; car quel rapport peuvent avoir les Indiens au sujet dontil s'agit ?

(2) *Opera et dies*, vers. 25.

de combattre pour l'honneur et le prix de la victoire avec ceux qui nous ont précédés, puisque dans ces sortes de combats on peut même être vaincu sans honte?

CHAPITRE XII.

De la manière d'imiter.

Toutes les fois donc que nous voulons travailler à un ouvrage qui demande du grand et du sublime, il est bon de faire cette réflexion : *Comment est-ce qu'Homère auroit dit cela? qu'auroient fait Platon, Démosthène*, ou *Thucydide même*, s'il est question d'histoire, *pour écrire ceci en style sublime?* Car ces grands hommes que nous nous proposons à imiter, se présentant de la sorte à notre imagination, nous servent comme de flambeaux, et nous élèvent l'ame presque aussi haut que l'idée que nous avons conçue de leur génie, surtout si nous nous imprimons bien ceci en nous-mêmes : *Que penseroient Homère ou Démosthène de ce que je dis, s'ils m'écoutoient? et quel jugement feroient-ils de moi?* En effet nous ne croirons pas avoir un médiocre prix à disputer, si nous pouvons nous figurer que nous allons, mais sérieusement, rendre compte de nos écrits devant un si célèbre tribunal, et sur un théâtre où nous avons de tels héros pour juges et pour témoins. Mais un motif encore plus puissant pour nous exciter, c'est de songer au jugement que toute la postérité fera de nos écrits (*Refl. VI.*) ; car si un homme, dans la défiance de ce jugement (1) a peur, pour ainsi dire, d'avoir dit quelque chose qui vive plus que lui, son esprit ne sauroit jamais rien produire que des avortons aveugles et imparfaits, et il ne se donnera jamais la peine d'achever des ouvrages qu'il ne fait point pour passer jusqu'à la dernière postérité.

CHAPITRE XIII.

Des images.

Ces images, que d'autres appellent *peintures* ou *fictions*, sont aussi d'un grand artifice pour donner du poids, de la magnificence et de la force au discours. Ce mot d'*images* se prend en général pour toute pensée propre à produire une expression, et qui fait une peinture à l'esprit de quelque manière que ce soit. Mais il se prend encore, dans un sens plus particulier et plus resserré, pour ces discours que l'on fait lorsque, par un enthousiasme et un mouvement extraordinaire de l'ame, il semble que nous voyons les choses dont nous parlons, et quand nous les mettons devant les yeux de ceux qui écoutent.

Au reste vous devez savoir que les images,

(1) C'est ainsi qu'il faut entendre ce passage. Le sens que lui donne M. Dacier s'accommode assez bien au grec; mais il fait dire une chose de mauvais sens à Longin, puisqu'il n'est point vrai qu'un homme qui se défie que ses ouvrages aillent à la postérité ne produira jamais rien qui en soit digne, et qu'au contraire c'est cette défiance même qui lui fera faire des efforts pour mettre ses ouvrages en état d'y passer avec éloge.

dans la rhétorique, ont tout un autre usage que parmi les poëtes. En effet le but qu'on s'y propose dans la poësie, c'est l'étonnement et la surprise; au lieu que, dans la prose, c'est de bien peindre les choses et de les faire voir clairement. Il y a pourtant cela de commun, qu'on tend à émouvoir en l'une et en l'autre rencontre, comme dit Euripide dans son Oreste, vers 255.

Mère cruelle, arrête, éloigne de mes yeux
Ces filles de l'enfer, ces spectres odieux.
Ils viennent : je les vois : mon supplice s'apprête.
Quels horribles serpents leur sifflent sur la tête !

Et dans son Iphigénie :

Où fuirai-je ? Elle vient. Je la vois. Je suis mort.

Le poëte en cet endroit ne voyoit pas les Furies; cependant il en fait une image si naïve, qu'il les fait presque voir aux auditeurs. Et véritablement je ne saurois pas bien dire si Euripide est aussi heureux à exprimer les autres passions; mais pour ce qui regarde l'amour et la fureur, c'est à quoi il s'est étudié particulièrement, et il y a fort bien réussi. Et même, en d'autres rencontres, il ne manque pas quelquefois de hardiesse à peindre les choses; car bien que son esprit de lui-même ne soit pas porté au grand, il corrige son naturel, et le force d'être tragique et relevé, principalement dans les grands sujets : de sorte qu'on lui peut appliquer ces vers du vingtième livre de l'Iliade :

A l'aspect du péril, au combat il s'anime;

Et, le poil hérissé, les yeux étincelans (1),
De sa queue il se bat les côtés et les flancs :

comme on le peut remarquer dans cet endroit où le Soleil parle ainsi à Phaéton, en lui mettant entre les mains les rênes de ses chevaux(2):

Prends garde qu'une ardeur trop funeste à ta vie
Ne t'emporte au-dessus de l'aride Libye.
Là jamais d'aucune eau le sillon arrosé
Ne rafraîchit mon char dans sa course embrasé.

Et dans ces vers suivans :

Aussitôt devant toi s'offriront sept étoiles :
Dresse par-là ta course, et suis le droit chemin.
Phaéton à ces mots prend les rênes en main :
De ses chevaux ailés il bat les flancs agiles.
Les coursiers du Soleil à sa voix sont dociles.
Ils vont: le char s'éloigne, et, plus prompt qu'un éclair,
Pénètre en un moment les vastes champs de l'air.
Le père cependant, plein d'un trouble funeste,
Le voit rouler de loin sur la plaine céleste ;
Lui montre encore sa route, et du plus haut des cieux (3)
Le suit autant qu'il peut de la voix et des yeux.
Va par-là, lui dit-il : *reviens*, *détourne*, *arrête* !

Ne diriez-vous pas que l'ame du poëte monte sur le char avec Phaéton, qu'elle partage tous ses périls, et qu'elle vole dans l'air

(1) J'ai ajouté ce vers que j'ai pris dans le texte d'Homère.

(2) Euripide, dans son Phaéton, tragédie perdue.

(3) Le grec porte, *au-dessus de la canicule* : ὀπισθε νωτα Σειρειου βεβως ἱππευε. *Le Soleil à cheval monta au-dessus de la canicule*. Je ne vois pas pourquoi Rut-

avec les chevaux ? car s'il ne les suivoit dans les cieux, s'il n'assistoit à tout ce qui s'y passe, pourroit-il peindre la chose comme il fait? Il en est de même de cet endroit de sa Cassandre (1) qui commence par

Mais, ô braves Troyens, etc.

Eschyle a quelquefois aussi des hardiesses et des imaginations tout-à-fait nobles et héroïques, comme on le peut voir dans sa tragédie intitulée : *les Sept devant Thèbes*, où un courier venant apporter à Etéocle la nouvelle de ces sept chefs qui avoit tous impitoyablement juré, pour ainsi dire, leur propre mort, s'explique ainsi (2) :

Sur un bouclier noir sept chefs impitoyables
Epouvantent les dieux de sermens effroyables :
Près d'un taureau mourant qu'ils viennent d'égorger,
Tous les mains dans le sang jurent de se venger.
Ils en jurent la Peur, le dieu Mars, et Bellonne.

Au reste, bien que ce poëte, pour vouloir trop s'élever, tombe assez souvent dans des pensées rudes, grossières et mal polies, Euripide néanmoins, par une noble émulation, s'expose quelquefois aux mêmes périls. Par exemple, dans Eschyle (3), le palais de Ly-

gersius et M. le Fèvre veulent changer cet endroit, puisqu'il est fort clair, et ne veut dire autre chose, sinon *que le Soleil monta au-dessus de la canicule*, c'est-à-dire dans le centre du ciel, où les astrologues tiennent que cet astre est placé, et comme j'ai mis, *au plus haut des cieux*, pour voir marcher Phaéton, et que de là il lui crioit encore : *Va par-là, reviens, détourne, etc.*

(1) Pièce perdue.

(2) Vers 42. (3) Lycurgue, tragédie perdue.

curgue est ému, et entre en fureur à la vue de Bacchus :

Le palais en fureur mugit à son aspect.

Euripide emploie cette même pensée d'une autre manière, en l'adoucissant néanmoins :

La montagne à leurs cris répond en mugissant.

Sophocle n'est pas moins excellent à peindre les choses, comme on le peut voir dans la description qu'il nous a laissée d'OEdipe mourant, et s'ensevelissant lui-même au milieu d'une tempête prodigieuse ; et dans cet autre endroit où il dépeint l'apparition d'Achille sur son tombeau, dans le moment que les Grecs alloient lever l'ancre. Je doute néanmoins, pour cette apparition, que jamais personne en ait fait une description plus vive que Simonide. Mais nous n'aurions jamais fait si nous voulions étaler ici tous les exemples que nous pourrions rapporter à ce propos.

Pour retourner à ce que nous disions, les images, dans la poësie, sont pleines ordinairement d'accidens fabuleux et qui passent toute sorte de croyance ; au lieu que, dans la rhétorique, le beau des images, c'est de représenter la chose comme elle s'est passée, et telle qu'elle est dans la vérité ; car une invention poëtique et fabuleuse, dans une oraison, traîne nécessairement avec soi des digressions grossières et hors de propos, et tombe dans une extrême absurdité : c'est pourtant ce que cherchent aujourd'hui nos orateurs. Ils voient quelquefois les Furies, ces grands orateurs, aussi-bien que les poëtes tragiques ; et les bonnes gens ne prennent pas garde que lorsqu'Oreste dit dans Euripide,

Toi qui dans les enfers me veux précipiter,
Déesse, cesse enfin de me persécuter.

il ne s'imagine voir toutes ces choses que parce qu'il n'est pas dans son bon sens. Quel est donc l'effet des images dans la rhétorique? C'est qu'outre plusieurs autres propriétés, elles ont cela, qu'elles animent et échauffent le discours, si bien qu'étant mêlées avec art dans les preuves elles ne persuadent pas seulement, mais elles domptent, pour ainsi dire, elles soumettent l'auditeur. *Si un homme*, dit un orateur, *a entendu un grand bruit devant le palais, et qu'un autre en même temps vienne annoncer que les prisons sont ouvertes, et que les prisonniers de guerre se sauvent, il n'y a point de vieillard si chargé d'années, ni de jeune homme si indifférent, qui ne coure de toute sa force au secours. Que si quelqu'un, sur ces entrefaites, leur montre l'auteur de ce désordre, c'est fait de ce malheureux; il faut qu'il périsse sur-le-champ, et on ne lui donne pas le temps de parler.*

Hypéride s'est servi de cet artifice dans l'oraison où il rend compte de l'ordonnance qu'il fit faire après la défaite de Chéronée, qu'on donneroit la liberté aux esclaves. *Ce n'est point*, dit-il, *un orateur qui a fait passer cette loi, c'est la bataille, c'est la défaite de Chéronée.* Au même temps qu'il prouve la chose par raison, il fait une image: et par cette proposition qu'il avance, il fait plus que persuader et que prouver; car comme en toutes choses on s'arrête naturellement à ce qui brille et éclate davantage, l'esprit de l'auditeur est aisément entraîné par cette image qu'on lui présente au milieu d'un raisonnement, et qui, lui frappant l'imagination, l'empêche d'examiner de si près la force des preuves, à cause de ce grand éclat dont elle couvre et environne le discours. Au reste, il n'est pas extraordinaire que cela fasse cet effet en nous, puisqu'il est certain que de deux corps mêlés ensemble, celui qui a le plus de force attire toujours a soi la vertu et la puissance de l'autre. Mais c'est assez parler de cette sublimité qui consiste dans les pensées, et qui vient, comme j'ai dit, ou de la grandeur d'ame, ou de l'imitation, ou de l'imagination.

CHAPITRE XIV.

Des figures, et premièrement de l'apostrophe.

Il faut maintenant parler *des figures*, pour suivre l'ordre que nous nous sommes prescrit; car, comme j'ai dit, elles ne font pas une des moindres parties *du sublime*, lorsqu'on leur donne le tour qu'elles doivent avoir. Mais ce seroit un ouvrage de trop longue haleine, pour ne pas dire infini, si nous voulions faire ici une exacte recherche de toutes les figures qui peuvent avoir place dans le discours. C''est pourquoi nous nous contenterons d'en parcourir quelques-unes des principales, je veux dire celles qui contribuent le plus *au sublime*, seulement afin de faire voir que nous n'avançons rien que de vrai. Démosthène veut justifier sa conduite, et prouver aux Athéniens qu'ils n'ont point failli en livrant bataille à Philippe. Quel étoit l'air naturel d'énoncer la chose ? *Vous n'avez point failli*, pouvoit-il dire, *Messieurs*, *en combattant au péril de vos vies pour la liberté et le salut de toute la Grèce : et vous en avez des exemples qu'on ne sauroit démentir ; car on ne peut pas dire que ces grands hommes aient failli, qui ont combattu pour la même cause dans les plaines de Marathon, à Salamine et devant Platée.* Mais il en usa d'une autre sorte ; et tout d'un coup, comme s'il étoit inspiré d'un dieu et possédé de l'esprit d'Apollon même, il s'écrie, en jurant par ces vaillans défenseurs de la Grèce (1) : *Non*, *Messieurs*, *non*, *vous n'avez point failli*, *j'en jure par les mânes de ces grands hommes qui ont combattu pour la même cause dans les plaines de Marathon*. Par cette seule forme de serment, que j'appellerai ici *apostrophe*, il déifie ces anciens citoyens dont il parle, et montre en effet qu'il faut regarder tous ceux qui meurent de la sorte comme autant de dieux par le nom desquels on doit jurer : il inspire à ses juges l'esprit et les sentimens de ces illustres morts : et changeant l'air naturel de la preuve en cette grande et pathétique manière d'affirmer par des sermens si extraordinaires, si nouveaux et si dignes de foi, il fait entrer dans l'ame de ses auditeurs comme une espèce de contre-poison et d'antidote qui en chasse toutes les mauvaises impressions ; il

(1) *De Corona*, page 343. édit. de Bâle.

leur élève le courage par des louanges ; en un mot il leur fait concevoir qu'ils ne doivent pas moins s'estimer de la bataille qu'ils ont perdue contre Philippe, que des victoires qu'ils ont remportées à Marathon et à Salamine ; et par tous ces différens moyens renfermés dans une seule figure, il les entraîne dans son parti. Il y en a pourtant qui prétendent que l'original de ce serment se trouve dans Eupolis, quand il dit :

On ne me verra plus affligé de leur joie :
J'en jure mon combat aux champs de Marathon.

Mais il n'y a pas grande finesse à jurer simplement. Il faut voir où, comment, en quelle occasion et pourquoi on le fait. Or dans le passage de ce poëte il n'y a autre chose qu'un simple serment; car il parle aux Athéniens heureux, et dans un temps où ils n'avoient pas besoin de consolation. Ajoutez que dans ce serment il ne jure pas, comme Démosthène, par des hommes qu'il rende immortels, et ne songe point à faire naître dans l'ame des Athéniens des sentimens dignes de la vertu de leurs ancêtres; vu qu'au lieu de jurer par le nom de ceux qui avoient combattu, il s'amuse à jurer par une chose inanimée, telle qu'est un combat. Au contraire, dans Démosthène, ce serment est fait directement pour rendre le courage aux Athéniens vaincus, et pour empêcher qu'ils ne regardassent dorénavant comme un malheur la bataille de Chéronée. De sorte que, comme j'ai déjà dit, dans cette seule figure il leur prouve, par raison, qu'ils n'ont point failli; il leur en fournit un exemple ;

il le leur confirme par des sermens ; il fait leur éloge, et il les exhorte à la guerre contre Philippe.

Mais comme on pouvoit répondre à notre orateur, *Il s'agit de la bataille que nous avons perdue contre Philippe durant que vous maniiez les affaires de la république, et vous jurez par les victoires que nos ancêtres ont remportées :* afin donc de marcher sûrement, il a soin de régler ses paroles, et n'emploie que celles qui lui sont avantageuses, faisant voir que, même dans les plus grands emportemens, il faut être sobre et retenu. En parlant donc de ces victoires de leurs ancêtres, il dit : *Ceux qui ont combattu par terre à Marathon, et par mer à Salamine ; ceux qui ont donné bataille près d'Artémise et de Platée.* Il se garde bien de dire : *Ceux qui ont vaincu.* Il a soin de taire l'événement qui avoit été aussi heureux en toutes ces batailles, que funeste à Chéronée, et prévient même l'auditeur en poursuivant ainsi : *Tous ceux, ô Eschine, qui sont péris en ces rencontres, ont été enterrés aux dépens de la république, et non pas seulement ceux dont la fortune a secondé la valeur.*

CHAPITRE XV.

Que les figures ont besoin du sublime *pour les soutenir.*

IL ne faut pas oublier ici une réflexion que j'ai faite, et que je vais vous expliquer en peu de mots. *C'est que si les figures naturellement soutiennent le sublime, le sublime de son côté soutient merveilleusement les figures*. Mais où et comment? C'est ce qu'il faut dire.

En premier lieu, il est certain qu'un discours où les figures sont employées toutes seules est de soi-même suspect d'adresse, d'artifice et de tromperie, principalement lorsqu'on parle devant un juge souverain, et surtout si ce juge est un grand seigneur, comme un tyran, un roi, ou un général d'armée; car il conçoit en lui-même une certaine indignation contre l'orateur, et ne sauroit souffrir qu'un chétif rhétoricien entreprenne de le tromper, comme un enfant, par de grossières finesses. Il est même à craindre quelquefois que, prenant tout cet artifice pour une espèce de mépris, il ne s'effarouche entièrement; et bien qu'il retienne sa colère et se laisse un peu amollir aux charmes du discours, il a toujours une forte répugnance à croire ce qu'on lui dit. C'est pourquoi il n'y a point de figure plus excellente que celle qui est tout-à-fait cachée, et lorsqu'on ne reconnoît point que c'est une figure. Or il n'y a point de secours ni de remède plus merveilleux pour l'empêcher de paroître, que *le sublime* et *le pathétique*; parce que l'art ainsi renfermé au milieu de quelque chose de grand et d'éclatant, a tout ce qui lui manquoit, et n'est plus suspect d'aucune tromperie. Je ne vous en saurois donner un meilleur exemple que celui que j'ai déjà rapporté : *J'en jure par les mânes de ces grands hommes, etc.* Comment est-ce que l'orateur a caché la figure dont il se sert? N'est-il pas aisé de reconnoître que c'est par l'éclat même de sa pensée? Car comme les moindres lumières s'évanouissent quand le soleil vient à éclairer, de même toutes ces subtilités de rhétorique disparoissent à la vue de cette grandeur qui les environne de tous côtés. La même chose à-peu-près arrive dans la peinture. En effet, que l'on colore plusieurs choses également tracées sur un même plan, et qu'on y mette le jour et les ombres; il est certain que ce qui se présentera d'abord à la vue ce sera *le lumineux*, à cause de son grand éclat, qui fait qu'il semble sortir hors du tableau, et s'approcher en quelque façon de nous. Ainsi *le sublime* et *le pathétique*, soit par une affinité naturelle qu'ils ont avec les mouvemens de notre ame, soit à cause de leur brillant, paroissent davantage, et semblent toucher de plus près notre esprit que les figures dont ils cachent l'art, et qu'ils mettent comme à couvert.

CHAPITRE XVI.

Des interrogations.

Que dirai-je *des demandes* et *des interrogations?* car qui peut nier que ces sortes de figures ne donnent beaucoup plus de mouvement, d'action et de force au discours? *Ne voulez-vous jamais faire autre chose*, dit Démosthène (1) aux Athéniens, *qu'aller*

(1) Première Philippique, page 15, édition de Bâle.

par la ville vous demander les uns aux autres : Que dit-on de nouveau ? *Hé ! que peut-on vous apprendre de plus nouveau que ce que vous voyez ? Un homme de Macédoine se rend maître des Athéniens, et fait la loi à toute la Grèce.* Philippe est-il mort ? dira l'un. Non, répondra l'autre, il n'est que malade. *Hé ! que vous importe, Messieurs, qu'il vive ou qu'il meure ? Quand le ciel vous en auroit délivrés, vous vous feriez bientôt vous mêmes un autre Philippe.* Et ailleurs : *Embarquons-nous pour la Macédoine.* Mais où aborderons-nous, dira quelqu'un, malgré Philippe ? *La guerre même, Messieurs, nous découvrira par où Philippe est facile à vaincre.* S'il eût dit la chose simplement, son discours n'eût point répondu à la majesté de l'affaire dont il parloit; au lieu que par cette divine et violente manière de se faire des interrogations et de se répondre sur-le-champ à soi-même, comme si c'étoit une autre personne, non-seulement il rend ce qu'il dit plus grand et plus fort, mais plus plausible et plus vraisemblable. Le pathétique ne fait jamais plus d'effet que lorsqu'il semble que l'orateur ne le recherche pas, mais que c'est l'occasion qui le fait naître. Or il n'y a rien qui imite mieux la passion que ces sortes d'interrogations et de réponses ; car ceux qu'on interroge sentent naturellement une certaine émotion qui fait que sur-le-champ ils se précipitent de répondre et de dire ce qu'ils savent de vrai, avant même qu'on ait achévé de les interroger. Si bien que par cette figure l'auditeur est adroitement trompé, et prend les discours les plus médités pour des choses dites sur l'heure et dans la chaleur (1).....

Il n'y a rien encore qui donne plus de mouvement au discours que d'en ôter les liaisons (2). En effet, un discours que rien ne lie et n'embarrasse marche et coule de soi-même ; et il s'en faut peu qu'il n'aille quelquefois plus vîte que la pensée même de l'orateur. *Ayant apppoché leurs boucliers les uns des autres*, dit Xénophon (3), *ils reculoient*, *ils combattoient*, *ils tuoient*, *ils mouroient ensemble*. Il en est de même de ces paroles d'Euryloque à Ulysse dans Homère (4) :

Nous avons, par ton ordre, à pas précipités,
Parcouru de ces bois les sentiers écartés :
Nous avons (5), dans le fond d'une sombre vallée,
Découvert de Circé la maison reculée.

Car ces périodes ainsi coupées, et prononcées néanmoins avec précipitation, sont les

(1) Le grec ajoute : *Il y a encore un autre moyen, car on le peut voir dans ce passage d'Hérodote, qui est extrêmement sublime.* Mais je n'ai pas cru devoir mettre ces paroles en cet endroit qui est fort défectueux, puisqu'elles ne forment aucun sens, et ne serviroient qu'à embarrasser le lecteur.

(2) J'ai suppléé cela au texte, parce que le sens y conduit de lui-même.

(3) Xénoph. His. gr. liv. IV, p. 519, édit. de Leuncla.

(4) Odyssée, liv. X, v. 251.

(5) Tous les exemplaires de Longin mettent ici des étoiles, comme si l'endroit étoit défectueux ; mais ils se trompent. La remarque de Longin est fort juste, et ne regarde que ces deux périodes sans conjonction : *Nous avons, par ton ordre, etc.* Et ensuite : *Nous avons, dans le fond, etc.*

marques

marques d'une vive douleur, qui l'empêche en même temps et le force à parler (1). C'est ainsi qu'Homère sait ôter où il faut les liaisons du discours.

CHAPITRE XVII.

Du mélange des figures.

IL n'y a encore rien de plus fort pour émouvoir que de ramasser ensemble plusieurs figures; car deux ou trois figures ainsi mêlées, entrant par ce moyen dans une espèce de société, se communiquent les unes aux autres de la force, des grâces et de l'ornement, comme on le peut voir dans ce passage de l'oraison de Démosthène contre Midias, où en même temps il ôte les liaisons de son discours, et mêle ensemble les figures de répétition et de description. *Car tout homme*, dit cet orateur (2), *qui en outrage un autre fait beaucoup de choses du geste, des yeux, de la voix, que celui qui a été outragé ne sauroit peindre dans un récit.* Et de peur que dans la suite son discours ne vînt à se relâcher, sachant bien que l'ordre appartient à un esprit rassis, et qu'au contraire le désordre est la marque de la passion, qui n'est en effet elle-même qu'un trouble et une émotion de l'ame, il poursuit dans la même diversité des figures (3). *Tantôt il le frappe*

(1) La réstitution de Mr le Fèvre est fort bonne, συνδιωκουσης, et non pas συνδιοικουσης. J'en avois fait la remarque avant lui.

(2) Contre Midias, p. 395, édit. de Bâle. (3) Ibid,

comme ennemi, tantôt pour lui faire insulte, tantôt avec les poings, tantôt au visage. Par cette violence de paroles ainsi entassées les unes sur les autres, l'orateur ne touche et ne remue pas moins puissamment ses juges que s'ils le voyoient frapper en leur présence. Il revient à la charge et poursuit comme une tempête (1) : *Ces affronts émeuvent, ces affronts transportent un homme de cœur et qui n'est point accoutumé aux injures. On ne sauroit exprimer par des paroles l'énormité d'une telle action.* Par ce changement continuel il conserve par tout le caractère de ces figures turbulentes; tellement que dans son ordre il y a un désordre, et au contraire dans son désordre il y a un ordre merveilleux. Pour preuve de ce que je dis, mettez par plaisir les conjonctions à ce passage, comme font les disciples d'Isocrate : *Et certainement il ne faut pas oublier que celui qui en outrage un autre fait beaucoup de choses premièrement par le geste, ensuite par les yeux, et enfin par la voix même, etc.* Car, en égalant et applanissant ainsi toutes choses par le moyen des liaisons, vous verrez que d'un pathétique fort et violent vous tomberez dans une petite afféterie de langage qui n'aura ni pointe ni aiguillon; et que toute la force de votre discours s'éteindra aussitôt d'elle-même. Et comme il est certain que si on lioit le corps d'un homme qui court, on lui feroit perdre toute sa force; de même, si vous allez embarrasser une passion de ces liaisons et de ces particules inutiles, elle les

(1) Contre Midias.

souffre avec peine ; vous lui ôtez la liberté de sa course, et cette impétuosité qui la faisoit marcher avec la même violence qu'un trait lancé par une machine.

CHAPITRE XVIII.

Des hyperbates.

IL faut donner rang aux hyperbates. L'*hyperbate n'est autre chose que la transposition des pensées ou des paroles dans l'ordre et la suite d'un discours ; et cette figure porte avec soi le caractère véritable d'une passion forte et violente.* En effet, voyez tous ceux qui sont émus de colère, de frayeur, de dépit, de jalousie, ou de quelque autre passion que ce soit ; car il y en a tant que l'on n'en sait pas le nombre : leur esprit est dans une agitation continuelle ; à peine ont-ils formé un dessein qu'ils en conçoivent aussitôt un autre ; et au milieu de celui-ci, s'en proposant encore de nouveaux où il n'y a ni raison ni rapports, ils reviennent souvent à leur première résolution. La passion en eux est comme un vent léger et inconstant qui les entraîne et les fait tourner sans cesse de côté et d'autre ; si bien que, dans ce flux et ce reflux perpétuel de sentimens opposés, ils changent à tous momens de pensée et de langage, et ne gardent ni ordre ni suite dans leurs discours.

Les habiles écrivains, pour imiter ces mouvemens de la nature, se servent des hyperbates ; et, à dire vrai, l'art n'est jamais dans un plus haut degré de perfection que lorsqu'il ressemble si fort à la nature qu'on le prend pour la nature même; et au contraire la nature ne réussit jamais mieux que quand l'art est caché.

Nous voyons un bel exemple de cette transpostion dans Hérodote (1), où Denys Phocéen parle ainsi aux Ioniens : *En effet nos affaires sont réduites à la dernière extrémité, Messieurs. Il faut nécessairement que nous soyons libres, ou esclaves, et esclaves misérables. Si donc vous voulez éviter les malheurs qui vous menacent, il faut, sans différer, embrasser le travail et la fatigue, et acheter votre liberté par la défaite de vos ennemis.* S'il eût voulu suivre l'ordre naturel, voici comme il eût parlé : *Messieurs, il est maintenant temps d'embrasser le travail et la fatigue; car enfin nos affaires sont réduites à la dernière extrémité, etc.* Premièrement donc il transpose ce mot *Messieurs*, et ne l'insère qu'immédiatement après leur avoir jeté la frayeur dans l'ame, comme si la grandeur du péril lui avoit fait oublier la civilité qu'on doit à ceux à qui l'on parle en commençant un discours. Ensuite il renverse l'ordre des pensées, car avant que de les exhorter au travail, qui est pourtant son but, il leur donne la raison qui les y doit porter, *en effet, nos affaires sont réduites à la dernière extrémité;* afin qu'il ne semble pas que ce soit un discours étudié qu'il leur apporte, mais que c'est la passion qui le force à parler sur-le-champ. Thucydide a

(1) Hérodote, liv. VI, p. 338, édit. de Francfort.

aussi des hyperbates fort remarquables, et s'entend admirablement à transposer les choses qui semblent unies du lien le plus naturel, et qu'on diroit ne pouvoir être séparées.

Démosthène est en cela bien plus retenu que lui. En effet, pour Thucydide, jamais personne ne les a répandues avec plus de profusion, et on peut dire qu'il en soule ses lecteurs. Car dans la passion qu'il de faire paroître que tout ce qu'il dit est dit sur-le-champ, il traîne sans cesse l'auditeur par les dangereux détours de ses longues transpositions. Assez souvent donc il suspend sa première pensée, comme s'il affectoit tout exprès le désordre; et entremêlant au milieu de son discours plusieurs choses différentes, qu'il va quelqufois chercher même hors de son sujet, il met la frayeur dans l'ame de l'auditeur, qui croit que tout ce discours va tomber, et l'intéresse malgré lui dans le péril où il pense voir l'orateur. Puis tout d'un coup, et lorsqu'on ne s'y attendoit plus, disant à propos ce qu'il y avoit si long-temps qu'on cherchoit par cette transposition également hardie et dangéreuse, il touche bien davantage que s'il eût gardé un ordre dans ses paroles. Il y a tant d'exemples de ce que je dis, que je me dispenserai d'en rapporter.

CHAPITRE XIX.

Du changement de nombre.

IL n'en faut pas moins dire de ce qu'on appelle *diversité de cas*, *collections*, *renversemens*, *gradations*, et de toutes ces autres figures qui, étant, comme vous savez, extrêmement fortes et véhémentes, peuvent beaucoup servir par conséquent à orner le discours, et contribuent en toutes manières au grand et au pathétique. Que dirai-je des changemens *de cas*, *de temps*, *de personnes*, *de nombre* et *de genre ?* En effet, qui ne voit combien toutes ces choses sont propres à diversifier et à ranimer l'expression? par exemple, pour ce qui regarde le changement de nombre, ces singuliers dont la terminaison est singulière, mais qui ont pourtant, à les bien prendre, la force et la vertu des pluriels :

Aussitôt un grand peuple (1) accourant sur le port,
Ils firent de leurs cris retentir le rivage.

Et ces singuliers sont d'autant plus dignes de remarque, qu'il n'y a rien quelquefois de plus magnifique que les pluriels; car la multitude qu'ils renferment leur donne du son et de l'emphâse. Tels sont ces pluriels qui

(1) Quoi qu'en veuille dire M. le Fèvre, il y a ici deux vers : et la remarque de Langbaine est fort juste; car je ne vois pas pourquoi en mettant θῦνον il est absolument nécessaire de mettre καὶ.

sortent de la bouche d'OEdipe, dans Sophocle (1):

Hymen, funeste hymen, tu m'as donné la vie:
Mais dans ces mêmes flancs où je fus enfermé
Tu fais rentrer ce sang dont tu m'avois formé;
Et par-là tu produis et des fils et des pères,
Des frères, des maris, des femmes et des mères,
Et tout ce que du sort la maligne fureur
Fit jamais voir au jour et de honte et d'horreur.

Tous ces différens noms ne veulent dire qu'une seule personne, c'est à savoir *OEdipe d'une part, et sa mère Jocaste de l'autre*. Cependant, par le moyen de ce nombre ainsi répandu et multiplié en différens pluriels, il multiplie en quelque façon les infortunes d'OEdipe. C'est par un même pléonasme qu'un poëte a dit:

On vit les Sarpédon et les Hector paroître.

Il en faut dire autant de ce passage de Platon (2), à propos des Athéniens que j'ai rapporté ailleurs: *Ce ne sont point des Pélops, des Cadmus, des Egypte, des Danaüs, ni des hommes nés barbares, qui demeurent avec nous. Nous sommes tous Grecs, éloignés du commerce et de la fréquentation des nations étrangères, qui habitons une même ville, etc.*

En effet tous ces pluriels, ainsi ramassés ensemble, nous font concevoir une bien plus grande idée des choses; mais il faut prendre

(1) OEdipe tyran, v. 1417.

(2) Platon, *Ménéxénus*, tome II, page 245, édition de H. Etienne.

garde à ne faire cela que bien à propos et dans les endroits où il faut amplifier, ou multiplier, ou exagérer, et dans la passion, c'est-à-dire quand le sujet est susceptible d'une de ces choses ou de plusieurs : car d'attacher par tout ces cymbales et ces sonnettes, cela sentiroit trop son sophiste.

CHAPITRE XX.

Des pluriels réduits en singuliers.

On peut aussi tout au contraire réduire les pluriels en singuliers, et cela a quelque chose de fort grand. *Tout le Péloponnèse*, dit Démosthène (1), *étoit alors divisé en factions.* Il en est de même de ce passage d'Hérodote (2) : *Phrynichus faisant représenter sa tragédie intitulée :* la prise de Milet, *tout le peuple fondit en larmes* (3). Car de ramasser ainsi plusieurs choses en une, cela donne plus de corps au discours. Au reste je tiens que pour l'ordinaire c'est une même raison qui fait valoir ces deux différentes figures. En effet, soit qu'en changeant les singuliers en pluriels, d'une seule chose vous en fassiez plusieurs, soit qu'en ramassant des pluriels dans un seul nom singulier qui sonne agréablement à l'oreille, de plusieurs choses vous n'en fassiez qu'une, ce changement imprévu marque la passion.

(1) *De Coronâ*, page 315 édit. de Bâle.

(2) Liv. VI, p. 341, édit. de Francfort.

(3) Il y a dans le grec οἱ θεώμενοι. C'est une faute ; il faut mettre comme il y a dans Hérodote, θέητρον. Autrement Longin n'auroit su ce qu'il vouloit dire.

CHAPITRE XXI.

Du changement de temps.

IL en est de même du changement de temps, lorsqu'on parle d'une chose passée comme si elle se faisoit présentement, parce qu'alors ce n'est plus une narration que vous faites, c'est une action qui se passe à l'heure même. *Un soldat*, dit Xénéphon (1), *étant tombé sous le cheval de Cyrus, et étant foulé aux pieds de ce cheval, il lui donne un coup d'épée dans le ventre. Le cheval blessé se démene et secoue son maître. Cyrus tombe.* Cette figure est fort fréquente dans Thucydide.

CHAPITRE XXII.

Du changement de personnes.

LE changement de personnes n'est point pathétique; car il fait que l'auditeur assez souvent se croit voir lui-même au milieu du péril:

> Vous diriez, à les voir pleins d'une ardeur si belle,
> Qu'ils retrouvent toujours une vigueur nouvelle;
> Que rien ne les sauroit ni vaincre ni lasser,
> Et que leur long combat ne fait que commencer (2).

Et dans Aratus:

> Ne t'embarque jamais durant ce triste mois.

(1) Institut. de Cyrus, liv. VII, page 178, édit. de Leuncla.

(2) Iliade, liv. XV, v. 697.

Cela se voit encore dans Hérodote (1). *A la sortie de la ville d'Eléphantine*, dit cet historien, *du côté qui va en montant, vous rencontrez d'abord une colline, etc. De là vous descendez dans une plaine. Quand vous l'avez traversée, vous pouvez vous embarquer tout de nouveau, et en douze jours arriver à une grande ville qu'on appelle Méroé.* Voyez-vous, mon cher Térentianus, comme il prend votre esprit avec lui, et le conduit dans tous ces différens pays, vous faisant plutôt voir qu'entendre? Toutes ces choses, ainsi pratiquées à propos arrêtent l'auditeur, et lui tiennent l'esprit attaché sur l'action présente, principalement lorsqu'on ne s'adresse pas à plusieurs en général, mais à un seul en particulier.

Tu ne saurois connoître, au fort de la mêlée,
Quel parti suit le fils du courageux Tydée (2).

Car en réveillant ainsi l'auditeur par ces apostrophes, vous le rendez plus ému, plus attentif, et plus plein de la chose dont vous parlez.

CHAPITRE XXIII.

Des transitions imprévues.

Il arrive aussi quelquefois qu'un écrivain, parlant de quelqu'un, tout d'un coup se met à sa place et joue son personnage. Et cette figure marque l'impétuosité de la passion.

Mais Hector, qui les voit épars sur le rivage,
Leur commande à grands cris de quitter le pillage,

(1) Iliade, Liv. II, page 100. (2) *Ibid.* liv. V, v. 85.

D'aller droit aux vaisseaux sur les Grecs se jeter.
Car quiconque mes yeux verront s'en écarter,
Aussitôt dans son sang je cours laver sa honte (1).

Le poëte retient la narration pour soi, comme celle qui lui est propre, et met tout d'un coup, et sans en avertir, cette menace précipitée dans la bouche de ce guerrier bouillant et furieux. En effet son discours auroit langui s'il y eût entremêlé : *Hector dit alors de telles ou semblables paroles.* Au lieu que par cette transition imprévue il prévient le lecteur, et la transition est faite avant que le poëte même ait songé qu'il la faisoit. Le véritable lieu donc où l'on doit user de cette figure, c'est quand le temps presse, et que l'occasion qui se présente ne permet pas de différer; lorsque sur-le-champ il faut passer d'une personne à une autre, comme dans Hécatée (2) : *Ce héros ayant assez pésé la conséquence de toutes ces choses, il commande aux descendans des Héraclides de se retirer* (3). *Je ne puis plus rien pour vous, non plus que si je n'étois plus au monde. Vous êtes perdus, et vous me forcerez bientôt moi-même à aller chercher une retraite chez quelque autre*

(1) Iliade, liv. XV, v. 346. (2) Livre perdu.

(3) MM. le Fèvre et Dacier donnent un autre sens à ce passage d'Hécatée, et font même une restitution sur ὡς μη ὤν, dont ils changent ainsi l'accent, ὡς μη ὦν, prétendant que c'est un ionisme pour ὡς μη ὤυν. Peut-être ont-ils raison; mais peut-être aussi qu'ils se trompent, puisqu'on ne sait de quoi il s'agit en cet endroit, le livre d'Hécatée étant perdu. En attendant que ce livre soit retrouvé, j'ai cru que le plus sûr étoit de suivre le sens de Gabriel de Pétra et des autres interprètes, sans y changer ni accent ni virgule.

peuple. Démosthène, dans son oraison contre Aristogiton (1), a encore employée cette figure d'une manière différente de celle-ci, mais extrêmement forte et pathétique. *Et il ne se trouvera personne entre vous*, dit cet orateur, *qui ait du ressentiment et de l'indignation de voir un impudent, un infâme, violer insolemment les choses les plus saintes? un scélérat, dis-je, qui.... O le plus méchant de tous les hommes! rien n'aura pu arrêter ton audace effrénée? Je ne dis pas ces portes, je ne dis pas ces barreaux qu'un autre pouvoit rompre comme toi.* Il laisse là sa pensée imparfaite, la colère le tenant comme suspendu et partagé sur un mot, entre deux différentes personnes: *qui.... O le plus méchant de tous les hommes!* Et ensuite, tournant tout d'un coup contre Aristogiton ce même discours qu'il sembloit avoir laissé là, il touche bien davantage, et fait une plus forte impression. Il en est de même de cet emportement de Pénélope dans Homère, quand elle voit entrer chez elle un héraut de la part de ses amans (1).

De mes fâcheux amans ministre injurieux,
Héraut, que cherches-tu? Qui t'amène en ces lieux?
Y viens-tu, de la part de cette troupe avare,
Ordonner qu'à l'instant le festin se prépare?
Fasse le juste ciel, avançant leur trépas,
Que ce repas pour eux soit le dernier repas!
Lâches, qui, pleins d'orgueil, et foibles de courage,
Consumez de son fils le fertile héritage,
Vos pères autrefois ne vous ont-ils point dit
Quel homme étoit Ulysse, etc.

(1) Page 494, édit. de Bâle. (2) Odyssée, liv. IV, v. 681.

CHAPITRE XXIV.

De la périphrase.

IL n'y a personne, comme je crois, qui puisse douter que la périphrase ne soit encore d'un grand usage dans le sublime ; car comme dans la musique le son principal devient plus agréable à l'oreille lorsqu'il est accompagné de différentes parties qui lui répondent (1) ; de même la périphrase, tournant autour du mot propre, forme souvent, par rapport avec lui, une consonnance et une harmonie fort belle dans le discours, surtout lorsqu'elle n'a rien de discordant ou d'enflé, mais que toutes choses y sont dans un juste tempérament. Platon (2) nous en fournit un bel exemple au commencement de son oraison funèbre. *Enfin*, dit-il, *nous leur avons rendu les derniers devoirs; et maintenant ils achèvent*

(2) C'est ainsi qu'il faut entendre παραφώνων, ces mots φθογγοι παράφωνοι ne voulant dire autre chose que *les parties faites sur le sujet* ; et il n'y a rien qui convienne mieux à la périphrase, qui n'est autre chose qu'un assemblage de mots qui répondent différemment au mot propre, et par le moyen desquels, comme l'auteur le dit dans la suite, d'une diction toute simple on fait une espèce de concert et d'harmonie. Voilà le sens le plus naturel qu'on puisse donner à ce passage ; car je ne suis pas de l'avis de ces modernes, qui ne veulent pas que dans la musique des anciens, dont on nous raconte des effets si prodigieux, il y ait eu des parties, puisque sans parties il ne peut y avoir d'harmonie. Je m'en rapporte pourtant aux savans en musique, et je n'ai pas assez de connoissance de cet art pour décider souverainement là-dessus.

(1) *Ménéxénus*, p. 236, édit. de H. Etienne.

ce fatal voyage, et ils s'en vont tout glorieux de la magnificence avec laquelle toute la ville en général et leurs parens en particulier les ont conduits hors de ce monde. Premièrement il appelle la mort *ce fatal voyage.* Ensuite il parle des derniers devoirs qu'on avoit rendus aux morts, *comme d'une pompe publique que leur pays leur avoit préparée exprès pour les conduire hors de cette vie.* Dirons-nous que toutes ces choses ne contribuent que médiocrement à relever cette pensée? Avouons plutôt que, par le moyen de cette périphrase mélodieusement répandue dans le discours, d'une diction toute simple il en a fait une espèce de concert et d'harmonie. De même Xénophon (1) : *Vous regardez le travail comme le seul guide qui vous peut conduire à une vie heureuse et plaisante. Au reste votre ame est ornée de la plus belle qualité que puissent jamais posséder des hommes nés pour la guerre ; c'est qu'il n'y a rien qui vous touche plus sensiblement que la louange.* Au lieu de dire, *Vous vous adonnez au travail*, il use de cette circonlocution : *Vous regardez le travail comme le seul guide qui vous peut conduire à une vie heureuse.* Et étendant ainsi toutes choses, il rend sa pensée plus grande, et relève beaucoup cet éloge. Cette périphrase d'Hérodote (2) me semble encore inimitable : *La déesse Vénus, pour châtier l'insolence des Scythes qui avoient*

(1) Inst. de Cyrus, liv. I, p. 24. édit. de Leuncla.
(2) Liv. I, pag. 45, sect. 105, édit. de Francfort.

pillé son temple, leur envoya une maladie qui les rendoit femmes (1).

Au reste il n'y a rien dont l'usage s'étende plus loin que la périphrase, pourvu qu'on ne la répande pas par tout sans choix et sans mesure; car aussitôt elle languit, et a je ne sais quoi de niais et de grossier. Et c'est pourquoi Platon qui est toujours figuré dans ses expressions, et quelquefois même un peu mal-à-propos, au jugement de quelques-uns, a été raillé pour avoir dit dans ses lois (2) : *Il ne faut point souffrir que les richesses d'or et d'argent prennent pied ni habitent dans une ville.* S'il eût voulu, poursuivent-ils, interdire la possession du bétail, assurément qu'il auroit dit, par la même raison, *les richesses de bœufs et de moutons.*

Mais ce que nous avons dit en général suffit pour faire voir l'usage des figures à l'égard du grand et du sublime; car il est certain qu'elles rendent toutes le discours plus animé et plus pathétique : or le pathétique participe du sublime autant que (3) le sublime participe du beau et de l'agréable.

(1) Ce passage a fort exercé jusqu'ici les savans, et entre autres M. Costar et M. de Girac; l'un prétendant que θήλεια νοῦσος signifioit *une maladie qui rendit les Scythes efféminés;* l'autre, que cela vouloit dire *que Vénus leur envoya des hémorroïdes.* Mais il paroît incontestablement, par un passage d'Hyppocrate, que le vrai sens est *qu'elle les rendit impuissans*, puisqu'en l'expliquant des deux autres manières, la périphrase d'Hérodote seroit plutôt une obscure énigme, qu'une agréable circonlocution.

(2) Liv. V, p. 741 et 742, édit. de H. Etienne.

(3) Le moral, selon l'ancien manuscrit.

CHAPITRE XXV.

Du choix des mots.

PUISQUE la pensée et la phrase s'expliquent ordinairement l'une par l'autre, voyons si nous n'avons point encore quelque chose à remarquer dans cette partie du discours qui regarde l'expression. Or, que le choix des grands mots et des termes propres soit d'une merveilleuse vertu pour attacher et pour émouvoir, c'est ce que personne n'ignore, et sur quoi par conséquent il seroit inutile de s'arrêter. En effet il n'y a peut-être rien d'où les orateurs, et tous les écrivains en général qui s'étudient au sublime, tirent plus de grandeur, d'élégance, de netteté, de poids, de force, et de vigueur pour leurs ouvrages, que du choix des paroles. C'est par elles que toutes ces beautés éclatent dans le discours comme dans un riche tableau; et elles donnent aux choses une espèce d'ame et de vie. Enfin les beaux mots sont, à vrai dire, *la lumière propre et naturelle de nos pensées*. Il faut prendre garde néanmoins à ne point faire parade par tout d'une vaine enflure de paroles; car d'exprimer une chose basse en termes grands et magnifiques, c'est tout de même que si vous appliquiez un grand masque de théâtre sur le visage d'un petit enfant, si ce n'est, à la vérité, dans la poésie .... Cela se peut voir encore dans un passage de Théopompus (1), que Cécilius blâme, je ne sais pourquoi,

(1) Il y a avant ceci dans le grec, ὑπτικωτατον και γονιμον τοδ' Ἀνακρεοντον ὀυκετι Θρηικιης ἐπιστρεφομαι.

pourquoi, et qui me semble au contraire fort à louer pour sa justesse, et parce qu'il dit beaucoup. *Philippe*, dit cet historien, *boit sans peine les affronts que la nécessité de ses affaires l'oblige à souffrir*. En effet un discours tout simple exprimera quelquefois mieux la chose que toute la pompe et tout l'ornement, comme on le voit tous les jours dans les affaires de la vie. Ajoutez qu'une chose énoncée d'une façon ordinaire se fait aussi plus aisément croire. Ainsi, en parlant d'un homme qui pour s'agrandir souffre sans peine, et même avec plaisir, des indignités, ces termes, *boire des affronts*, me semblent signifier beaucoup. Il en est de même de cette expression d'Hérodote (1) : *Cléomène étant devenu furieux, il prit un couteau dont il se hacha la chair en petits morceaux : et s'étant ainsi déchiqueté lui-même, il mourut.* Et ailleurs (2) : *Pythès, demeurant toujours dans le vaisseau, ne cessa point de combattre qu'il n'eût été haché en pièces*. Car ces expressions marquent un homme qui dit bonnement les choses et qui n'y entend point de finesse, et renferment néanmoins en elles un sens qui n'a rien de grossier ni de trivial.

Mais je n'ai point exprimé ces paroles, où il y a assurément de l'erreur, le mot ὑπτικωτατον n'étant point grec. Et du reste, que peuvent dire ces mots, *Cette fécondité d'Anacréon? je ne me soucie plus de la Thracienne.*

(1) Liv. VI, page 358, édit. de Francfort.

(2) Liv. VII, pag. 444.

CHAPITRE XXVI.

Des métaphores.

Pour ce qui est du nombre des métaphores, Cécilius semble être de l'avis de ceux qui n'en souffrent pas plus de deux ou trois au plus pour exprimer une seule chose. Mais Démosthène (1) nous doit encore ici servir de règle. Cet orateur nous fait voir qu'il y a des occasions où l'on en peut employer plusieurs à-la-fois, quand les passions, comme un torrent rapide, les entraînent nécessairement et en foule. *Ces hommes malheureux*, dit-il quelque part, *ces lâches flatteurs, ces furies de la république, ont cruellement déchiré leur patrie. Ce sont eux qui, dans la débauche, ont autrefois vendu à Philippe notre liberté* (2), *et qui la vendent encore aujourd'hui à Alexandre; qui, mesurant,* dis-je, *tout leur bonheur aux sales plaisirs de leur ventre, à leurs infâmes débordemens, ont renversé toutes les bornes de l'honneur, et détruit parmi nous cette règle où les anciens Grecs faisoient consister toute leur félicité, de ne souffrir point de maître.* Par cette foule de métaphores prononcées dans la colère, l'orateur ferme entièrement la bouche à ces traîtres. Néanmoins Aristote

(1) *De Corona*, page 354, édit. de Bâle.

(2) Il y a dans le grec προπεπωκοτες, comme qui diroit, *ont bu notre liberté à la santé de Philippe.* Chacun sait ce que veut dire προπινειν en grec, mais on ne le peut pas exprimer par un mot françois.

et Théophraste, pour excuser l'audace de ces figures, pensent qu'il est bon d'y apporter ces adoucissemens, *Pour ainsi dire*, *Pour parler ainsi*, *Si j'ose me servir de ces termes*, *Pour m'expliquer un peu plus hardiment*, (Réfl. XI.) *En effet*, ajoutent-ils, *l'excuse est un remède contre les hardiesses du discours*, et je suis bien de leur avis. Mais je soutiens pourtant toujours ce que j'ai déjà dit, que le remède le plus naturel contre l'abondance et la hardiesse, soit des métaphores, soit des autres figures, c'est de ne les employer qu'à propos, je veux dire dans les grandes passions et dans le sublime; car, comme *le sublime* et *le pathétique*, par leur violence et leur impétuosité, emportent naturellement et entraînent tout avec eux, ils demandent des expressions fortes, et ne laissent pas le temps à l'auditeur de s'amuser à chicaner le nombre des métaphores, parce qu'en ce moment il est épris d'une commune fureur avec celui qui parle.

Et même pour les lieux communs et les descriptions, il n'y a rien quelquefois qui exprime mieux les choses qu'une foule de métaphores continuées. C'est par elles que nous voyons dans Xénophon une description si pompeuse de l'édifice du corps humain. Platon (1) néanmoins en a fait la peinture d'une manière encore plus divine. Ce dernier appelle la tête *une citadelle*. Il dit que le cou est *un isthme qui a été mis entre elle et la poitrine*; que les vertèbres sont *comme des gonds sur lesquels elle tourne*; que la

(1) Dans le Timée, p. 69 et suiv. édit. de H. Etienne.

volupté est l'*amorce de tous les malheurs qui arrivent aux hommes ;* que la langue est *le juge des saveurs ;* que le cœur est *la source des veines, la fontaine du sang, qui de là se porte avec rapidité dans toutes les autres parties, et qu'il est disposé comme une forteresse gardée de tous côtés.* Il appelle les pores *des rues étroites. Les dieux*, poursuit il, *voulant soutenir le battement du cœur, que la vue inopinée des choses terribles, ou le mouvement de la colère, qui est de feu, lui causent ordinairement, ils ont mis sous lui le poumon, dont la substance est molle et n'a point de sang : mais ayant par-dedans de petits trous en forme d'éponge, il sert au cœur comme d'oreiller, afin que quand la colère est enflammée il ne soit point troublé dans ses fonctions.* Il appelle la partie concupiscible l'*appartement de la femme*, et la partie irascible l'*appartement de l'homme.* Il dit que la rate est *la cuisine des intestins ; et qu'étant pleine des ordures du foie, elle s'enfle et devient bouffie. Ensuite*, continue-t-il, *les dieux couvrirent toutes ces parties de chair, qui leur sert comme de rempart et de défense contre les injures du chaud et du froid, et contre tous les autres accidens. Et elle est*, ajoute-t-il, *comme une laine molle et ramassée qui entoure doucement le corps.* Il dit que le sang est *la pâture de la chair. Et afin que toutes les parties pussent recevoir l'aliment, ils y ont creusé, comme dans un jardin, plusieurs canaux, afin que les ruisseaux des veines, sortant du cœur comme de leur source, pussent couler dans ces étroits conduits du corps humain*. Au reste, quand la mort arrive, il dit *que les organes se dénouent comme les cordages d'un vaisseau, et qu'ils laissent aller l'ame en liberté*. Il y en a encore une infinité d'autres ensuite, de la même force; mais ce que nous avons dit suffit pour faire voir combien toutes ces figures sont sublimes d'elles-mêmes, combien, dis-je, les métaphores servent au grand, et de quel usage elles peuvent être dans les endroits pathétiques et dans les descriptions.

Or, que ces figures, ainsi que toutes les autres élégances du discours, portent toujours les choses dans l'excès; c'est ce que l'on remarque assez sans que je le dise. Et c'est pourquoi Platon même (1) n'a pas été peu blâmé de ce que souvent, comme par une fureur de discours, il se laisse emporter à des métaphores dures et excessives, et à une vaine pompe allégorique. *On ne concevra pas aisément*, dit-il en un endroit, *qu'il en doit être de même d'une ville comme d'un vase où le vin qu'on verse, et qui est d'abord bouillant et furieux, tout d'un coup entrant en société avec une autre divinité sobre qui le châtie, devient doux et bon à boire*. D'appeler l'eau *une divinité sobre*, et de se servir du terme de *châtier* pour *tempérer;* en un mot de s'étudier si fort à ces petites finesses, *cela sent*, disent-ils, *son poëte qui n'est pas lui-même trop sobre*. Et c'est peut-être ce qui a donné sujet à Cécilius de décider si hardiment dans ses commentaires sur Lysias, que Lysias valoit mieux en tout que

(1) Des lois, liv. VI, p. 773, édit. de H. Etienne.

Platon, poussé par deux sentimens aussi peu raisonnables l'une que l'autre ; car bien qu'il aimât Lysias plus que soi-même, il haïssoit encore plus Platon qu'il n'aimoit Lysias; si bien que, porté de ces deux mouvemens, et par un esprit de contradiction, il a avancé plusieurs choses de ces deux auteurs, qui ne sont pas des décisions si souveraines qu'il s'imagine. De fait, accusant Platon d'être tombé en plusieurs endroits, il parle de l'autre comme d'un auteur achevé et qui n'a point de défauts ; ce qui, bien loin d'être vrai, n'a pas même une ombre de vraisemblance. Et en effet, où trouverons-nous un écrivain qui ne pêche jamais, et où il n'y ait rien à reprendre?

CHAPITRE XXVII.

Si l'on doit préférer le médiocre parfait au sublime qui a quelques défauts.

Peut-être ne sera-t-il pas hors de propos d'examiner ici cette question en général ; savoir, *lequel vaut mieux, soit dans la prose, soit dans la poësie, d'un sublime qui a quelques défauts, ou d'une médiocrité parfaite et saine en toute ses parties, qui ne tombe et ne se dément point; et ensuite lequel, à juger équitablement des choses, doit emporter le prix, de deux ouvrages, dont l'un a un plus grand nombre de beautés, mais l'autre va au plus grand et au sublime :* car ces questions étant naturelles à notre sujet, il faut nécessairement les résoudre. Premièrement donc je tiens pour moi *qu'une grandeur au-dessus de l'ordinaire n'a point la pureté du médiocre.* En effet, dans un discours si poli et si limé, il faut craindre la bassesse ; il en est de même du sublime que d'une richesse immense où l'on ne peut pas prendre garde à tout de si près, et où il faut, malgré qu'on en ait, négliger quelque chose. Au contraire, il est presque impossible pour l'ordinaire qu'un esprit bas et médiocre fasse des fautes : car comme il ne se hasarde et ne s'élève jamais, il demeure toujours en sûreté ; au lieu que le grand, de soi-même, et par sa propre grandeur, est glissant et dangereux. Je n'ignore pas pourtant ce qu'on me peut objecter d'ailleurs, que naturellement nous jugeons des ouvrages des hommes par ce qu'ils ont de pire, et que le souvenir des fautes qu'on remarque dure toujours et ne s'efface jamais ; au lieu que ce qui est beau passe vîte et s'écoule bientôt de notre esprit. Mais bien que j'aie remarqué plusieurs fautes dans Homère et dans tous les plus célèbres auteurs, et que je sois peut-être l'homme du monde à qui elles plaisent le moins, j'estime, après tout, que ce sont des fautes dont ils ne se sont pas souciés, et qu'on ne peut appeler proprement *fautes*, mais qu'on doit simplement regarder comme *des méprises* et *de petites négligences* qui leur sont échappées, parce que leur esprit, qui ne s'étudioit qu'au grand, ne pouvoit pas s'arrêter aux petites choses. En un mot, je maintiens que *le sublime*, bien qu'il ne se soutienne pas également par tout, quand ce ne seroit qu'à cause de sa grandeur, l'emporte sur tout le reste. En effet Apollonius, par exemple, celui qui a composé le poëme des Argonautes, ne tombe jamais ; et dans Théocrite, ôtez quelques endroits où il sort un peu du caractère de l'églogue, il n'y a rien qui ne soit heureusement imaginé. Cependant aimeriez-vous mieux être Apollonius ou Théocrite qu'Homère? L'Erigone d'Eratosthène est un poëme où il n'y a rien à reprendre. Direz-vous pour cela qu'Eratosthène est plus grand poëte qu'Archiloque, qui se brouille à la vérité, et manque d'ordre et d'économie en plusieurs endroits de ses écrits, mais qui ne tombe dans ce défaut qu'à cause de cet esprit divin dont il est entraîné, et qu'il ne sauroit régler comme il veut? Et même, pour le lyrique, choisiriez-vous plutôt d'être Bacchylide que Pindare? ou, pour la tragédie, Ion, ce poëte de Chio, que Sophocle? En effet ceux-là ne font jamais de faux pas, et n'ont rien qui ne soit écrit avec beaucoup d'élégance et d'agrément. Il n'en est pas ainsi de Pindare et de Sophocle; car au milieu de leur plus grande violence, durant qu'ils tonnent et foudroient, pour ainsi dire, souvent leur ardeur vient mal-à-propos à s'éteindre, et ils tombent malheureusement (*Réfl. VIII.*). Et toutefois y a-t-il un homme de bons sens qui daignât comparer tous les ouvrages d'Ion ensemble au seul Œdipe de Sophocle?

CHAPITRE XXVIII.

Comparaison d'Hypéride et de Démosthène.

Que si au reste l'on doit juger du mérite d'un ouvrage par le nombre plutôt que par la qualité et l'excellence de ses beautés, il s'ensuivra qu'Hypéride doit être entièrement préféré à Démosthène. En effet, outre qu'il est plus harmonieux, il a bien plus de parties d'orateurs, qu'il possède presque toutes en un degré éminent; semblable à ces athlètes qui réussissent aux cinq sortes d'exercices, et qui, n'étant les premiers en pas un de ces exercices, passent en tous l'ordinaire et le commun. En effet il a imité Démosthène en tout ce que Démosthène a de beau, excepté pourtant dans la composition et l'arrangement des paroles. Il joint à cela les douceurs et les grâces de Lysias. Il sait adoucir où il faut la rudesse et la simplicité du discours, et ne dit pas toutes les choses d'un même air comme Démosthène. Il excelle à peindre les mœurs. Son style a dans sa naïveté une certaine douceur agréable et fleurie. Il y a dans ses ouvrages un nombre infini de choses plaisamment dites. Sa manière de rire et de se moquer est fine, et a quelque chose de noble. Il a une facilité merveilleuse à manier l'ironie. Ses railleries ne sont point froides ni recherchées comme celles de ces faux imitateurs du style attique, mais vives et pressantes. Il est adroit à éluder les objections qu'on lui fait, et à les rendre ridicules en les amplifiant. Il a beaucoup de plaisant et de comique, et est tout plein de jeux et de certaines pointes d'esprit qui frappent toujours où il vise. Au reste il asssaisonne toutes ces choses d'un tour et d'une grâce inimitable. Il est né pour toucher et émouvoir la pitié. Il est étendu dans ses narrations fabuleuses. Il a une flexibilité admirable pour les digressions ; il se détourne, il reprend haleine où il veut, comme on le peut voir dans ces fables qu'il conte de Latone. Il a fait une oraison funèbre qui est écrite avec tant de pompe et d'ornement, que je ne sais pas si un autre l'a jamais égalé en cela.

Au contraire Démosthène ne s'entend pas fort bien à peindre les mœurs. Il n'est point étendu dans son style. Il a quelque chose de dur, et n'a ni pompe ni ostentation. En un mot il n'a presque aucune des parties dont nous venons de parler. S'il s'efforce d'être plaisant, il se rend ridicule plutôt qu'il ne fait rire, et s'éloigne d'autant plus du plaisant qu'il tâche d'en approcher. Cependant, parce qu'à mon avis toutes ces beautés qui sont en foule dans Hypéride n'ont rien de grand, qu'on y voit, pour ainsi dire, un orateur toujours à jeun, et une langueur d'esprit qui n'échauffe, qui ne remue point l'ame, personne n'a jamais été fort transporté de la lecture de ses ouvrages. Au lieu que Démosthène (1) ayant ramassé en soi toutes les qualités d'un orateur véritablement né au sublime, et entièrement perfectionné par l'étude, ce

(1) Je n'ai point exprimé ἔνθεν et ἔνθεν δὲ, de peur de trop embarrasser la période.

ton de majesté et de grandeur, ces mouvemens animés, cette fertilité, cette adresse, cette promptitude, et, ce qu'on doit surtout estimer en lui, cette force et cette véhémence dont jamais personne n'a su approcher; par toutes ces divines qualités que je regarde en effet comme autant de rares présens qu'il avoit reçus des dieux, et qu'il ne m'est pas permis d'appeler des qualités humaines, il a effacé tout ce qu'il y a eu d'orateur célèbres dans tous les siècles, les laissant comme abattus et éblouis, pour ainsi dire, de ses tonnerres et de ses éclairs; car dans les parties où il excelle il est tellement élevé au-dessus d'eux, qu'il répare entièrement par-là celles qui lui manquent; et certainement il est plus aisé d'envisager fixement et les yeux ouverts les foudres qui tombent du ciel, que de n'être point ému des violentes passions qui règnent en foule dans ses ouvrages.

CHAPITRE XXIX.

De Platon et de Lysias, et de l'excellence de l'esprit humain.

Pour ce qui est de Platon, comme j'ai dit, il y a bien de la différence; car il surpasse Lysias, non-seulement par l'excellence, mais aussi par le nombre de ses beautés. Je dis plus, c'est que Platon n'est pas tant au-dessus de Lysias par un plus grand nombre de beautés, que Lysias est au-dessous de Platon par un plus grand nombre de fautes.

Qu'est-ce donc qui a porté ces esprits divins à mépriser cette exacte et scrupuleuse délicatesse, pour ne chercher que le sublime dans leurs écrits? En voici une raison. C'est que la nature n'a point regardé l'homme comme un animal de basse et de vile condition; mais elle lui a donné la vie, et l'a fait venir au monde comme dans une grande assemblée, pour être spectateur de toutes les choses qui s'y passent; elle l'a, dis-je, introduit dans cette lice comme un courageux athlète qui ne doit respirer que la gloire. C'est pourquoi elle a engendré d'abord en nos ames une passion invincible pour tout ce qui nous paroît de plus grand et de plus divin. Aussi voyons-nous que le monde entier ne suffit pas à la vaste étendue de l'esprit de l'homme. Nos pensées vont souvent plus loin que les cieux, et pénètrent au-delà de ces bornes qui environnent et qui terminent toutes ces choses.

Et certainement si quelqu'un fait un peu de réflexion sur un homme dont la vie n'ait rien eu dans tout son cours que de grand et d'illustre, il peut connoître par-là à quoi nous sommes nés. Ainsi nous n'admirons pas naturellement de petits ruisseaux, bien que l'eau en soit claire et transparente, et utile même pour notre usage; mais nous sommes véritablement surpris quand nous regardons le Danube, le Nil, le Rhin, et l'Océan surtout. Nous ne sommes pas fort étonnés de voir une petite flamme, que nous avons allumée, conserver long-temps sa lumière pure; mais nous sommes frappés d'admiration quand nous contemplons ces feux qui s'allument quelquefois dans le ciel, bien que pour l'ordinaire ils s'évanouissent en naissant ; et nous ne trouvons rien de plus étonnant dans la nature, que ces fournaises du mont Etna, qui quelquefois jette du profond de ses abymes,

Des pierres, des rochers, et des fleuves de flammes (1).

De tout cela il faut conclure *que ce qui est utile, et même nécessaire aux hommes, souvent n'a rien de merveilleux, comme étant aisé à acquérir; mais que tout ce qui est extraordinaire est admirable et surprenant.*

CHAPITRE XXX.

Que les fautes dans le sublime se peuvent excuser.

A L'ÉGARD donc des grands orateurs en qui le sublime et le merveilleux se rencontrent joints avec l'utile et le nécessaire, il faut avouer qu'encore que ceux dont nous parlions n'aient point été exempts de fautes, ils avoient néanmoins quelque chose de surnaturel et de divin. En effet, d'exceller dans toutes les autres parties, cela n'a rien qui passe la portée de l'homme ; mais le sublime nous élève presque aussi haut que Dieu. Tout ce qu'on gagne à ne point faire de fautes, c'est qu'on ne peut être repris; mais le grand se fait admirer. Que vous dirai-je enfin ? un seul de ces beaux traits et de ces pensées sublimes qui sont dans les ouvrages de ces excellens auteurs peut payer tous leurs défauts. Je dis

(1) Pind. Pyth. I, p. 254, édition de Benoît.

bien plus, c'est que si quelqu'un ramassoit ensemble toutes les fautes qui sont dans Homère, dans Démosthène, dans Platon, et dans tous ces autres célèbres héros, elles ne feroient pas la moindre ni la millième partie des bonnes choses qu'ils ont dites. C'est pourquoi l'envie n'a pas empêché qu'on ne leur ait donné le prix dans tous les siècles; et personne jusqu'ici n'a été en état de leur enlever ce prix, qu'ils conservent encore aujourd'hui, et que vraisemblablement ils conserveront toujours,

Tant qu'on verra les eaux dans les plaines courir,
Et les bois dépouillés au printemps refleurir (1).

On me dira peut-être qu'un colosse qui a quelques défauts n'est pas plus à estimer qu'une petite statue achevée, comme, par exemple, le soldat de Polyclète (2). A cela je réponds que, dans les ouvrages de l'art, c'est le travail et l'achèvement que l'on considère; au lieu que dans les ouvrages de la nature, c'est le sublime et le prodigieux. Or, *discourir*, c'est une opération naturelle à l'homme. Ajoutez que dans une statue on ne cherche que le rapport et la ressemblance, mais, dans le discours, on veut, comme j'ai dit, *le surnaturel et le divin*. Cependant, pour ne nous point éloigner de ce que nous avons établi d'abord, comme c'est le devoir de l'art d'empêcher que l'on ne tombe, et qu'il est bien difficile qu'une haute élévation

(1) Epitaphe pour Midias, p. 534, II vol. d'Homère édit. des Elzev.

(2) Le Doryphore, petite statue.

à la longue se soutienne et garde toujours un ton égal, il faut que l'art vienne au secours de la nature, parce qu'en effet c'est leur parfaite alliance qui fait la souveraine perfection. Voilà ce que nous avons cru être obligés de dire sur les questions qui se sont présentées. Nous laissons pourtant à chacun son jugement libre et entier.

CHAPITRE XXXI.

Des paraboles, des comparaisons et des hyperboles.

Pour retourner à notre discours, les paraboles et les comparaisons approchent fort des métaphores, et ne diffèrent d'elles (1) qu'en un seul point ....

Telle est cette hyperbole, *Supposé que votre esprit soit dans votre tête, et que vous ne le fouliez pas sous vos talons* (2). C'est pourquoi il faut bien prendre garde jusqu'où toutes ces figures peuvent être poussées, parce qu'assez souvent, pour vouloir porter trop haut une hyperbole, on la détruit. C'est comme une corde d'arc, qui, pour être trop tendue, se relâche : et cela fait quelquefois un effet tout contraire à ce que nous cherchons.

Ainsi Isocrate, dans son panégyrique (3), par une sotte ambition de ne vouloir rien dire

(1) Cet endroit est fort défectueux ; et ce que l'auteur avoit dit de ces figures manque tout entier.

(2) Démosthène, ou Hégésipe, *DE HALONESO*, p. 34. édit. de Bâle.

(3) Page 42, édit. de H. Etienne.

qu'avec emphase, est tombé, je ne sais comment, dans une faute de petit écolier. Son dessein, dans ce panégyrique, c'est de faire voir que les Athéniens ont rendu plus de services à la Grèce que ceux de Lacédémone, et voici par où il débute : *Puisque le discours a naturellement la vertu de rendre les choses grandes petites, et les petites grandes ; qu'il sait donner les grâces de la nouveauté aux choses les plus vieilles, et qu'il fait paroître vieilles celles qui sont nouvellement faites.* Est-ce ainsi, dira quelqu'un, ô Isocrate, que vous allez changer toutes choses à l'égard des Lacédémoniens et des Athéniens ? En faisant de cette sorte l'éloge du discours, il fait proprement un exorde pour exhorter ses auditeurs à ne rien croire de ce qu'il leur va dire.

C'est pourquoi il faut supposer, à l'égard des hyperboles, ce que nous avons dit pour toutes les figures en général, *que celles-là sont les meilleures qui sont entièrement cachées, et qu'on ne prend point pour des hyperboles*. Pour cela donc, il faut avoir soin que ce soit toujours la passion qui les fasse produire au milieu de quelque grande circonstance, comme, par exemple, l'hyperbole de Thucydide (1), à propos des Athéniens qui périrent dans la Sicile : *Les Siciliens étant descendus en ce lieu, ils y firent un grand carnage de ceux surtout qui s'étoient jetés dans le fleuve. L'eau fut en un moment corrompue du sang de ces misérables ; et néanmoins, toute bourbeuse et toute san-*

(1) Livre VII, p. 555, édit. de H. Etienne.

glante

glante qu'elle étoit, ils se battoient pour en boire.

Il est assez peu croyable que des hommes boivent du sang et de la boue, et se battent même pour en boire; et toutefois la grandeur de la passion, au milieu de cette étrange circonstance, ne laisse pas de donner une apparence de raison à la chose. Il en est de même de ce que dit Hérodote (1) de ces Lacédémoniens qui combattirent au Pas des Thermopyles : *Ils se défendirent encore quelque temps en ce lieu avec les armes qui leur restoient, et avec les mains et les dents* (2) *; jusqu'à ce que les barbares, tirant toujours, les eussent comme ensevelis sous leurs traits.* Que dites-vous de cette hyperbole ? Quelle apparence que des hommes se défendent avec les mains et les dents contre des gens armés, et que tant de personnes soient ensevelies sous les traits de leurs ennemis ? Cela ne laisse pas néanmoins d'avoir de la vraisemblance, parce que la chose ne semble pas recherchée pour l'hyperbole, mais que l'hyperbole semble naître du sujet même. En effet, pour ne me point départir de ce que j'ai dit, un remède infaillible pour empêcher que les hardiesses ne choquent, c'est de ne les employer que dans la passion, et aux endroits à-peu-près qui semblent les de-

(1) Liv. VII, p. 458, édit. de Francfort.

(2) Ce passage est fort clair. Cependant c'est une chose surprenante qu'il n'ait été entendu ni de Laurent Valle, qui a traduit Hérodote, ni des traducteurs de Longin, ni de ceux qui ont fait des notes sur cet auteur : tout cela, faute d'avoir pris garde que le verbe κατaχοω veut quelquefois dire *enterrer.*

mander. Cela est si vrai que dans le comique on dit des choses qui sont absurdes d'elles-mêmes, et qui ne laissent pas toutefois de passer pour vraisemblables, à cause qu'elles émeuvent la passion, je veux dire qu'elles excitent à rire. En effet le rire est une passion de l'ame, causée par le plaisir. Tel est ce trait d'un poëte comique (1) : *Il possédoit une terre à la campagne, qui n'étoit pas plus grande qu'une épître de Lacédémonien* (2).

Au reste on peut se servir de l'hyperbole aussi bien pour diminuer les choses que pour les agrandir ; car l'exagération est propre à ces deux différens effets; et le diasyrme, qui est une espèce d'hyperbole, n'est, à le bien prendre, que l'exagération d'une chose basse et ridicule.

CHAPITRE XXXII.

De l'arrangement des paroles.

Des cinq parties qui produisent *le grand*, comme nous avons supposé d'abord, il reste encore la cinquième à examiner, c'est à savoir *la composition et l'arrangement des paroles.* Mais comme nous avons déjà donné deux volumes de cette matière, où nous avons suffisamment expliqué tout ce qu'une longue spéculation nous en a pu apprendre, nous nous contenterons de dire ici ce que nous jugeons absolument nécessaire à notre sujet, comme, par exemple, *que l'harmonie n'est*

(1) V. Strabon, liv. I, p. 36, édit. de Paris.
(2) J'ai suivi la restitution de Casaubon.

pas simplement un agrément (1) *que la nature a mis dans la voix de l'homme, pour persuader et pour inspirer le plaisir, mais que, dans les instrumens même inanimés, c'est un moyen merveilleux pour élever le courage et pour émouvoir les passions* (2).

Et de vrai, ne voyons-nous pas que le son des flûtes émeut l'âme de ceux qui l'écoutent, et les remplit de fureur, comme s'ils étoient hors d'eux-mêmes; que, leur imprimant dans l'oreille le mouvement de sa cadence, il les contraint de la suivre, et d'y conformer en quelque sorte le mouvement de leur corps? et non-seulement le son des flûtes, mais presque tout ce qu'il y a de différens sons au monde, comme, par exemple, ceux de la lyre, font cet effet. Car bien qu'ils ne signifient rien d'eux-mêmes, néanmoins, par ces changemens de tons qui s'entrechoquent les uns les autres, et par le mélange de leurs

(1) Les traducteurs n'ont point, à mon avis, conçu ce passage, qui sûrement doit être entendu dans mon sens, comme la suite du chapitre le fait assez connoître. Ἐνέργημα veut dire *un effet*, et non pas *un moyen*: *n'est pas simplement un effet de la nature de l'homme.*

(2) Il y a dans le grec μετ' ἐλευθεριας και παθους; c'est ainsi qu'il faut lire, et non point ἐπι ἐλευθεριας, etc. Ces paroles veulent dire: *Qu'il est merveilleux de voir des instrumens inanimés avoir en eux un charme pour émouvoir les passions, et pour inspirer la noblesse de courage!* Car c'est ainsi qu'il faut entendre ἐλευθερια. En effet il est certain que la trompette, qui est un instrument, sert à réveiller le courage dans la guerre. J'ai ajouté le mot d'*inanimés*, pour éclaircir la pensée de l'auteur, qui est un peu obscure en cet endroit. Ὄργανον, absolument pris, veut dire, *toutes sortes d'instrumens musicaux et inanimés*, comme le prouve fort bien H. Etienne.

accords, souvent, comme nous voyons, ils causent à l'ame un transport et un ravissement admirable. Cependant ce ne sont que des images et de simples imitations de la voix, qui ne disent et ne persuadent rien, n'étant, s'il faut parler ainsi, que des sons bâtards, et non point, comme j'ai dit, des effets de la nature de l'homme. Que ne dirons-nous donc point *de la composition*, qui est en effet comme l'harmonie du discours, dont l'usage est naturel à l'homme; qui ne frappe pas simplement l'oreille, mais l'esprit; qui remue tout-à-la-fois tant de différentes sortes de noms, de pensées, de choses, tant de beautés et d'élégances avec lesquelles notre ame a une espèce de liaison et d'affinité; qui, par le mélange et la diversité des sons, insinue dans les esprits, inspire à ceux qui écoutent, les passions mêmes de l'orateur; et qui bâtit sur ce sublime amas de paroles ce grand et ce merveilleux que nous cherchons! Pouvons-nous, dis-je, nier qu'elle ne contribue beaucoup à la grandeur, à la majesté, à la magnificence du discours, et à toutes ces autres beautés qu'elle renferme en soi; et qu'ayant un empire absolu sur les esprits, elle ne puisse en tout temps les ravir et les enlever? Il y auroit de la folie à douter d'une vérité si universellement reconnue, et l'expérience en fait foi (1).

(1) L'auteur justifie ici sa pensée par une période de Démosthène, dont il fait voir l'harmonie et la beauté. Mais comme ce qu'il en dit est entièrement attaché à la langue grecque, j'ai cru qu'il valoit mieux le passer dans la traduction, et le mettre en note, pour ne pas effrayer ceux qui ne savent point le grec. En voici

Au reste il en est de même des discours que des corps, qui doivent ordinairement leur principale excellence à l'assemblage et à la juste proportion de leurs membres; de sorte mên ? qu'encore qu'un membre séparé de l'autre n'ait rien en soi de remarquable, tous ensemble ne laissent pas de faire un corps parfait. Ainsi les parties du sublime étant divisées, le sublime se dissipe entièrement; au lieu que venant à ne former qu'un corps par l'assemblage qu'on en fait, et par cette

donc l'explication. *Ainsi cette pensée que Démosthène ajoute après la lecture de son décret paroit fort sublime, et est en effet merveilleuse. Ce décret*, dit-il, *a fait évanouir le péril qui environnoit cette ville, comme un nuage qui se dissipe de lui-même:* Τουτο το ψηφισμα τον τοτε τη πολει περισταντα κινδυνον παρελθειν εποιησεν ὥσπερ νεφος. *Mais il faut avouer que l'harmonie de la période ne cède point à la beauté de la pensée; car elle va toujours de trois temps en trois temps, comme si c'étoient tous dactyles, qui sont les pieds les plus nobles et les plus propres au sublime; et c'est pourquoi le vers héroïque, qui est le plus beau de tous les vers, en est composé. En effet, si vous ôtez un mot de sa place, comme si vous mettiez* Τουτο το ψηφισμα ὥσπερ νεφος εποιησετον τοτε κινδυνον παρελθειν, *ou si vous en retranchez une seule syllabe, comme* εποιησε παρελθειν ὡς νεφος, *vous connoîtrez aisément combien l'harmonie contribue au sublime. En effet ces paroles* ὥσπερ νεφος, *s'appuyant sur la première syllabe qui est longue, se prononcent à quatre reprises. De sorte que si vous en ôtez une syllabe, ce retranchement fait que la période est tronquée. Que si au contraire vous en ajoutez une, comme* παρελθειν εποιησεν ὥσπερ το νεφος, *c'est bien le même sens, mais ce n'est plus la même cadence, parce que la période s'arrêtant sur les dernières syllabes, le sublime qui étoit serré auparavant, se relâche et s'affoiblit.* Au reste, j'ai suivi dans ces derniers mot l'explication de M. le Fevre, et j'ajoute comme lui τε ὥσπερ.

liaison harmonieuse qui les joint, le seul tour de la période leur donne du son et de l'emphase. C'est pourquoi on peut comparer le sublime dans les périodes, *à un festin par écots, auquel plusieurs ont contribué*. Jusques-là qu'on voit beaucoup de poëtes et d'écrivains qui, n'étant point nés au sublime, n'en ont jamais manqué néanmoins; bien que pour l'ordinaire ils se servissent de façons de parler basses, communes, et fort peu élégantes. En effet ils se soutiennent par ce seul arrangement de paroles, qui leur enfle et grossit en quelque sorte la voix; si bien qu'on ne remarque point leur bassesse. Philiste est de ce nombre. Tel est aussi Aristophane en quelques endroits, et Euripide en plusieurs, comme nous l'avons déjà suffisamment montré. Ainsi quand Hercule, dans cet auteur (1), après avoir tué ses enfans, dit:

Tant de maux à-la-fois sont entrés dans mon ame,
Que je n'y puis loger de nouvelles douleurs,

cette pensée est fort triviale. Cependant il la rend noble par le moyen de ce tour qui a quelque chose de musical et d'harmonieux. Et certainement, pour peu que vous renversiez l'ordre de sa période, vous verrez manifestement combien Euripide est plus heureux dans l'arrangement de ses paroles que dans le sens de ses pensées. De même, dans sa tragédie intitulée: *Dircé traînée par un taureau* (2):

(1) Hercule furieux, v. 1245.

(2) Dircé, ou Antiope, tragédie perdue. *Voyez* les Fragmens de M. Barnès, p. 519.

Il tourne aux environs dans sa route incertaine,
Et courant en tous lieux où sa rage le mène,
Traîne après soi la femme, et l'arbre, et le rocher.

Cette pensée est fort noble à la vérité : mais il faut avouer que ce qui lui donne plus de force, c'est cette harmonie qui n'est point précipitée ni emportée comme une masse pesante, mais dont les paroles se soutiennent les unes les autres, et où il y a plusieurs pauses. En effet ces pauses sont comme autant de fondemens solides sur lesquels son discours s'appuie et s'élève.

CHAPITRE XXXIII.

De la mesure des périodes.

AU contraire, il n'y a rien qui rabaisse davantage le sublime que ces nombres rompus et qui se prononcent vîte, tels que sont *les pyrrhiques*, *les trochées* et *les dichorées*, qui ne sont bons que pour la danse. En effet toutes ces sortes de pieds et de mesures n'ont qu'une certaine mignardise et un petit agrément qui a toujours le même tour, et qui n'émeut point l'ame. Ce que j'y trouve de pire, c'est que comme nous voyons que naturellement ceux à qui l'on chante un air ne s'arrêtent point au sens des paroles, et sont entraînés par le chant; de même ces paroles mesurées n'inspirent point à l'esprit les passions qui doivent naître du discours, et imprimer simplement dans l'oreille le mouvement de la cadence. Si bien que comme l'auditeur prévoit d'ordinaire cette chute qui doit arriver, il va au-devant de celui qui parle, et le prévient, marquant, comme en une danse, la chute avant qu'elle arrive.

C'est encore un vice qui affoiblit beaucoup le discours quand les périodes sont arrangées avec trop de soin, ou quand les membres en sont trop courts, et ont trop de syllabes brèves, étant d'ailleurs comme joints et attachés ensemble avec des clous aux endroits où ils se désunissent. Il n'en faut pas moins dire des périodes qui sont trop coupées; car il n'y a rien qui estropie davantage le sublime que de le vouloir comprendre dans un trop petit espace. Quand je défends néanmoins de trop couper les périodes, je n'entends pas parler de celles qui ont leur juste étendue, mais de celles qui sont trop petites et comme mutilées. En effet, de trop couper son style, cela arrête l'esprit; au lieu que de le diviser en périodes, cela conduit le lecteur. Mais le contraire en même temps apparoît des périodes trop longues. Et toutes ces paroles recherchées pour alonger mal-à-propos un discours sont mortes et languissantes.

CHAPITRE XXXIV.

De la bassesse des termes.

UNE des choses encore qui avilit autant le discours, *c'est la bassesse des termes.* Ainsi nous voyons dans Hérodote (1) une description de tempête qui est divine pour le sens; mais il y a mêlé des mots extrêmement

(1) Liv. VII, p. 446 et 448, édit. de Francfort.

bas, comme quand il dit : *La mer commençant à bruire* (1). Le mauvais son de ce mot *bruire* fait perdre à sa pensée une partie de ce qu'elle avoit de grand. *Le vent*, dit-il en un autre endroit, *les ballotta fort*; *et ceux qui furent dispersés par la tempête firent une fin peu agréable*. Ce mot *ballotter* est bas, et l'épithète de *peu agréable* n'est point propre pour exprimer un accident comme celui-là.

De même l'historien Théopompus (2) a fait une peinture de la descente du roi de Perse dans l'Egypte, qui est miraculeuse d'ailleurs ; mais il a tout gâté par la bassesse des mots qu'il y mêle. *Y a-t-il une ville*, dit cet historien, *et une nation dans l'Asie, qui n'ait envoyé des ambassadeurs au roi ? y a-t-il rien de beau et de précieux qui croisse ou qui se fabrique en ces pays, dont on ne lui ait fait des présens ? combien de tapis et de vestes magnifiques, les unes rouges, les autres blanches, et les autres historiées de couleurs ! combien de tentes dorées et garnies de toutes les choses nécessaires pour la vie ! combien de robes et de lits somptueux ! combien de vases d'or et d'argent enrichis de pierres précieuses ou artistement travaillés ! ajoutez à cela un nombre infini d'armes étrangères et à la grecque ; une foule*

(1) Il y a dans le grec, *commençant à bouillonner*, ζεσασης; mais le mot de *bouillonner* n'a point de mauvais sens en notre langue, et est au contraire agréable à l'oreille. Je me suis donc servi du mot *bruire*, qui est bas, et qui exprime le bruit que fait l'eau quand elle commence à bouillonner.

(2) Livre perdu.

incroyable de bêtes de voiture et d'animaux destinés pour les sacrifices; des boisseaux (1) *remplis de toutes les choses propres pour réjouir le goût; des armoires et des sacs pleins de papiers, et de plusieurs autres ustensiles; et une si grande quantité de viandes salées de toutes sortes d'animaux, que ceux qui les voyoient de loin pensoient que ce fussent des collines qui s'élevassent de terre.*

De la plus haute élévation il tombe dans la dernière bassesse, à l'endroit justement où il devoit le plus s'élever; car, mêlant mal-à-propos, dans la pompeuse description de cet appareil, *des boisseaux*, *des ragoûts* et *des sacs*, il semble qu'il fasse la peinture d'une cuisine. Et comme si quelqu'un avoit toutes ces choses à arranger, et que parmi des tentes et des vases d'or, au milieu de l'argent et des diamans, il mît en parade *des sacs* et *des boisseaux*, cela feroit un vilain effet à la vue; il en est de même des mots bas dans le discours, et ce sont comme autant de taches et de marques honteuses qui flétrissent l'expression (*Réfl. IX.*). Il n'avoit qu'à détourner un peu la chose, et dire en général, à propos de ces montagnes de viandes salées et du reste de cet appareil, *qu'on envoya au roi des chameaux et plusieurs bêtes de voiture chargées de toutes les choses nécessaires pour la bonne chère et pour le plaisir;* ou *des monceaux de viandes les plus exquises, et tout ce qu'on sauroit s'imaginer de plus ragoûtant et de plus délicieux;* ou si vous voulez, *tout ce que les*

(1) Voyez Athénée, liv. II, p. 67, édit. de Lyon.

officiers de table et de cuisine pouvoient souhaiter de meilleur pour la bouche de leur maître : car il ne faut pas d'un discours fort élevé passer à des choses basses et de nulle considération, à moins qu'on n'y soit forcé par une nécessité bien pressante. Il faut que les paroles répondent à la majesté des choses dont on traite ; et il est bon en cela d'imiter la nature, qui, en formant l'homme, n'a point exposé à la vue ces parties qu'il n'est pas honnête de nommer, et par où le corps se purge, mais pour me servir des termes de Xénophon (1), *a caché et détourné ces égoûts le plus loin qu'il lui a été possible, de peur que la beauté de l'animal n'en fut souillée.* Mais il n'est pas besoin d'examiner de si près toutes les choses qui rabaissent le discours. En effet, puisque nous avons montré ce qui sert à l'élever et à l'ennoblir, il est aisé de juger qu'ordinairement le contraire est ce qui l'avilit et le fait ramper.

CHAPITRE XXXV.

Des causes de la décadence des esprits.

IL ne reste plus, mon cher Térentianus, qu'une chose à examiner : c'est la question que me fit il y a quelques jours un philosophe ; car il est bon de l'éclaircir, et je veux bien, pour votre satisfaction particulière, l'ajouter encore à ce traité.

Je ne saurois assez m'étonner, me disoit ce philosophe, non plus que beaucoup d'autres,

(1) Livre I des Mémorables, p. 726. édit. de Leunclav.

d'où vient que dans notre siècle il se trouve assez d'orateurs qui savent manier un raisonnement, et qui ont même le style oratoire ; qu'il s'en voit, dis-je, plusieurs qui ont de la vivacité, de la netteté, et surtout de l'agrément dans leur discours ; mais qu'il s'en rencontre si peu qui puissent s'élever fort haut dans le sublime, tant la stérilité maintenant est grande parmi les esprits. N'est-ce point, poursuivoit-il, ce qu'on dit ordinairement, que c'est le gouvernement populaire qui nourrit et forme les grands génies, puisqu'enfin jusqu'ici tout ce qu'il y a presque eu d'orateurs habiles ont fleuri et sont morts avec lui ? en effet, ajoutoit-il, il n'y a peut-être rien qui élève davantage l'ame des grands hommes que la liberté, ni qui excite et réveille plus puissamment en nous ce sentiment naturel qui nous porte à l'émulation, et cette noble ardeur de se voir élevé au-dessus des autres. Ajoutez que les prix qui se proposent dans les républiques aiguisent, pour ainsi dire, et achèvent de polir l'esprit des orateurs, leur faisant cultiver avec soin les talens qu'ils ont reçus de la nature. Tellement qu'on voit briller dans leurs discours la liberté de leur pays.

Mais nous, continuoit-il, qui avons appris dès nos premières années à souffrir le joug d'une domination légitime, qui avons été comme enveloppés par les coutumes et les façons de faire de la monarchie, lorsque nous avions encore l'imagination tendre et capable de toutes sortes d'impressions ; en un mot, qui n'avons jamais goûté de cette vive et féconde source de l'éloquence, je veux dire de la liberté; ce qui arrive ordinairement de nous, c'est que nous nous rendons de grands et magnifiques flatteurs. C'est pourquoi il estimoit, disoit-il, qu'un homme même né dans la servitude étoit capable des autres sciences, mais que nul esclave ne pouvoit jamais être orateur : car un esprit continua-t-il, abattu et comme dompté par l'accoutumance au joug, n'oseroit plus s'enhardir à rien; tout ce qu'il avoit de vigueur s'évapore de soi-même, et il demeure toujours comme en prison. En un mot, pour me servir des termes d'Homère (1),

Le même jour qui met un homme libre aux fers
lui ravit la moitié de sa vertu première.

De même donc que, si ce qu'on dit est vrai, ces boîtes où l'on enferme les Pygmées, vulgairement appelés *Nains*, les empêchent non-seulement de croître, mais les rendent même plus petits, par le moyen de cette bande dont on leur entoure le corps : ainsi la servitude, je dis la servitude la plus justement établie, est une espèce de prison où l'ame décroît et se rapetisse en quelque sorte. Je sais bien qu'il est fort aisé à l'homme, et que c'est son naturel, de blâmer toujours les choses présentes; mais prenez garde que... (2). Et certainement, poursuivis-je,

(1) Odyssée, liv. 17, v. 322.

(2) Il y a beaucoup de choses qui manquent en cet endroit. Après plusieurs raisons de la décadence des esprits qu'apportoit ce philosophe introduit ici par Longin, notre auteur vraisemblablement reprenoit la parole et en établissoit de nouvelles causes, c'est à savoir *la guerre*, qui étoit alors par toute la terre, et *l'amour du luxe*, comme la suite le fait assez connoître.

si les délices d'une trop longue paix sont capables de corrompre les plus belles ames, cette guerre sans fin, qui trouble depuis si long-temps toute la terre, n'est pas un moindre obstacle à nos désirs.

Ajoutez à cela ces passions qui assiégent continuellement notre vie, et qui portent dans notre ame la confusion et le désordre. En effet, continuai-je, c'est le désir des richesses dont nous sommes tous malades par excès; c'est l'amour des plaisirs qui, à bien parler, nous jette dans la servitude, et, pour mieux dire, nous traîne dans le précipice où tous nos talens sont comme engloutis. Il n'y point de passion plus basse que l'avarice; il n'y a point de vice plus infâme que la volupté. Je ne vois donc pas comment ceux qui font si grand cas des richesses, et qui s'en font comme une espèce de divinité, pourroient être atteints de cette maladie sans recevoir en même-temps avec elle tous les maux dont elle est naturellement accompagnée. Et certainement la profusion et les autres mauvaises habitudes suivent de près les richesses excessives; elles marchent, pour ainsi dire, sur leurs pas; et, par leur moyen, elles s'ouvrent les portes des villes et des maisons, elles y entrent, et elles s'y établissent. Mais à peine y ont-elles séjourné quelque temps, *qu'elles y font leur nid*, suivant la pensée des sages, *et travaillent à se multiplier*. Voyez donc ce qu'elles y produisent: elles y engendrent le faste et la mollesse, qui ne sont point des enfans bâtards, mais leurs vraies et légitimes productions. Que si nous laissons une fois croître en nous ces dignes enfans des richesses, ils y auront bientôt fait éclore l'insolence, le déréglement, l'effronterie, et tous ces autres impitoyables tyrans de l'ame.

Sitôt donc qu'un homme, oubliant le soin de la vertu, n'a plus d'admiration que pour les choses frivoles et périssables, il faut de nécessité que tout ce que nous avons dit arrive en lui; il ne sauroit plus lever les yeux pour regarder au-dessus de soi, ni rien dire qui passe le commun; il se fait en peu de temps une corruption générale dans toute son ame; tout ce qu'il avoit de noble et de grand se flétrit et se sèche de soi-même, et n'attire plus que le mépris.

Et comme il n'est pas possible qu'un juge qu'on a corrompu juge sainement et sans passion de ce qui est juste et honnête, parce qu'un esprit qui s'est laissé gagner aux présens ne connoît de juste et d'honnête que ce qui lui est utile : comment voudrions-nous que, dans ce temps où la corruption règne sur les mœurs et sur les esprits de tous les hommes, où nous ne songeons qu'à attraper la succession de celui-ci, qu'à tendre des piéges à cet autre pour nous faire écrire dans son testament, qu'à tirer un infâme gain de toutes choses, vendant pour cela jusqu'à notre ame, misérables esclaves de nos propres passions; comment, dis-je, se pourroit-il faire que dans cette contagion générale il se trouvât un homme sain de jugement et libre de passion, qui, n'étant point aveuglé ni séduit par l'amour du gain, pût discerner ce qui est véritablement grand et digne de la postérité? en un mot, étant tous faits de la manière que j'ai dit, ne vaut-il pas mieux qu'un autre nous commande, que de demeurer en notre propre puissance, de peur que cette rage insatiable d'acquérir, comme un furieux qui a rompu ses fers et qui se jette sur ceux qui l'environnent, n'aillent porter le feu aux quatre coins de la terre? enfin, lui dis-je, c'est l'amour du luxe qui est cause de cette fainéantise où tous les esprits, excepté un petit nombre, croupissent aujourd'hui. En effet, si nous étudions quelquefois, on peut dire que c'est, comme des gens qui relèvent de maladie, pour le plaisir et pour avoir lieu de nous vanter, et non point par une noble émulation et pour en tirer quelque profit louable et solide. Mais c'est assez parlé là-dessus. Venons maintenant aux passions, dont nous avons promis de faire un traité à part (1); car, à mon avis, elles ne sont pas un des moindres ornemens du discours, surtout pour ce qui regarde le sublime.

(1) Ce Traité de Longin faisant suite à son *Traité du sublime* a été perdu. *Voyez* la préface.

RÉFLEXIONS

RÉFLEXIONS
CRITIQUES
SUR LONGIN (1).

RÉFLEXION Ire.

Mais c'est à la charge, mon cher Terentianus, que nous reverrons ensemble exactement mon ouvrage, et que vous m'en direz votre sentiment avec cette sincérité que nous devons naturellement à nos amis. Paroles de Longin, chap. I, page 180.

LONGIN nous a donné ici par son exemple un des plus importans préceptes de la rhétorique, *qui est de consulter nos amis sur nos ouvrages, et de les accoutumer de bonne heure à ne nous point flatter.* Horace et Quintilien nous donnent le même conseil en plusieurs endroits; et Vaugelas, le plus sage, à mon avis, des écrivains de notre langue, confesse que c'est à cette salutaire pratique qu'il doit ce qu'il y a de meilleur dans ses écrits. Nous avons beau être éclairés par nous-mêmes, les yeux d'autrui voient toujours plus loin que nous dans nos défauts; et un esprit médiocre fera quelquefois apercevoir le plus habile homme d'une méprise qu'il ne voyoit pas. On dit que Malherbe consultoit sur ses vers jusqu'à l'oreille de sa servante: et je me souviens que Molière m'a montré aussi plusieurs fois une vieille servante qu'il avoit chez lui, à qui il lisoit, disoit-il, quelquefois ses comédies; et il m'assuroit que lorsque des endroits de plaisanterie ne l'avoient point frappée, il les corrigeoit, parce qu'il avoit plusieurs

(1) Ces réflexions sur le Sublime de Longin n'en sont point une suite, elles-mêmes font un corps de critique à part, qui n'a souvent aucun rapport avec cette traduction.

fois éprouvé sur son théâtre que ces endroits n'y réussissoient point. Ces exemples sont un peu singuliers ; et je ne voudrois pas conseiller à tout le monde de les imiter. Ce qui est de certain, c'est que nous ne saurions trop consulter nos amis.

Il paroît néanmoins que M. Perrault n'est pas de ce sentiment. S'il croyoit ses amis, on ne les verroit pas tous les jours dans le monde nous dire comme ils font : *M. Perrault est de mes amis, et c'est un fort honnête homme : je ne sais pas comment il s'est allé mettre en tête de heurter si lourdement la raison, en attaquant dans ses* Parallèles *tout ce qu'il y a de livres anciens estimés et estimables. Veut-il persuader à tous les hommes que depuis deux mille ans ils n'ont pas eu le sens commun? Cela fait pitié. Aussi se garde-t-il bien de nous montrer ses ouvrages. Je souhaiterois qu'il se trouvât quelque honnête homme qui lui voulût sur cela charitablement ouvrir les yeux.*

Je veux bien être cet homme charitable. M. Perrault m'a prié de si bonne grâce lui-même de lui montrer ses erreurs, qu'en vérité je ferois conscience de ne lui pas donner sur cela quelque satisfaction. J'espère donc de lui en faire voir plus d'une dans le cours de ces remarques. C'est la moindre chose que je lui dois, pour reconnoître les grands services que feu son frère le médecin m'a, dit-il, rendus en me guérissant de deux grandes maladies. Il est certain pourtant que son frère ne fut jamais mon médecin. Il est vrai que lorsque j'étois encore tout jeune, étant tombé malade d'une fièvre assez peu dangéreuse, une de mes parentes, chez qui je logeois, et dont il étoit médecin, me l'amena, et qu'il fut appelé deux ou trois fois en consultation par le médecin qui avoit soin de moi. Depuis, c'est-à-dire trois ans après, cette même parente me l'amena une seconde fois, et me força de le consulter sur une difficulté de respirer que j'avois alors, et que j'ai encore. Il me tâta le pouls, et me trouva la fièvre, que sûrement je n'avois point. Cependant il me conseilla de me faire saigner du pied, remède assez bizarre pour l'asthme dont j'étois menacé. Je fus toutefois assez fou pour faire son ordonnance dès le soir même. Ce qui arriva de cela, c'est que ma difficulté de respirer ne diminua point, et que le lendemain ayant marché mal-à-propos, le pied m'enfla de telle sorte, que j'en fus trois semaines dans le lit. C'est là toute la cure qu'il m'a jamais faite, que je prie Dieu de lui pardonner en l'autre monde.

Je n'entendis plus parler de lui depuis cette belle consultation, sinon lorsque mes satires parurent, qu'il me revint de tous côtés que, sans que j'en aie jamais pu savoir la raison, il se déchaînoit à outrance contre moi, ne m'accusant pas simplement d'avoir écrit contre des auteurs, mais d'avoir glissé dans mes ouvrages des choses dangereuses, et qui regardoient l'état. Je n'appréhendois guère ces calomnies, mes satires n'attaquant que les méchans livres, et étant toutes pleines des louanges du roi, et ces louanges même en faisant le plus bel ornement. Je fis néanmoins avertir le médecin qu'il prît garde à parler avec un peu plus de retenue : mais cela ne servit qu'à l'aigrir encore davantage. Je m'en plaignis même alors à son frère l'académicien, qui ne me jugea pas digne de réponse. J'avoue que c'est ce qui me fit faire dans mon Art poëtique la métamorphose du médecin de Florence en architecte; vengeance assez médiocre de toutes les infamies que ce médecin avoit dites de moi. Je ne nierai pas cependant qu'il ne fut homme de très-grand mérite, et fort savant, surtout dans les matière de physique. MM. de l'Académie des sciences néanmoins ne conviennent pas tous de l'excellence de sa traduction de Vitruve, ni de toutes les choses avantageuses que son frère rapporte de lui. Je puis même nommer M. d'Orbay, un des plus célèbres de l'académie d'architecture, qui s'offre de lui faire voir, quand il voudra, papier sur table, que c'est le dessin du fameux M. le Vau qu'on a suivi dans la façade du Louvre; et qu'il n'est point vrai que ni ce grand ouvrage d'architecture, ni l'observatoire, ni l'arc de triomphe, soient des ouvrages d'un médecin de la faculté. C'est une querelle que je leur laisse démêler entre eux, et où je déclare que je ne prends aucun intérêt, mes vœux même, si j'en fais quelques-uns, étant pour le médecin. Ce qu'il y a de vrai, c'est que ce médecin étoit de même goût que son frère sur les anciens, et qu'il avoit pris en haine, aussi-bien que lui, tout ce qu'il y a de grands personnages dans l'antiquité. On assure que ce fut lui qui composa cette belle défense de l'opéra d'Alceste, où, voulant tourner Euripide en ridicule; il fit ces étranges bévues que Racine a si bien relevées dans la préface de son Iphigénie. C'est donc de lui, et d'un autre frère encore qu'ils avoient, grand ennemi comme eux de Platon, d'Euripide, et de tous les autres bons auteurs, que j'ai voulu parler, quand j'ai dit qu'il y avoit de la bizarrerie d'esprit dans leur famille, que je reconnois d'ailleurs pour une famille pleine d'honnêtes gens, et où il y en a même plusieurs, je crois, qui souffrent Homère et Virgile.

On me pardonnera si je prends encore ici l'occasion de désabuser le public d'une autre fausseté que M. Perrault a avancée dans la lettre bourgeoise qu'il m'a écrite, et qu'il a fait imprimer, où il prétend qu'il a autrefois beaucoup servi à un de mes frères auprès de M. Colbert, pour lui faire avoir l'agrément de la charge de contrôleur de l'argenterie. Il allègue pour preuve que mon frère, depuis qu'il eut cette charge, venoit tous les ans lui rendre une visite, qu'il appeloit *de devoir*, et non pas d'*amitié*. C'est une vanité dont il est aisé de faire voir le mensonge, puisque mon frère mourut dans l'année qu'il obtint cette charge, qu'il n'a possédée, comme tout le monde le sait, que quatre mois; et que même, en considération de ce qu'il n'en avoit point joui, mon autre frère, pour qui nous obtînmes l'agrément de la même charge, ne paya point le marc d'or, qui montoit à une somme assez considérable. Je suis honteux de conter de si petites choses au public; mais mes amis m'ont fait entendre que ces reproches de M. Perrault regardant l'honneur, j'étois obligé d'en faire voir la fausseté.

RÉFLEXION II.

Notre esprit, même dans le sublime, a besoin d'une méthode pour lui enseigner à ne dire que ce qu'il faut, et à le dire en son lieu. Paroles de Longin, chap. II, page 192.

CELA est si vrai, que le sublime hors de son lieu, non-seulement n'est pas une belle chose, mais devient quelquefois une grande puérilité. C'est ce qui est arrivé à Scuderi dès le commencement de son poëme d'Alaric, lorsqu'il dit:

Je chante le vainqueur des vainqueurs de la terre.

Ce vers est assez noble, et est peut-être le mieux tourné de tout son ouvrage: mais il est ridicule de crier si haut, et de promettre de si grandes choses dès le premier vers. Virgile auroit bien pu dire, en commençant son Enéide : *Je chante ce fameux héros, fondateur d'un empire qui s'est rendu maître de toute la terre.* On peut croire qu'un aussi grand maître que lui auroit aisément trouvé des expressions pour mettre cette pensée en son jour: mais cela auroit senti son déclamateur. Il s'est contenté de dire : *Je chante cet homme rempli de piété, qui, après bien des travaux, aborda en Italie.* Un exorde doit être simple et sans affectation. Cela est aussi vrai dans la poësie que dans les discours oratoires, parce que c'est une règle fondée sur la nature, qui est la même par tout; et la comparaison du frontispice d'un palais, que M. Perrault allègue pour défendre ce vers d'Alaric, n'est point juste. Le frontispice d'un palais doit être orné, je l'avoue; mais l'exorde n'est point le frontispice d'un poëme. C'est plutôt une avenue, une avant-cour qui y conduit, et d'où on le découvre. Le frontispice fait une partie essentielle du palais, et on ne le sauroit ôter qu'on n'en détruise toute la symétrie. Mais un poëme subsistera fort bien sans exorde; et même nos romans, qui sont des espèces de poëmes, n'ont point d'exorde.

Il est donc certain qu'un exorde ne doit point trop promettre; et c'est sur quoi j'ai attaqué le vers d'Alaric, à l'exemple d'Horace, qui a aussi attaqué dans le même sens le début du poëme d'un Scuderi de son temps, qui commençoit par

Fortunam Priami cantabo, et nobile bellum.

Je chanterai les diverses fortunes de Priam, et toute la noble guerre de Troie.

Car le poëte, par ce début, promettoit plus que l'Iliade et l'Odyssée ensemble. Il est vrai que par occasion Horace se moque aussi fort plaisamment de l'épouvantable ouverture de bouche qui se fait en prononçant ce futur *cantabo;* mais, au fond, c'est de trop promettre qu'il accuse ce vers. On voit où se réduit la critique de M. Perrault, qui suppose que j'ai accusé le vers d'Alaric d'être mal tourné, et qui n'a entendu ni Horace ni moi. Au reste, avant que de finir cette remarque, il trouvera bon que je lui apprenne qu'il n'est pas vrai que *l'a* de *cano*, dans *arma virumque cano*, se doive prononcer comme *l'a* de *cantabo;* et que c'est une erreur qu'il a sucée dans le collége, où l'on a cette mauvaise méthode de prononcer les brèves dans les dissyllabes latins, comme si c'étoient des longues. Mais c'est un abus qui n'empêche pas le bon mot d'Horace : car il a écrit pour des Latins qui savoient prononcer leur langue, et non pas pour des François.

RÉFLEXION III.

Il étoit enclin naturellement à reprendre les vices des autres, quoiqu'aveugle pour ses propres défauts. Paroles de Longin, chap. III, page 197.

IL n'y a rien de plus insupportable qu'un auteur médiocre qui, ne voyant pas ses propres défauts, veut trouver des défauts dans tous les plus habiles écrivains. Mais c'est encore bien pis lorsqu'accusant ces écrivains de fautes qu'ils n'ont point faites, il fait lui-même des fautes, et tombe dans des ignorances grossières. C'est ce qui étoit arrivé quelquefois à Timée, et ce qui arrive toujours à M. Perrault (1). Il commence la censure qu'il fait d'Homère par la chose du monde la plus fausse, qui est que beaucoup d'excellens critiques soutiennent qu'il n'y a jamais eu au monde un homme nommé *Homère*, qui ait composé l'Iliade et l'Odyssée; que ces deux poëmes ne sont qu'une collection de plusieurs petits poëmes de différens auteurs, qu'on a joints ensemble. Il n'est point vrai que jamais personne ait avancé, au moins sur le papier, une pareille extravagance; et Elien, que M. Perrault cite pour son garant, dit positivement le contraire, comme nous le ferons voir dans la suite de cette remarque.

(1) Parallèles de M. Perrault, tome III, page 33.

Tous ces excellens critiques donc se réduisent à feu M. l'abbé d'Aubignac, qui avoit, à ce que prétend M. Perrault, préparé des mémoires pour prouver ce beau paradoxe. J'ai connu M. l'abbé d'Aubignac. Il étoit homme de beaucoup de mérite, et fort habile en matière de poëtique, bien qu'il sût médiocrement le grec. Je suis sûr qu'il n'a jamais conçu un si étrange dessein, à moins qu'il ne l'ait conçu les dernières années de sa vie, où l'on sait qu'il étoit tombé en une espèce d'enfance. Il savoit trop qu'il n'y eut jamais deux poëmes si bien suivis et si bien liés que l'Iliade et l'Odyssée, ni où le même génie éclate davantage par tout, comme tous ceux qui les ont lus en conviennent. M. Perrault prétend néanmoins qu'il y a de fortes conjectures pour appuyer le prétendu paradoxe de cet abbé; et ces fortes conjectures se réduisent à deux, dont l'une est, qu'on ne sait point la ville qui a donné naissance à Homère : l'autre est que ses ouvrages s'appellent *rapsodies*, mot qui veut dire un amas de chansons cousues ensemble; d'où il conclut que les ouvrages d'Homère sont des pièces ramassées de différens auteurs : jamais aucun poëte n'ayant intitulé, dit-il, ses ouvrages, *rapsodies*. Voilà d'étranges preuves. Car, pour le premier point, combien n'avons-nous pas d'écrits fort célèbres qu'on ne soupçonne point d'être faits par plusieurs écrivains différens, bien qu'on ne sache point les villes où sont nés les auteurs, ni même le temps où ils vivoient ! témoin Quinte-Curce, Pétrone, etc. A l'égard du mot *rapsodies*, on étonneroit peut-être bien M. Perrault si on lui faisoit voir que ce mot ne vient point de ῥάπτειν, qui signifie *joindre, coudre ensemble;* mais de ῥάβδος, qui veut dire *une branche ;* et que les livres de l'Iliade et de l'Odyssée ont été ainsi appelés, parce qu'il y avoit autrefois des gens qui les chantoient, une branche de laurier à la main, et qu'on appeloit à cause de cela *les chantres de la branche.*

La plus commune opinion pourtant est que ce mot vient de ῥάπτειν ᾠδὰς, et que *rapsodie* veut dire un amas de vers d'Homère qu'on chantoit, y ayant des gens qui gagnoient leur vie à les chanter, et non pas à les composer, comme notre censeur se le veut bizarrement persuader. Il n'y a qu'à lire sur cela Eustathius. Il n'est donc pas surprenant qu'aucun autre poëte qu'Homère n'ait intitulé ses vers *rapsodie*, parce qu'il n'y a jamais eu proprement que les vers d'Homère qu'on ait chantés de la sorte. Il paroît néanmoins que ceux qui dans la suite ont fait de ces parodies qu'on appeloit *centons d'Homère*, ont aussi nommé ces centons *rapsodies ;* et c'est peut-être ce qui a rendu le mot de *rapsodie* odieux en françois où il veut dire un amas de méchantes pièces recousues. Je viens maintenant au passage d'Elien, que cite M. Perrault; et afin qu'en faisant voir sa méprise et sa mauvaise foi sur ce passage, il ne m'accuse pas, à son ordinaire, de lui imposer, je vais rapporter ses propres mots. Les voici : *Elien, dont le témoignage n'est pas frivole, dit formellement que l'opinion des anciens critiques étoit qu'Homère n'avoit jamais composé l'Iliade et l'Odyssée que par morceaux, sans unité de dessin ; et qu'il n'avoit point donné d'autres noms à ces diverses parties, qu'il avoit composées sans ordre et sans arrangement dans la chaleur de son imagination, que les noms des matières dont il traitoit : qu'il avoit intitulé*, la Colère d'Achille, *le chant qui a depuis été le premier livre de l'Iliade ;* le Dénombrement des vaisseaux, *celui qui est devenu le second livre ;* le Combat de Pàris et de Ménélas, *celui dont on a fait le troisième, et ainsi des autres. Il ajoute que Lycurgue de Lacédémone fut le premier qui apporta d'Ionie dans la Grèce ces diverses parties séparées les unes des autres; et que ce fut Pisistrate qui les arrangea comme je viens de dire, et qui fit les deux poëmes de l'Iliade et de l'Odyssée, en la manière que nous les voyons aujourd'hui, de vingt quatre livres chacun, en l'honneur des vingt-quatres lettres de l'alphabet.*

A en juger par la hauteur dont M. Perrault étale ici toute cette belle érudition, pourroit-on soupçonner qu'il n'y a rien de tout cela dans Elien ? cependant il est très-véritable qu'il n'y en a pas un mot, Elien ne disant autre chose, sinon que les œuvres d'Homère, qu'on avoit complètes en Ionie, ayant couru d'abord par pièces détachées dans la Grèce, où on les chantoit sous différens titres, elles furent enfin apportées tout entières d'Ionie par Lygurgue, et données au public par

Pisistrate qui les revit. Mais pour faire voir que je dis vrai, il faut rapporter ici les propres termes d'Elien (1) : *Les poësies d'Homère*, dit cet auteur ; *courant d'abord en Grèce par pièces détachées, étoient chantées chez les anciens Grecs sous de certains titres qu'ils leur donnoient. L'une s'appeloit* le combat proche des vaisseaux ; *l'autre*, Dolon surpris ; *l'autre*, la valeur d'Agamemnon ; *l'autre*, le dénombrement des vaisseaux ; *l'autre*, la Patroclée ; *l'autre*, le corps d'Hector racheté ; *l'autre*, les combats faits en l'honneur de Patrocle ; *l'autre*, les sermens violés. *C'est ainsi à-peu-près que se distribuoit l'Iliade. Il en étoit de même des parties de l'Odyssée : l'une s'appeloit* le voyage à Pyle ; *l'autre*, le passage à Lacédémone, l'antre de Calypso, le vaisseau, la fable d'Alcinoüs, le cyclope, la descente aux enfers, les bains de Circé, le meurtre des amans de Pénélope, la visite rendue à Laërte dans son champ, etc. *Lycurgue Lacédémonien fut le premier qui, venant d'Ionie, apporta assez tard en Grèce toutes les œuvres complètes d'Homère ; et Pisistrate les ayant ramassées ensemble dans un volume, fut celui qui donna au public l'Iliade et l'Odyssée, en l'état que nous les avons.* Y a-t-il là un seul mot dans le sens que lui donne M. Perrault ? où Elien dit-il formellement que l'opinion des anciens critiques étoit qu'Homère n'avoit composé l'Iliade et l'Odyssée que par morceaux, et qu'il n'avoit point donné d'autres noms à ces diverses parties, qu'il avoit composées sans ordre et sans arrangement dans la chaleur de son imagination, que les noms des matières dont il traitoit ? est-il seulement parlé là de ce qu'a fait ou pensé Homère en composant ses ouvrages ? Et tout ce qu'Elien avance ne regarde-t-il pas simplement ceux qui chantoient en Grèce les poësies de ce divin poëte, et qui en savoient par cœur beaucoup de pièces détachées, auxquelles ils donnoient les noms qu'il leur plaisoit, ces pièces y étant toutes long-temps même avant l'arrivée de Lycurgue ? où est-il parlé que Pisistrate fit l'Iliade et l'Odyssée ? Il est vrai que le traducteur latin a mis *confecit*. Mais outre que *confecit* en cet endroit ne veut point dire *fit*, mais *ramassa* ; cela est fort mal traduit ; et il y a dans le

(1) Livre XIII des diverses histoires, chapitre 14.

grec ἀπέφηνε, qui signifie, *les montra*, *les fit voir au public.* Enfin, bien loin de faire tort à la gloire d'Homère, y a-t-il rien de plus honorable pour lui que ce passage d'Elien, où l'on voit que les ouvrages de ce grand poëte avoit d'abord couru en Grèce dans la bouche de tous les hommes, qui en faisoient leurs délices, et se les apprenoient les uns aux autres; et qu'ensuite ils furent donnés complets au public par un des plus galans hommes de son siècle, je veux dire par Pisistrate, celui qui se rendit maître d'Athènes? Eustathius cite encore, outre Pisistrate, Aristarque et Zénodote, deux des plus fameux grammairiens d'alors, qui contribuèrent, dit-il, à ce travail; de sorte qu'il n'y a peut-être point d'ouvrages de l'antiquité qu'on soit si sûr d'avoir complets et en bon ordre, que l'Iliade et l'Odyssée. Ainsi voilà plus de vingt bévues que M. Perrault a faites sur le seul passage d'Elien. Cependant c'est sur ce passage qu'il fonde toutes les absurdités qu'il dit d'Homère. Prenant de là occasion de traiter de haut en bas l'un des meilleurs livres de poëtique qui, du consentement de tous les habiles gens, aient été faits en notre langue, c'est à savoir le *Traité du poëme épique du P. le Bossu*, et où ce savant fait si bien voir l'unité, la beauté, et l'admirable construction des poëmes de l'Iliade, de l'Odyssée, et de l'Enéide; M. Perrault, sans se donner la peine de réfuter toutes les choses solides que ce père a écrites sur ce sujet, se contente de le traiter d'homme à chimères et à visions creuses. On me permettra d'interrompre ici ma remarque pour lui demander de quel droit il parle avec ce mépris d'un auteur approuvé de tout le monde, lui qui trouve si mauvais que je me sois moqué de Chapelain et de Cotin, c'est-à-dire de deux auteurs universellement décriés. Ne se souvient-il point que le P. le Bossu est un auteur moderne, et un auteur moderne excellent? Assurément il s'en souvient, et c'est vraisemblablement ce qui le lui rend insupportable; car ce n'est pas simplement aux anciens qu'en veut M. Perrault, c'est à tout ce qu'il y a jamais eu d'écrivains d'un mérite élevé dans tous les siècles, et même dans le nôtre; n'ayant d'autre but que de placer, s'il lui étoit possible, sur le trône des belles-lettres, ses chers amis, les auteurs médiocres, afin d'y trouver sa place avec eux. C'est dans cette vue qu'en son dernier dialogue il a fait cette belle apologie de Chapelain, poëte à la vérité un peu dur dans ses expressions, et dont il ne fait point, dit-il, son héros, mais qu'il trouve pourtant beaucoup plus sensé qu'Homère et que Virgile, et qu'il met du moins au même rang que le Tasse, affectant de parler de la Jérusalem délivrée et de la Pucelle comme de deux ouvrages modernes qui ont la même cause à soutenir contre les poëmes anciens.

Que s'il loue en quelques endroits Malherbe, Racan, Molière, et Corneille, et s'il les met au-dessus de tous les anciens, qui ne voit que ce n'est qu'afin de les mieux avilir dans la suite, et pour rendre plus complet le triomphe de Quinault, qu'il met beaucoup au-dessus d'eux, et *qui est,* dit-il en propres termes, *le plus grand poëte que la France ait jamais eu pour le lyrique et le dramatique?* Je ne veux point ici offenser la mémoire de Quinault, qui, malgré tous nos démêlés poëtiques, est mort mon ami. Il avoit, je l'avoue, beaucoup d'esprit, et un talent tout particulier pour faire des vers bons à mettre en chant: mais ces vers n'étoient pas d'une grande force, ni d'une grande élévation; et c'étoit leur foiblesse même qui les rendoit d'autant plus propres pour le musicien, auquel ils doivent leur principale gloire, puisqu'il n'y a en effet de tous ses ouvrages que les opéra qui soient recherchés. Encore est-il bon que les notes de musique les accompagnent: car pour les autres pièces de théâtre, qu'il a faites en fort grand nombre, il y a long-temps qu'on ne les joue plus, et on ne se souvient pas même qu'elles aient été faites.

Du reste, il est certain que Quinault étoit un très-honnête homme, et si modeste, que je suis persuadé que, s'il étoit encore en vie, il ne seroit guère moins choqué des louanges outrées que lui donne ici M. Perrault, que des traits qui sont contre lui dans mes satires. Mais pour revenir à Homère, on trouvera bon, puisque je suis en train, qu'avant que de finir cette remarque je fasse encore voir ici cinq énormes bévues que notre censeur a faites en sept ou huit pages, voulant reprendre ce grand poëte.

La première est à la page 72, où il le raille d'avoir, par une ridicule observation anatomique, écrit, dit-il, dans le quatrième livre de l'Iliade (vers 146), que Ménélas avoit les talons à l'extrémité des jambes. C'est ainsi qu'avec son agrément ordinaire il traduit un endroit très-sensé et très-naturel d'Homère, où le poëte, à propos du sang qui sortoit de la blessure de Ménélas, ayant apporté la comparaison de l'ivoire qu'une femme de Carie a teint en couleur de pourpre : *De même*, dit-il, *Ménélas, ta cuisse et ta jambe, jusqu'à l'extrémité du talon, furent alors teintes de ton sang.*

Τοιοι τοι, Μενελαε, μιανθην αἱματι μηροι
Εὐφυεες, κνημαι τ' ἠδε σφυρα καλ' ὑπενερθε.

Talia tibi, Menelae, fœdata sunt cruore femora
Solida, tibiæ, talique pulchri, infrà.

Est-ce là dire anatomiquement que Ménélas avoit les talons à l'extrémité des jambes ? et le censeur est-il excusable de n'avoir pas au moins vu dans la version latine que l'adverbe *infrà* ne se construisoit pas avec *talus*, mais avec *foedata sunt?* Si M. Perrault veut voir de ces ridicules observations anatomiques, il ne faut pas qu'il aille feuilleter l'Iliade ; il faut qu'il relise la Pucelle. C'est là qu'il en pourra trouver un bon nombre ; et entre autres celle-ci, où son cher M. Chapelain met au rang des agrémens de la belle Agnès, qu'elle avoit les doigts inégaux ; ce qu'il exprime en ces jolis termes :

On voit hors des deux bouts de ses deux courtes manches
Sortir à découvert deux mains longues et blanches,
Dont les doigts inégaux, mais tout ronds et menus,
Imitent l'embonpoint des bras ronds et charnus.

La seconde bévue est à la page suivante, où notre censeur accuse Homère de n'avoir point su les arts ; et cela, pour avoir dit dans le troisième livre de l'Odyssée (1), que le fondeur que Nestor fit venir pour dorer les cornes du taureau qu'il vouloit sacrifier, vint avec son enclume, son marteau, et ses tenailles. A-t-on besoin, dit M. Perrault, d'enclume ni de marteau pour dorer? Il est bon premièrement de lui apprendre qu'il

(1) Vers 425 et suiv.

n'est point parlé là d'un fondeur, mais d'un forgeron (1); et que ce forgeron, qui étoit en même temps et le fondeur et le batteur d'or de la ville de Pyle, ne venoit pas seulement pour dorer les cornes du taureau, mais pour battre l'or dont il les devoit dorer, et que c'est pour cela qu'il avoit apporté ses instrumens, comme le poëte le dit en propres termes : Οἷσιν τε χρυσὸν εἰργάζετο, *instrumenta quibus aurum elaborabat.* Il paroît même que ce fut Nestor qui lui fournit l'or qu'il battit. Il est vrai qu'il n'avoit pas besoin pour cela d'une fort grosse enclume; aussi celle qu'il apporta étoit-elle si petite qu'Homère assure qu'il la tenoit entre ses mains. Ainsi on voit qu'Homère a parfaitement entendu l'art dont il parloit. Mais comment justifierons-nous M. Perrault, cet homme d'un si grand goût, et si habile en toutes sortes d'arts, ainsi qu'il s'en vante lui-même dans la lettre qu'il m'a écrite; comment, dis-je, l'excuserons-nous d'être encore à apprendre que les feuilles d'or dont on se sert pour dorer ne sont que de l'or extrêmement battu?

La troisième bévue est encore plus ridicule. Elle est à la même page où il traite notre poëte de *grossier*, d'avoir fait dire à Ulysse par la princesse Nausicaa, dans l'Odyssée, *qu'elle n'approuvoit point qu'une fille couchât avec un homme avant que de l'avoir épousé.* Si le mot grec qu'il explique de la sorte vouloit dire en cet endroit *coucher*, la chose seroit encore bien plus ridicule que ne dit notre critique, puisque ce mot est joint en cet endroit à un pluriel, et qu'ainsi la princesse Nausicaa diroit: *qu'elle n'approuve point qu'une fille couche avec plusieurs hommes avant que d'être mariée.* Cependant c'est une chose très-honnête et pleine de pudeur qu'elle dit ici à Ulysse : car, dans le dessein qu'elle a de l'introduire à la cour du roi son père, elle lui fait entendre qu'elle va devant préparer toutes choses; mais qu'il ne faut pas qu'on la voie entrer avec lui dans la ville, à cause des Phéaques, peuple fort médisant, qui ne manqueroient pas d'en faire de mauvais discours; ajoutant qu'elle n'approuveroit pas elle-même la conduite d'une fille qui, sans le congé de son père et de sa mère, fréquenteroit des hommes

(1) Χαλκεύς.

avant que d'être mariée. C'est ainsi que tous les interprètes ont expliqué en cet endroit les mots ἀνδράσι μισγεσθαι *misceri hominibus*, y en ayant même qui ont mis à la marge du texte grec, pour prévenir les Perraults : *Gardez-vous bien de croire que μισγεσθαι en cet endroit veuille dire* coucher. En effet, ce mot est presque employé par tout dans l'Iliade et dans l'Odyssée pour dire *fréquenter*; et il ne veut dire *coucher avec quelqu'un* que lorsque la suite naturelle du discours, quelque autre mot qu'on y joint, et la qualité de la personne qui parle ou dont on parle, le déterminent infailliblement à cette signification, qu'il ne peut jamais avoir dans la bouche d'une princesse aussi sage et aussi honnête qu'est représentée Nausicaa.

Ajoutez l'étrange absurdité qui s'ensuivroit de son discours, s'il pouvoit être pris ici dans ce sens; puisqu'elle conviendroit en quelque sorte, par son raisonnement, qu'une femme mariée peut coucher honnêtement avec tous les hommes qu'il lui plaira. Il en est de même de μισγεσθαι en grec, que des mots *cognoscere* et *commisceri* dans le langage de l'Ecriture, qui ne signifient d'eux-mêmes que *connoître* et *se mêler*, et qui ne veulent dire figurément *coucher* que selon l'endroit où on les applique; si bien que toute la grossièreté du mot d'Homère appartient entièrement à notre censeur, qui salit tout ce qu'il touche, et qui n'attaque les auteurs anciens que sur des interprétations fausses, qu'il se forge à sa fantaisie, sans savoir leur langue, et que personne ne leur a jamais données.

La quatrième bévue est aussi sur un passage de l'Odyssée. Eumée, dans le quinzième livre de ce poëme, raconte qu'il est né dans une petite île appelée Syros (1), qui est au couchant de l'île d'Ortygie (2). Ce qu'il explique par ces mots :

Ὀρτυγίας καθυπερθέν, ὅθι τροπαὶ ἠελίοιο.

Ortygiâ desuper, quâ parte sunt conversiones solis.

Petite île située au-dessus de l'île d'Ortygie, du côté que le soleil se couche.

Il n'y a jamais eu de difficulté sur ce passage : tous

(1) Ile de l'Archipel, du nombre des Cyclades.
(2) Cyclade, nommée depuis *Délos*.

les interprètes l'expliquent de la sorte ; et Eustathius même apporte des exemples où il fait voir que le verbe τρεπεσθαι, d'où vient τροπαι, est employé dans Homère pour dire *que le soleil se couche.* Cela est confirmé par Hesychius, qui explique le terme de τροπαι par celui de δυσεις, mot qui signifie incontestablement *le couchant.* Il est vrai qu'il y a un vieux commentateur qui a mis dans une petite note, qu'Homère, par ces mots, a voulu aussi marquer *qu'il y avoit dans cette île un antre où l'on faisoit voir les tours ou conversions du soleil.* On ne sait pas trop bien ce qu'a voulu dire par-là ce commentateur, aussi obscur qu'Homère est clair. Mais ce qu'il y a de certain, c'est que ni lui ni pas un autre n'ont jamais pretendu qu'Homère ait voulu dire que l'île de Syros étoit située sous le tropique ; et que l'on n'a jamais attaqué ni défendu ce grand poëte sur cette erreur, parce qu'on ne la lui a jamais imputée. Le seul M. Perrault, qui, comme je l'ai montré par tant de preuves, ne sait point le grec, et qui sait si peu la géographie, que dans un de ses ouvrages il a mis le fleuve de Méandre, (fleuve dans la Phrygie), et par conséquent la Phrygie et Troie, dans la Grèce ; le seul M. Perrault, dis-je, vient, sur l'idée chimérique qu'il s'est mise dans l'esprit, et peut-être sur quelque misérable note d'un pédant, accuser un poëte regardé par tous les anciens géographes, comme le père de la géographie d'avoir mis l'île de Syros et la mer Méditerranée sous le tropique ; faute qu'un petit écolier n'auroit pas faite : et non-seulement il l'en accuse, mais il suppose que c'est une chose reconnue de tout le monde, et que les interprètes ont tâché en vain de sauver, en expliquant, dit-il, ce passage du cadran que Phérécydes, qui vivoit trois cents ans depuis Homère, avoit fait dans l'île de Syros ; quoiqu'Eustathius, le seul commentateur qui a bien entendu Homère ne dise rien de cette interprétation, qui ne peut avoir été donnée à Homère que par quelque commentateur de Diogène Laërce (1), lequel commentateur je ne connois point. Voilà les belles preuves par où notre censeur prétend faire voir qu'Ho-

(1) Diogène Laërce, de l'édition de Ménage, p. 76 du texte, et p. 68 des observations.

mère ne savoit point les arts ; et qui ne font voir autre chose, sinon que M. Perrault ne sait point de grec, qu'il entend médiocrement le latin, et ne connoît lui-même en aucune sorte les arts.

Il a fait les autres bévues pour n'avoir pas entendu le grec, mais il est tombé dans la cinquième erreur pour n'avoir pas entendu le latin. La voici : *Ulysse, dans l'Odyssée* (1), *est*, dit il, *reconnu par son chien, qui ne l'avoit point vu depuis vingt ans. Cependant Pline assure que les chiens ne passent jamais quinze ans.* M. Perrault sur cela fait le procès à Homère, comme ayant infailliblement tort d'avoir fait vivre un chien vingt ans, Pline assurant que les chiens n'en peuvent vivre que quinze. Il me permettra de lui dire que c'est condamner un peu légèrement Homère, puisque non-seulement Aristote, ainsi qu'il l'avoue lui-même, mais tous les naturalistes modernes, comme Jonston, Aldrovande, etc. assurent qu'il y a des chiens qui vivent vingt années; que même je pourrois lui citer des exemples, dans notre siècle, de chiens qui en ont vécu jusqu'à vingt-deux; et qu'enfin Pline, quoiqu'écrivain admirable, a été convaincu, comme chacun sait, de s'être trompé plus d'une fois sur les choses de la nature, au lieu qu'Homère, avant les dialogues de M. Perrault, n'a jamais été même accusé sur ce point d'aucune erreur. Mais quoi ! M. Perrault est résolu de ne croire aujourd'hui que Pline, pour lequel il est, dit-il, prêt à parier. Il faut donc le satisfaire, et lui apporter l'autorité de Pline lui-même, qu'il n'a point lu ou qu'il n'a point entendu, et qui dit positivement la même chose qu'Aristote et tous les autres naturalistes; c'est à savoir, que les chiens ne vivent ordinairement que quinze ans, mais qu'il y en quelquefois qui vont jusqu'à vingt. Voici ses termes (2) :

Vivunt laconici (canes) annis denis...... cœtera genera quindecim annos, aliquando viginti.

Cette espèce de chiens, qu'on appelle *chiens de Laconie*, ne vivent que dix ans....... toutes les autres espèces de chiens vivent ordinairement quinze ans, et vont quelquefois jusqu'à vingt.

(1) Livre XVII, vers 300 et suiv.
(2) Pline, Histoire naturelle, livre X.

Qui

Qui pourroit croire que notre censeur, voulant, sur l'autorité de Pline, accuser d'erreur un aussi grand personnage qu'Homère, ne se donne pas la peine de lire le passage de Pline, ou de se le faire expliquer; et qu'ensuite, de tout ce grand nombre de bévues entassées les unes sur les autres dans un si petit nombre de pages, il ait la hardiesse de conclure, comme il a fait, *qu'il ne trouve point d'inconvénient*, ce sont ses termes (1), *qu'Homère qui est mauvais astronome et mauvais géographe, ne soit pas bon naturaliste?* Y a-t-il un homme sensé qui, lisant ces absurdités, dites avec tant de hauteur dans les dialogues de M. Perrault, puisse s'empêcher de jeter de colère le livre; et de dire comme Démiphon dans Térence (2):

Ipsum gestio
Dari mi in conspectum.

Je ferois un gros volume si je voulois lui montrer toutes les autres bévues qui sont dans les sept ou huit pages que je viens d'examiner, y en ayant presque encore un aussi grand nombre que je passe, et que peut-être je lui ferai voir dans la première édition de mon livre, si je vois que les hommes daignent jeter les yeux sur ces éruditions grecques, et lire des remarques faites sur un livre que personne ne lit.

RÉFLEXION IV.

C'est ce qu'on peut voir dans la description de la déesse Discorde, qui a, dit-il (3),

La tête dans les cieux et les pieds sur la terre.

Paroles de Longin, chap. VII, page 208.

VIRGILE a traduit ce vers presque mot pour mot dans le quatrième livre de l'Énéide, appliquant à la Renommée ce qu'Homère dit de la Discorde:

Ingrediturque solo, et caput inter nubila condit.

Un si beau vers imité par Virgile, et admiré par

(1) Parallèles, tome II. (2) Phorm. acte I, scène V, vers 30.
(3) Iliade, livre IV, vers 443.

Longin, n'a pas été néanmoins à couvert de la critique de M. Perrault (1), qui trouve cette hyperbole outrée, et la met au rang des contes de Peau-d'âne. Il n'a pas pris garde que, même dans le discours ordinaire, il nous échappe tous les jours des hyperboles plus fortes que celle-là, qui ne dit au fond que ce qui est très-véritable; c'est à savoir *que la Discorde règne par tout sur la terre, et même dans le ciel entre les dieux*, c'est-à-dire *entre les dieux d'Homère*. Ce n'est donc point la description d'un géant, comme le prétend notre censeur, que fait ici Homère, c'est une allégorie très-juste; et bien qu'il fasse de la Discorde un personnage, c'est un personnage allégorique qui ne choque point, de quelque taille qu'il le fasse, parce qu'on le regarde comme une idée et une imagination de l'esprit, et non point comme un être matériel subsistant dans la nature. Ainsi cette expression du pseaume, *J'ai vu l'impie élevé comme un cèdre du Liban* (2), ne veut pas dire que l'impie étoit un géant grand comme un cèdre du Liban; cela signifie *que l'impie étoit au faîte des grandeurs humaines*: Racine est fort bien entré dans la pensée du psalmiste par ces deux vers de son Esther, qui ont du rapport au vers d'Homère,

> Pareil au cèdre, il cachoit dans les cieux
> Son front audacieux.

Il est donc aisé de justifier les paroles avantageuses que Longin dit du vers d'Homère sur la Discorde. La vérité est pourtant que ces paroles ne sont point de Longin, puisque c'est moi qui, à l'imitation de Gabriel de Pétra, les lui ai en partie prêtées, le grec en cet endroit étant fort défectueux, et même le vers d'Homère n'y étant point rapporté. C'est ce que M. Perrault n'a eu garde de voir, parce qu'il n'a jamais lu Longin, selon toutes les apparences, que dans ma traduction. Ainsi, pensant contredire Longin, il a fait mieux qu'il ne pensoit, puisque c'est moi qu'il a contredit. Mais, en m'attaquant, il ne sauroit nier qu'il

(1) Parallèles, tome III.

(2) *Vidi impium superexaltatum, et elevatum sicut cedros Libani* (Psal. 36, v. 35.)

n'ait aussi attaqué Homère, et surtout Virgile, qu'il avoit tellement dans l'esprit quand il a blâmé ce vers sur la Discorde, que, dans son discours, au lieu de la *Discorde*, il a écrit, sans y penser, la *Renommée*.

C'est donc d'elle qu'il fait cette belle critique (1) : *Que l'exagération du poëte en cet endroit ne sauroit faire une idée bien nette. Pourquoi? C'est*, ajoute-t-il, *que tant qu'on pourra voir la tête de la Renommée, sa tête ne sera point dans le ciel; et que si sa tête est dans le ciel, on ne sait pas trop bien ce que l'on voit.* O l'admirable raisonnement ! Mais où est-ce qu'Homère et Virgile disent qu'on voit la tête de la Discorde ou de la Renommée? Et afin qu'elle ait la tête dans le ciel, qu'importe que l'on l'y voie ou qu'on ne l'y voie pas? N'est-ce pas ici le poëte qui parle, et qui est supposé voir tout ce qui se passe, même dans le ciel, sans que pour cela les yeux des autres hommes le découvrent? En vérité, j'ai peur que les lecteurs ne rougissent pour moi de me voir réfuter de si étranges raisonnemens. Notre censeur attaque ensuite une autre hyperbole d'Homère, à propos des chevaux des dieux. Mais comme ce qu'il dit contre cette hyperbole n'est qu'une fade plaisanterie, le peu que je viens de dire contre l'objection précédente suffira, je crois, pour répondre à toutes les deux.

RÉFLEXION V.

Il en est de même de ces compagnons d'Ulysse changés en pourceaux (2), *que Zoïle appelle de petits cochons larmoyans.* Paroles de Longin, chap. VII, page 214.

IL paroît par ce passage de Longin que Zoïle, aussi bien que M. Perrault, s'étoit égayé à faire des railleries sur Homère : car cette plaisanterie *des petits cochons larmoyans* a assez de rapport avec *les comparaisons à longue queue*, que notre critique moderne reproche à ce grand poëte. Et puisque, dans notre siècle, la liberté que Zoïle s'étoit donnée de parler sans respect

(1) Parallèles, tome III, page 118.
(2) Odyssée, livre X, vers 239 et suiv.

des plus grands écrivains de l'antiquité se met aujourd'hui à la mode parmi beaucoup de petits esprits, aussi ignorans qu'orgueilleux et pleins d'eux-mêmes, il ne sera pas hors de propos de leur faire voir ici de quelle manière cette liberté a réussi autrefois à ce rhéteur, homme fort savant, ainsi que le témoigne Denys d'Halicarnasse, et à qui je ne vois pas qu'on puisse rien reprocher sur les mœurs, puisqu'il fut toute sa vie très-pauvre, et que, malgré l'animosité que ses critiques sur Homère et sur Platon avoit excitée contre lui, on ne l'a jamais accusé d'autre crime que de ces critiques même, et d'un peu de misanthropie.

Il faut donc premièrement voir ce que dit de lui Vitruve, le célèbre architecte; car c'est lui qui en parle le plus au long : et afin que M. Perrault ne m'accuse pas d'altérer le texte de cet auteur, je mettrai ici les mots même de son frère le médecin, qui nous a donné Vitruve en françois. *Quelques années après* (c'est Vitruve qui parle dans la traduction de ce médecin), *Zoïle, qui se faisoit appeler* le fléau d'Homère, *vint de Macédoine à Alexandrie, et présenta au roi les livres qu'il avoit composés contre l'Iliade et contre l'Odyssée. Ptolémée, indigné que l'on attaquât si insolemment le père de tous les poëtes, et que l'on maltraitât ainsi celui que tous les savans reconnoissent pour leur maître, dont toute la terre admiroit les écrits, et qui n'étoit pas là présent pour se défendre, ne fit point de réponse. Cependant Zoïle, ayant long-temps attendu, et étant pressé de la nécessité, fit supplier le roi de lui faire donner quelque chose. A quoi l'on dit qu'il fit cette réponse :* Que puisqu'Homère, depuis mille ans qu'il y avoit qu'il étoit mort, avoit nourri plusieurs milliers de personnes, Zoïle devoit bien avoir l'industrie de se nourrir, non-seulement lui, mais plusieurs autres encore, lui qui faisoit profession d'être beaucoup plus savant qu'Homère. *Sa mort se raconte diversement. Les uns disent que Ptolémée le fit mettre en croix; d'autres, qu'il fut lapidé; et d'autres, qu'il fut brûlé tout vif à Smyrne. Mais de quelque façon que cela soit, il est certain qu'il a bien mérité cette punition, puisqu'on ne la peut pas mériter pour un crime plus odieux qu'est celui de reprendre un écrivain qui n'est pas en état de rendre raison de ce qu'il a écrit.*

Je ne conçois pas comment M. Perrault le médecin, qui pensoit d'Homère et de Platon à-peu-près les mêmes choses que son frère et que Zoïle, a pu aller jusqu'au bout en traduisant ce passage. La vérité est qu'il l'a adouci autant qu'il lui a été possible, tâchant d'insinuer que ce n'étoit que les savans, c'est-à-dire, au langage de MM. Perrault, les pédans, qui admiroient les ouvrages d'Homère ; car dans le texte latin il n'y a pas un seul mot qui revienne au mot de savant ; et à l'endroit où M. le médecin traduit, *Celui que tous les savans reconnoissent pour leur maître*, il y a *Celui que tous ceux qui aiment les belles lettres reconnoissent pour leur chef* (1). En effet, bien qu'Homère ait su beaucoup de choses, il n'a jamais passé pour le maître des savans. Ptolémée ne dit point non plus à Zoïle dans le texte latin, *Qu'il devoit bien avoir l'industrie de se nourrir, lui qui faisoit profession d'être beaucoup plus savant qu'Homère* : il y a, *lui qui se vantoit d'avoir beaucoup plus d'esprit qu'Homère* (2). D'ailleurs Vitruve ne dit pas simplement *que Zoïle présenta ses livres contre Homère à Ptolémée*, *mais qu'il les lui récita* (3) : ce qui est bien plus fort, et qui fait voir que ce prince les blâmoit avec connoissance de cause.

M. le médecin ne s'est pas contenté de ces adoucissemens ; il a fait une note, où il s'efforce d'insinuer qu'on a prêté ici beaucoup de choses à Vitruve ; et cela fondé sur ce que c'est un raisonnement indigne de Vitruve, de dire qu'on ne puisse reprendre un écrivain qui n'est pas en état de rendre raison de ce qu'il a écrit ; et que par cette raison ce seroit un crime digne du feu que de reprendre quelque chose dans les écrits que Zoïle a faits contre Homère, si on les avoit à présent. Je réponds premièrement que dans le latin il n'y a pas simplement, *reprendre un écrivain*, mais *citer* (4), *appeler en jugement des écrivains*, c'est-à-dire *les attaquer dans les formes sur tous les ouvrages* : que d'ailleurs, par ces écrivains, Vitruve n'entend pas des écrivains ordinaires, mais des écrivains qui ont été l'admiration de tous les siècles, tels que Platon et

(1) *Philologiæ omnis ducem.* (2) *Qui meliori ingenio se profiteretur.* (3) *Regi recitavit.* (4) *Qui citat eos quorum, etc.*

Homère, dont nous devons présumer, quand nous trouvons quelque chose à redire dans leurs écrits, que, s'ils étoient là présens pour se défendre, nous serions tout étonnés que c'est nous qui nous trompons : qu'ainsi il n'y a point de parité avec Zoïle, homme décrié dans tous les siècles, et dont les ouvrages n'ont pas même eu la gloire que, *grâce à mes remarques*, vont avoir les écrits de M. Perrault, qui est qu'on leur ait répondu quelque chose.

Mais, pour achever le portrait de cet homme, il est bon de mettre aussi en cet endroit ce qu'en a écrit l'auteur que M. Perrault cite le plus volontiers, c'est à savoir Elien. C'est au livre XI de ses histoires diverses. *Zoïle, celui qui a écrit contre Homère, contre Platon et contre plusieurs autres grands personnages, étoit d'Amphipolis* (1), *et fut disciple de ce Polycrate qui a fait un discours en forme d'accusation contre Socrate. Il fut appelé* le chien de la rhétorique. *Voici à-peu-près sa figure.* Il avoit une grande barbe qui lui descendoit sur le menton, mais nul poil à la tête, qu'il se rasoit jusqu'au cuir. Son manteau lui pendoit ordinairement sur ses genoux. Il aimoit à mal parler de tout, et ne se plaisoit qu'à contredire. En un mot, il n'y eut jamais d'homme si hargneux que ce misérable. *Un très-savant homme lui ayant demandé un jour pourquoi il s'acharnoit de la sorte à dire du mal de tous les grands écrivains*, c'est, *répliqua-t-il*, que je voudrois bien leur en faire, mais je n'en puis venir à bout.

Je n'aurois jamais fait si je voulois ramasser ici toutes les injures qui lui ont été dites dans l'antiquité, où il étoit par tout connu sous le nom *du vil esclave de Thrace*. On prétend que ce fut l'envie qui l'engagea à écrire contre Homère, et que c'est ce qui a fait que tous les envieux ont été depuis appelés du nom de *Zoïles*, témoin ces deux vers d'Ovide :

Ingenium magni livor detrectat Homeri :
Quisquis es, ex illo, Zoïle, nomen habes.

Je rapporte ici tout exprès ce passage afin de faire voir

(1) Ville de Thrace.

à M. Perrault qu'il peut fort bien arriver, quoi qu'il en puisse dire, qu'un auteur vivant soit jaloux d'un écrivain mort plusieurs siècles avant lui. Et, en effet, je connois plus d'un demi-savant qui rougit lorsqu'on loue devant lui avec un peu d'excès ou Cicéron ou Démosthène, prétendant qu'on lui fait tort.

Mais, pour ne me point écarter de Zoïle, j'ai cherché plusieurs fois en moi-même ce qui a pu attirer contre lui cette animosité et déluge d'injures; car il n'est pas le seul qui ait fait des critiques sur Homère et sur Platon. Longin, dans ce traité même, comme nous le voyons, en a fait plusieurs; et Denys d'Halicarnasse n'a pas plus épargné Platon que lui. Cependant on ne voit point que ces critiques aient excité contre eux l'indignation des hommes. D'où vient cela? en voici la raison, si je ne me trompe. C'est qu'outre que leurs critiques sont fort sensées, il paroît visiblement qu'ils ne les font point pour rabaisser la gloire de ces grands hommes, mais pour établir la vérité de quelque précepte important; qu'au fond, bien loin de disconvenir du mérite de ces héros (c'est ainsi qu'ils les appellent), ils nous font par tout comprendre, même en les critiquant, qu'ils les reconnoissent pour leurs maîtres en l'art de parler, et pour les seuls modèles que doit suivre tout homme qui veut écrire; que s'ils nous y découvrent quelques taches, ils nous y font voir en même temps un nombre infini de beautés : tellement qu'on sort de la lecture de leurs critiques convaincu de la justesse d'esprit du censeur, et encore plus de la grandeur du génie de l'écrivain censuré. Ajoutez qu'en faisant ces critiques ils s'énoncent toujours avec tant d'égards, de modestie et de circonspection, qu'il n'est pas possible de leur en vouloir du mal.

Il n'en étoit pas ainsi de Zoïle, homme fort atrabilaire, et extrêmement rempli de la bonne opinion de lui-même; car, autant que nous en pouvons juger par quelques fragmens qui nous restent de ses critiques, et par ce que les auteurs nous en disent, il avoit directement entrepris de rabaisser les ouvrages d'Homère et de Platon, en les mettant l'un et l'autre au-dessous des plus vulgaires écrivains. Il traitoit les fables de l'Iliade et de l'Odyssée *de contes de vieille*, appelant Homère *un diseur de sornettes*, φιλομυθον. Il faisoit de fades plaisanteries des plus beaux endroits de ces deux poëmes, et tout cela avec une hauteur si pédantesque, qu'elle révoltoit tout le monde contre lui. Ce fut, à mon avis, ce qui lui attira cette horrible diffamation, et qui lui fit faire une fin si tragique.

Mais, à propos de hauteur pédantesque, peut-être ne sera-t-il pas mauvais d'expliquer ici ce que j'ai voulu dire par-là, et ce que c'est proprement *qu'un pédant*; car il me semble que M. Perrault ne conçoit pas trop bien toute l'étendue de ce mot. En effet, si l'on en doit juger par tout ce qu'il insinue dans ses dialogues, *un pédant*, selon lui, est un savant nourri dans un collége, et rempli de grec et de latin; qui admire aveuglément tous les auteurs anciens; qui ne croit pas qu'on puisse faire de nouvelles découvertes dans la nature, ni aller plus loin qu'Aristote, Epicure, Hippocrate, Pline; qui croiroit faire une espèce d'impiété s'il avoit trouvé quelque chose à redire dans Virgile; qui ne trouve pas simplement Térence un joli auteur, mais le comble de toute perfection; qui ne se pique point de politesse; qui non-seulement ne blâme jamais aucun auteur ancien, mais qui respecte surtout les auteurs que peu de gens lisent, comme Jason, Barthole, Lycophron, Macrobe, etc.

Voilà l'idée *du pédant* qu'il paroît que M. Perrault s'est formée. Il seroit donc bien surpris si on lui disoit qu'*un pédant* est presque tout le contraire de ce tableau; qu'*un pédant est un homme plein de lui-même, qui, avec un médiocre savoir, décide hardiment de toutes choses; qui se vante sans cesse d'avoir fait de nouvelles découvertes; qui traite du haut en bas Aristote, Epicure, Hippocrate, Pline; qui blâme tous les auteurs anciens; qui publie que Jason et Barthole étoient deux ignorans; Macrobe un écolier; qui trouve, à la vérité, quelques endroits passables dans Virgile, mais qui y trouve aussi beaucoup d'endroits dignes d'être sifflés; qui croit à peine Térence digne du nom* de joli; *qui, au milieu de tout cela, se pique surtout de politesse; qui tient que la plupart des anciens n'ont ni ordre, ni économie dans leurs discours; en un mot, qui compte pour rien de heurter sur cela le sentiment de tous les hommes.*

M. Perrault me dira peut-être que ce n'est point

là le véritable caractère d'un pédant. Il faut pourtant lui montrer que c'est le portrait qu'en fait le célèbre Régnier, c'est-à-dire le poëte françois qui, du consentement de tout le monde, a le mieux connu, avant Molière, les mœurs et le caractère des hommes. C'est dans sa dixième satire, où décrivant cet énorme pédant qui, dit-il,

> Faisoit par son savoir, comme il faisoit entendre,
> La figue sur le nez au pédant d'Alexandre,

il lui donne ensuite ces sentimens:

> Qu'il a, pour enseigner, une belle manière:
> Qu'en son globe il a vu la matière première:
> Qu'Epicure est *ivrogne*, Hippocrate *un bourreau*;
> Que Barthole et Jason *ignorent le barreau*:
> Que Virgile est *passable*, encor qu'en quelques pages
> Il méritât au Louvre être sifflé des pages:
> Que Pline est *inégal*, Térence *un peu joli*;
> Mais surtout il estime un langage poli.
> Ainsi sur chaque auteur il trouve de quoi mordre.
> L'un *n'a point de raison*, et l'autre *n'a point d'ordre*;
> L'un *avorte avant temps des œuvres qu'il conçoit.*
> Or' il vous prend Macrobe et lui donne le fouet, etc.

Je laisse à M. Perrault le soin de faire l'application de cette peinture, et de juger qui Régnier a décrit par ces vers; ou *un homme de l'université*, qui a un sincère respect pour tous les grands écrivains de l'antiquité, et qui en inspire, autant qu'il peut, l'estime à la jeunesse qu'il instruit; ou *un auteur présomptueux* qui traite tous les anciens d'ignorans, de grossiers, de visionnaires, d'insensés, et qui, étant déjà avancé en âge, emploie le reste de ses jours et s'occupe uniquement à contredire le sentiment de tous les hommes.

RÉFLEXION VI.

En effet, de trop s'arrêter aux petites choses, cela gâte tout. Paroles de Longin, chap. VIII, page 220.

IL n'y a rien de plus vrai, surtout dans les vers; et c'est un des grands défauts de Saint-Amand. Ce poëte avoit assez de génie pour les ouvrages de débauche, et de satire outrée; et il a même quelquefois des boutades assez heureuses dans le sérieux: mais il gâte tout par les basses circonstances qu'il y mêle. C'est ce qu'on peut voir dans son ode intitulée *la Solitude*, qui est son meilleur ouvrage, où, parmi un fort grand nombre d'images très-agréables, il vient présenter mal-à-propos aux yeux les choses du monde les plus affreuses, *des crapauds*, *et des limaçons qui bavent; le squelette d'un pendu*, etc.

> Là branle le squelette horrible
> D'un pauvre amant qui se pendit;

Il est surtout bizarrement tombé dans ce défaut en son *Moïse sauvé*, à l'endroit du passage de la mer rouge: au lieu de s'étendre sur de grandes circonstances qu'un sujet si majestueux lui présentoit, il perd le temps à peindre le petit enfant qui va, saute, revient, et ramassant une coquille, la va montrer à sa mère, et met en quelque sorte, comme j'ai dit dans ma poëtique, *les poissons aux fenêtres*, par ces deux vers:

> Et là, près des remparts que l'œil peut transpercer,
> Les poissons ébahis les regardent passer.

Il n'y a que M. Perrault au monde qui puisse ne pas sentir le comique qu'il y a dans ces deux vers, où il semble en effet *que les poissons aient loué des fenêtres pour voir passer le peuple hébreu*. Cela est d'autant plus ridicule que les poissons ne voient presque rien au travers de l'eau, et ont les yeux placés d'une telle manière qu'il étoit bien difficile, quand ils auroient eu la tête hors de ces remparts, qu'ils pussent bien découvrir cette marche. M. Perrault prétend néanmoins justifier ces deux vers, mais c'est par des raisons si peu sensées, qu'en vérité je croirois abuser du papier si je l'employois à y répondre. Je me contenterai donc de le renvoyer à la comparaison que Longin rapporte ici d'Homère. Il y pourra voir l'adresse de ce grand poëte à choisir et à ramasser les grandes circonstances. Je doute pourtant qu'il convienne de cette vérité; car il en veut surtout aux comparaisons d'Homère, et il en fait le principal objet de ses plaisanteries dans son dernier dialogue. On me demandera peut-être ce que c'est que ces plaisanteries, M. Perrault n'étant pas en réputation d'être fort plaisant: et comme vraisemblablement on n'ira pas les chercher dans l'original, je veux bien, pour la curiosité des lecteurs, en rapporter ici quelques traits. Mais pour cela il faut commencer par faire entendre ce que c'est que les dialogues de M. Perrault.

C'est une conversation qui se passe en trois personnages, dont le premier, grand ennemi des anciens et surtout de Platon, est M. Perrault lui-même, comme il le déclare dans sa préface. Il s'y donne le nom d'*abbé*; et je ne sais pas trop pourquoi il a pris ce titre ecclésiastique, puisqu'il n'est parlé dans ce dialogue que de choses très-profanes; que les romans y sont loués par excès, et que l'opéra y est regardé comme le comble de la perfection où la poësie pouvoit arriver en notre langue. Le second de ces personnages est un chevalier, admirateur de M. l'abbé, qui est là comme son Tabarin pour appuyer ses décisions, et qui le contredit même quelquefois à dessein, pour le faire mieux valoir. M. Perrault ne s'offensera pas sans doute de ce nom de Tabarin que je donne ici à son chevalier, puisque ce chevalier lui-même déclare en un endroit qu'il estime plus les dialogues de Mondor et de Tabarin que ceux de Platon. Enfin le troisième de ces personnages, qui est beaucoup le plus sot des trois, est un président, protecteur des anciens, qui les entend encore moins que l'abbé ni que le chevalier; qui ne sauroit souvent répondre aux objections du monde les plus frivoles, et qui défend si sottement la raison, qu'elle devient plus ridicule dans sa bouche que le mauvais sens. En un mot, il est là comme le faquin de la comédie, pour recevoir toutes les nasardes. Ce sont là les acteurs de la pièce. Il faut maintenant les voir en action.

M. l'abbé, par exemple, déclare en un endroit qu'il

n'approuve point ces comparaisons d'Homère où le poëte, non content de dire précisément ce qui sert à la comparaison, s'étend sur quelque circonstance historique de la chose dont il est parlé; comme lorsqu'il compare la cuisse de Ménélas blessé *à de l'ivoire teint en pourpre par une femme de Méonie ou de Carie*, etc. Cette femme de Méonie ou de Carie déplaît à M. l'abbé, et il ne sauroit souffrir ces sortes *de comparaisons à longue queue*; mot agréable, qui est d'abord admiré par M. le chevalier, lequel prend de là occasion de raconter quantité de jolies choses qu'il dît aussi à la campagne, l'année dernière, à propos *de ces comparaisons à longue queue*.

Ces plaisanteries étonnent un peu M. le président, qui sent bien la finesse qu'il y a dans ce mot *de longue queue*. Il se met pourtant à la fin en devoir de répondre. La chose n'étoit pas sans doute fort malaisée, puisqu'il n'avoit qu'à dire ce que tout homme qui sait les élémens de la rhétorique auroit dit d'abord: Que les comparaisons, dans les odes et dans les poëmes épiques, ne sont pas simplement mises pour éclaircir et pour orner le discours, mais pour amuser et pour délasser l'esprit du lecteur, en le détachant de temps en temps du principal sujet, et le promenant sur d'autres images agréables à l'esprit; que c'est en cela qu'a principalement excellé Homère, dont non-seulement toutes les comparaisons mais tous les discours sont pleins d'images de la nature si vraies et si variées, qu'étant toujours le même, il est néanmoins toujours différent; instruisant sans cesse le lecteur, et lui faisant observer, dans les objets même qu'il a toujours devant les yeux, des choses qu'il ne s'avisoit pas d'y remarquer; que c'est une vérité universellement reconnue *qu'il n'est point nécessaire, en matière de poësie, que les points de la comparaison se répondent si juste les uns aux autres, qu'il suffit d'un rapport général, et qu'une trop grande exactitude sentiroit son rhéteur.*

C'est ce qu'un homme sensé auroit pu dire sans peine à M. l'abbé et à M. le chevalier; mais ce n'est pas ainsi que raisonne M. le président. Il commence par avouer sincèrement que nos poëtes se feroient moquer d'eux s'ils mettoient dans leurs poëmes de ces comparaisons étendues, et n'excuse Homère que parce qu'il avoit le goût oriental, qui étoit, dit-il, *le goût de sa nation*. Là-dessus il explique ce que c'est que le goût des Orientaux, qui, à cause du feu de leur imagination et de la vivacité de leur esprit, veulent toujours, poursuit-il, qu'on leur dise deux choses à-la-fois, et ne sauroient souffrir un seul sens dans un discours : au lieu que, nous autres Européens, nous nous contentons d'un seul sens, et sommes bien aises qu'on ne nous dise qu'une seule chose à-la-fois. Belles observations que M. le président a faites dans la nature, et qu'il a faites tout seul! puisqu'il est très-faux que les Orientaux aient plus de vivacité d'esprit que les Européens, et surtout que les François, qui sont fameux par tout pays pour leur conception vive et prompte; le style figuré qui règne aujourd'hui dans l'Asie mineure et dans les pays voisins, et qui n'y régnoit point autrefois, ne venant que de l'irruption des Arabes et des autres nations barbares qui, peu de temps après Héraclius, inondèrent ces pays, et y portèrent, avec leur langue et avec leur religion, ces manières de parler ampoulées. En effet, on ne voit point que les pères grecs de l'Orient, comme saint Justin, saint Basile, saint Chrysostôme, saint Grégoire de Nazianze, et tant d'autres, aient jamais pris ce style dans leurs écrits; et ni Hérodote, ni Denys d'Halicarnasse, ni Lucien, ni Joseph, ni Philon le Juif, ni aucun auteur grec, n'a jamais parlé ce langage.

Mais pour revenir aux *comparaisons à longue queue*, M. le président rappelle toutes ses forces pour renverser ce mot, qui fait tout le fort de l'argument de M. l'abbé, et répond enfin que, *comme dans les cérémonies on trouveroit à redire aux queues des princesses si elles ne traînoient juqu'à terre, de même les comparaisons dans le poëme épique seroient blâmables si elles n'avoient des queues fort traînantes.* Voilà peut-être une des plus extravagantes réponses qui aient jamais été faites; car quel rapport ont les comparaisons à des princesses? Cependant M. le chevalier, qui jusqu'alors n'avoit rien approuvé de tout ce que le président avoit dit, est ébloui de la solidité de cette réponse, et commence à avoir peur pour M. l'abbé, qui, frappé aussi du grand sens de ce discours, s'en tire pourtant avec assez de peine, en avouant, contre son premier sentiment, qu'à la vérité on peut donner de longues queues aux comparaisons, mais soutenant qu'il faut, ainsi qu'aux robes de princesses, que ces queues soient de même étoffe que la robe; ce qui manque, dit-il, aux comparaisons d'Homère, où les queues sont de deux étoffes différentes : de sorte que s'il arrivoit qu'en France, comme cela peut fort bien arriver, la mode vînt de coudre des queues de différente étoffe aux robes des princesses, voilà le président qui auroit entièrement cause gagnée sur les comparaisons. C'est ainsi que ces trois messieurs manient entre eux la raison humaine; l'un *faisant toujours l'objection qu'il ne doit point faire*; l'autre *approuvant ce qu'il ne doit point approuver;* et l'autre *répondant ce qu'il ne doit point répondre.*

Que si le président a eu ici quelque avantage sur l'abbé, celui-ci a bientôt sa revanche, à propos d'un autre endroit d'Homère. Cet endroit est dans le douzième livre de l'Odyssée (1), où Homère, selon la traduction de M. Perrault, raconte *qu'Ulysse étant porté sur son mât brisé vers la Charybde, justement dans le temps que l'eau s'élevoit, et craignant de tomber au fond quand l'eau viendroit à redescendre, il se prit à un figuier sauvage qui sortoit du haut du rocher, où il s'attacha comme une chauve-souris, et où il attendit, ainsi suspendu, que son mât, qui étoit allé à fond revint sur l'eau;* ajoutant *que, lorsqu'il le vit revenir, il fut aussi aise qu'un juge qui se lève de dessus son siége pour aller dîner, après avoir jugé plusieurs procès.* M. l'abbé insulte fort à M. le président sur cette comparaison bizarre *du juge qui va dîner;* et voyant le président embarrassé, *Est-ce*, ajoute-t-il, *que je ne traduis pas fidellement le texte d'Homère?* ce que ce grand défenseur des anciens n'oseroit nier. Aussitôt M. le chevalier revient à la charge; et sur ce que le président répond que le poëte donne à tout cela un tour si agréable qu'on ne peut pas n'en être point charmé, *Vous vous moquez*, poursuit le chevalier. *Dès le moment qu'Homère, tout Homère qu'il est, veut trouver de la ressemblance entre un homme qui se réjouit de voir son mât revenir sur l'eau, et un juge qui se lève pour aller dîner après*

(1) Vers 420 et suiv.

avoir jugé plusieurs procès, il ne sauroit dire qu'une impertinence.

Voilà donc le pauvre président fort accablé; et cela faute d'avoir su que M. l'abbé fait ici une des plus énormes bévues qui aient jamais été faites, prenant une date pour une comparaison. Car il n'y a en effet aucune comparaison en cet endroit d'Homère. Ulysse raconte que voyant le mât et la quille de son vaisseau, sur lesquels il s'étoit sauvé, qui s'engloutissoient dans la Charybde, il s'accrocha comme un oiseau de nuit à un grand figuier qui pendoit là d'un rocher, et qu'il y demeura long-temps attaché, dans l'espérance que, le reflux venant, la Charybde pourroit enfin revomir les débris de son vaisseau; qu'en effet ce qu'il avoit prévu arriva; et qu'environ vers l'heure qu'un magistrat, ayant rendu la justice, quitte sa séance pour aller prendre sa réfection, c'est-à-dire environ sur les trois heures après midi, ces débris parurent hors de la Charybde, et qu'il se remit dessus. Cette date est d'autant plus juste qu'Eustathius assure que c'est le temps d'un des reflux de la Charybde, qui en a trois en vingt-quatre heures, et qu'autrefois en Grèce on datoit ordinairement les heures de la journée par le temps où les magistrats entroient au conseil, par celui où ils y demeuroient, et par celui où ils en sortoient. Cet endroit n'a jamais été entendu autrement par aucun interprète, et le traducteur latin l'a fort bien rendu. Par là on peut voir à qui appartient l'impertinence de la comparaison prétendue, ou à Homère qui ne l'a point faite, ou à M. l'abbé qui la lui faire si mal-à-propos.

Mais avant que de quitter la conversation de ces trois messieurs, M. l'abbé trouvera bon que je ne donne pas les mains à la réponse décisive qu'il fait à M. le chevalier, qui lui avoit dit: *Mais à propos de comparaisons, on dit qu'Homère compare Ulysse qui se tourne dans son lit au boudin qu'on rôtit sur le gril.* A quoi M. l'abbé répond, *Cela est vrai*, et à quoi je réponds: *Cela est si faux*, que même le mot grec qui veut dire *boudin* n'étoit point encore inventé du temps d'Homère, où il n'y avoit ni boudins ni ragoûts. La vérité est que, dans le vingtième livre de l'Odyssée (1),

(1) Vers 24 et suiv.

il compare Ulysse qui se tourne çà et là dans son lit, brûlant d'impatience de se soûler, comme dit Eustathius, du sang des amans de Pénélope, *à un homme affamé qui s'agite pour faire cuire sur un grand feu le ventre sanglant et plein de graisse d'un animal dont il brûle de se rassasier, le tournant sans cesse de côté et d'autre.*

En effet tout le monde sait que le ventre de certains animaux, chez les anciens, étoit un de leurs plus délicieux mets; que le *sumen*, c'est-à-dire le ventre de la truie, parmi les Romains, étoit vanté par excellence, et défendu même par une ancienne loi censorienne, comme trop voluptueux. Ces mots, *plein de sang et de graisse*, qu'Homère a pris en parlant du ventre des animaux, et qui sont si vrais de cette partie du corps, ont donné occasion à un misérable traducteur qui a mis autrefois l'Odyssée en françois, de se figurer qu'Homère parloit là *de boudin*, parce que le boudin de pourceau se fait communément avec du sang et de la graisse; et il l'a ainsi sottement rendu dans sa traduction. C'est sur la foi de ce traducteur que quelques ignorans et M. l'abbé du dialogue ont cru qu'Homère comparoit Ulysse *à un boudin*, quoique ni le grec ni le latin n'en disent rien, et que jamais aucun commentateur n'ait fait cette ridicule bévue. Cela montre bien les étranges inconvéniens qui arrivent à ceux qui veulent parler d'une langue qu'ils ne savent point.

REFLEXION VII.

Il faut songer au jugement que toute la postérité fera de nos écrits. Paroles de Longin, chap. XII, p. 226.

IL n'y a en effet que l'approbation de la postérité qui puisse établir le vrai mérite des ouvrages. Quelque éclat qu'ait fait un écrivain durant sa vie, quelques éloges qu'il ait reçus, on ne peut pas pour cela infailliblement conclure que ses ouvrages soient excellens. De faux brillans, la nouveauté du style, un tour d'esprit qui étoit à la mode, peuvent les avoir fait valoir; et il arrivera peut-être que dans le siècle suivant on ouvrira les yeux, et que l'on méprisera ce que l'on

a

à admiré. Nous en avons un bel exemple dans Ronsard et dans ses imitateurs, comme du Bellay, du Bartas, Desportes, qui dans le siècle précédent ont été l'admiration de tout le monde, et qui aujourd'hui ne trouvent pas même de lecteurs.

La même chose étoit arrivée chez les Romains à Nævius, à Livius et à Ennius, qui du temps d'Horace, comme nous l'apprenons de ce poëte, trouvoient encore beaucoup de gens qui les admiroient, mais qui à la fin furent entièrement décriés. Et il ne faut point s'imaginer que la chute de ces auteurs, tant les françois que les latins, soit venue de ce que les langues de leur pays ont changé. Elle n'est venue que de ce qu'ils n'avoient point attrapé dans ces langues le point de solidité et de perfection qui est nécessaire pour faire durer et pour faire à jamais priser des ouvrages. En effet, la langue latine, par exemple, qu'ont écrite Cicéron et Virgile, étoit déjà fort changée du temps de Quintilien, et encore plus du temps d'Aulu-Gelle. Cependant Cicéron et Virgile y étoient encore plus estimés que de leur temps même, parce qu'ils avoient comme fixé la langue par leurs écrits, ayant atteint le point de perfection que j'ai dit.

Ce n'est donc point la vieillesse des mots et des expressions dans Ronsard, qui a décrié Ronsard; c'est qu'on s'est aperçu tout d'un coup que les beautés qu'on y croyoit voir n'étoient point des beautés, ce que Bertaut, Malherbe, de Lingendes et Racan, qui vinrent après lui, contribuèrent beaucoup à faire connoître, ayant attrapé dans le genre sérieux le vrai génie de la langue françoise, qui, bien loin d'être en son point de maturité du temps de Ronsard, comme Pasquier se l'étoit persuadé faussement, n'étoit pas même encore sorti de sa première enfance. Au contraire, le vrai tour de l'épigramme, du rondeau et des épîtres naïves, ayant été trouvé, même avant Ronsard, par Marot, par Saint-Gelais et par d'autres, non-seulement leurs ouvrages en ce genre ne sont point tombés dans le mépris, mais ils sont encore aujourd'hui généralement estimés; jusques là même que pour trouver l'air naïf en françois, en a encore quelquefois recours à leur style, et c'est ce qui a si bien réussi au célèbre La Fontaine. Concluons donc *qu'il n'y a qu'une longue suite d'années qui puisse établir la valeur et le vrai mérite d'un ouvrage.*

Mais lorsque des écrivains ont été admirés durant un fort grand nombre de siècles, et n'ont été méprisés que par quelques gens de goût bizarre, car il se trouve toujours des goûts dépravés, alors non-seulement il y a de la témérité, mais il y a de la folie, à vouloir douter du mérite de ces écrivains. Que si vous ne voyez point les beautés de leurs écrits, il ne faut pas conclure qu'elles n'y sont point, mais que vous êtes aveugle, et que vous n'avez point de goût. Le gros des hommes à la longue ne se trompe point sur les ouvrages d'esprit. Il n'est plus question, à l'heure qu'il est, de savoir si Homère, Platon, Cicéron, Virgile, sont des hommes merveilleux; c'est une chose sans contestation, puisque vingt siècles en sont convenus : il s'agit de savoir en quoi consiste ce merveilleux qui les a fait admirer de tant de siècles, et il faut trouver moyen de le voir, ou renoncer aux belles-lettres, auxquelles vous devez croire que vous n'avez ni goût ni génie, puisque vous ne sentez point ce qu'ont senti tous les hommes.

Qand je dis cela néanmoins, je suppose que vous sachiez la langue de ces auteurs; car si vous ne la savez point, et si vous ne vous l'êtes point familiarisée, je ne vous blâmerai pas de n'en point voir les beautés, je vous blâmerai seulement d'en parler. Et c'est en quoi on ne sauroit trop condamner M. Perrault, qui, ne sachant point la langue d'Homère, vient hardiment lui faire son procès sur les bassesses de ses traducteurs, et dire au genre humain, qui a admiré les ouvrages de ce grand poëte durant tant de siècles : *Vous avez admiré des sottises.* C'est à-peu-près la même chose qu'un aveugle né qui s'en iroit crier par toutes les rues : *Messieurs, je sais que le soleil que vous voyez vous paroît fort beau; mais moi, qui ne l'ai jamais vu, je vous déclare qu'il est fort laid.*

Mais, pour revenir à ce que je disois, puisque c'est la postérité seule qui met le véritable prix aux ouvrages, il ne faut pas, quelque admirable que vous paroisse un écrivain moderne, le mettre aisément en parallèle avec ses écrivains admirés durant un si grand nombre de siècles, puisqu'il n'est pas même sûr que ses ouvrages passent avec gloire au siècle suivant. En effet, sans aller chercher des exemples éloignés, combien n'avons-nous point vu d'auteurs admirés dans notre siècle, dont la gloire est déchue en très-peu d'années! dans quelle estime n'ont point été, il y a trente ans, les ouvrages de Balzac! on ne parloit pas de lui simplement comme du plus éloquent homme de son siècle, mais comme du seul éloquent. Il a effectivement des qualités merveilleuses. On peut dire que jamais personne n'a mieux su sa langue que lui, et n'a mieux entendu la propriété des mots et la juste mesure des périodes; c'est une louange que tout le monde lui donne encore. Mais on s'est aperçu tout d'un coup que l'art où il s'est employé toute sa vie étoit l'art qu'il savoit le moins, je veux dire l'*art de faire une lettre*; car bien que les siennes soient toutes pleines d'esprit et de choses admirablement dites, on y remarque par tout les deux vices les plus opposés au genre épistolaire, c'est à savoir l'*affectation* et l'*enflure*; et on ne peut plus lui pardonner ce soin vicieux qu'il a de dire toutes choses autrement que ne le disent les autres hommes. De sorte que tous les jours on rétorque contre lui ce même vers que Maynard a fait autrefois à sa louange,

Il n'est point de mortel qui parle comme lui.

Il y a pourtant encore des gens qui le lisent; mais il n'y a plus personne qui ose imiter son style, ceux qui l'ont fait s'étant rendus la risée de tout le monde.

Mais pour chercher un exemple encore plus illustre que celui de Balzac, Corneille est celui de tous nos poëtes qui a fait le plus d'éclat en notre temps; et on ne croyoit pas qu'il pût jamais y avoir en France un poëte digne de lui être égalé. Il n'y en a point en effet qui ait eu plus d'élévation de génie, ni qui ait plus composé. Tout son mérite pourtant, à l'heure qu'il est, ayant été mis par le temps comme dans un creuset, se réduit à huit ou neuf pièces de théâtre qu'on admire, et qui sont, s'il faut ainsi parler, comme le midi de sa poësie, dont l'orient et l'occident n'ont rien valu. Encore, dans ce petit nombre de bonnes pièces, outre les fautes de langue qui y sont assez fréquentes, on commence à s'apercevoir de beaucoup d'endroits de déclamation qu'on n'y voyoit point autrefois. Ainsi, non-seulement on ne trouve point mauvais qu'on lui compare aujourd'hui Racine, mais il se trouve même quantité de gens qui le lui préfèrent. La postérité jugera qui vaut le mieux des deux; car je suis persuadé que les écrits de l'un et de l'autre passeront aux siècles suivans. Mais jusques-là ni l'un ni l'autre ne doit être mis en parallèle avec Euripide et avec Sophocle, puisque leurs ouvrages n'ont point encore le sceau qu'ont les ouvrages d'Euripide et de Sophocle, je veux dire l'approbation de plusieurs siècles.

Au reste, il ne faut pas s'imaginer que, dans ce nombre d'écrivains approuvés de tous les siècles, je veuille ici comprendre ces auteurs, à la vérité anciens, mais qui ne se sont acquis qu'une médiocre estime, comme Lycophron, Nonnus, Silius Italicus, l'auteur des tragédies attribuées à Sénèque, et plusieurs autres à qui on peut non-seulement comparer, mais à qui on peut, à mon avis, justement préférer beaucoup d'écrivains modernes. Je n'admets dans ce haut rang que ce petit nombre d'écrivains merveilleux dont le nom seul fait l'éloge, comme Homère, Platon, Cicéron, Virgile, etc. Et je ne règle point l'estime que je fais d'eux par le temps qu'il y a que leurs ouvrages durent, mais par le temps qu'il y a qu'on les admire. C'est de quoi il est bon d'avertir beaucoup de gens qui pourroient mal-à-propos croire ce que veut insinuer notre censeur, *qu'on ne loue les anciens que parce qu'ils sont anciens, et qu'on ne blâme les modernes que parce qu'ils sont modernes;* ce qui n'est point du tout véritable, y ayant beaucoup d'anciens qu'on n'admire point, et beaucoup de modernes que tout le monde loue. L'antiquité d'un écrivain n'est pas un titre certain de son mérite, mais l'antique et constante admiration qu'on a toujours eue pour ses ouvrages est une preuve sûre et infaillible qu'on les doit admirer.

RÉFLEXION VIII.

Il n'en est pas ainsi de Pindare et de Sophocle; car au milieu de leur plus grande violence, durant qu'ils tonnent et foudroient, pour ainsi dire, souvent leur ardeur vient à s'éteindre, et ils tombent malheureusement. Paroles de Longin, chap. XXVII, page 264.

LONGIN donne ici assez à entendre qu'il avoit trouvé des choses à redire dans Pindare. Et dans quel auteur n'en trouve-t-on point? Mais en même temps il déclare que ces fautes qu'il y a remarquées ne peuvent point être appelées *proprement fautes*, et que ce ne sont que de petites négligences où Pindare est tombé à cause de cet esprit divin dont il est entraîné, et qu'il n'étoit pas en sa puissance de régler comme il vouloit. C'est ainsi que le plus grand et le plus sévère de tous les critiques grecs parle de Pindare même en le censurant.

Ce n'est pas là le langage de M. Perrault, homme qui sûrement ne sait point de grec. Selon lui (1), Pindare non-seulement est plein de veritables fautes; mais c'est un auteur qui n'a aucune beauté, un diseur de galimatias impénétrable, que jamais personne n'a pu comprendre, et dont Horace s'est moqué quand il a dit que c'étoit un poëte inimitable. En un mot, c'est un écrivain sans mérite, qui n'est estimé que d'un certain nombre de savans, qui le lisent sans le concevoir, et qui ne s'attachent qu'à recueillir quelques misérables sentences dont il a semé ses ouvrages. Voilà ce qu'il juge à propos d'avancer sans preuve dans le dernier de ses dialogues. Il est vrai que dans un autre de ses dialogues il vient à la preuve devant madame la présidente Morinet, et prétend montrer que le commencement de la première ode de ce grand poëte ne s'entend point. C'est ce qu'il prouve admirablement par la traduction qu'il en a faite; car il faut avouer que si Pindare s'étoit énoncé comme lui, La Serre ni Richesource ne l'emporteroient pas sur Pindare pour le galimatias et pour la bassesse.

(1) Parallèles, tome I et tome III.

On sera donc assez surpris ici de voir que cette bassesse et ce galimatias appartiennent entièrement à M. Perrault, qui, en traduisant Pindare, n'a entendu ni le grec, ni le latin, ni le françois. C'est ce qu'il est aisé de prouver. Mais pour cela il faut savoir que Pindare vivoit peu de temps après Pythagore, Thalès et Anaxagore, fameux philosophes naturalistes, et qui avoient enseigné la physique avec un fort grand succès. L'opinion de Thalès, qui mettoit l'eau pour le principe des choses, étoit surtout célèbre. Empédocle Sicilien, qui vivoit du temps de Pindare même, et qui avoit été disciple d'Anaxagore, avoit encore poussé la chose plus loin qu'eux; et non-seulement avoit pénétré fort avant dans la connoissance de la nature, mais il avoit fait ce que Lucrèce a fait depuis à son imitation, je veux dire qu'il avoit mis toute la physique en vers. On a perdu son poëme. On sait pourtant que ce poëme commençoit par l'éloge des quatre élémens, et vraisemblablement il n'y avoit pas oublié la formation de l'or et des autres métaux. Cet ouvrage s'étoit rendu si fameux dans la Grèce, qu'il y avoit fait regarder son auteur comme une espèce de divinité.

Pindare, venant donc à composer sa première ode olympique à la louange d'Hiéron, roi de Sicile, qui avoit remporté le prix de la course des chevaux, débute par la chose du monde la plus simple et la plus naturelle, qui est que, s'il vouloit chanter les merveilles de la nature, il chanteroit, à l'imitation d'Empédocle Sicilien, l'eau et l'or, comme les deux plus excellentes choses du monde; mais que, s'étant consacré à chanter les actions des hommes, il va chanter le combat olympique, puisque c'est en effet ce que les hommes font de plus grand; et que de dire qu'il y ait quelque autre combat aussi excellent que le combat olympique, c'est prétendre qu'il y a dans le ciel quelqu'autre astre aussi lumineux que le soleil. Voilà la pensée de Pindare mise dans son ordre naturel, et telle qu'un rhéteur la pourroit dire dans une exacte prose. Voici comme Pindare l'énonce en poëte : *Il n'y a rien de si excellent que l'eau; il n'y a rien de plus éclatant que l'or, et il se distingue entre toutes les autres superbes richesses comme un feu qui brille dans la nuit. Mais, ô mon esprit, puisque* (1) *c'est des combats que tu veux chanter, ne va point te figurer ni que dans les vastes déserts du ciel, quand il fait jour* (2), *on puisse voir quelqu'autre astre aussi lumineux que le soleil, ni que* sur la terre *nous puissions dire qu'il y ait quelqu'autre combat aussi excellent que le combat olympique.*

Pindare est presque ici traduit mot pour mot, et je ne lui ai prêté que les mots de *sur la terre*, que le sens amène si naturellement qu'en vérité il n'y a qu'un homme qui ne sait ce que c'est que traduire, qui puisse me chicaner là-dessus. Je ne prétends donc pas, dans une traduction si littérale, avoir fait sentir toute la force de l'original, dont la beauté consiste principalement dans le nombre, l'arrangement et la magnificence des paroles. Cependant quelle majesté et quelle noblesse un homme de bon sens n'y peut-il pas remarquer, même dans la sécheresse de ma traduction! Que de grandes images présentées d'abord, l'*eau*, l'*or*, le *feu*, le *soleil!* que de sublimes figures ensemble, *la métaphore, l'apostrophe, la métonymie!* quel tour et quelle agréable circonduction de paroles! Cette expression, *Les vastes déserts du ciel, quand il fait jour*, est peut-être une des plus grandes choses qui aient jamais été dites en poësie. En effet, qui n'a point remarqué de quel nombre infini d'étoiles le ciel paroît peuplé durant la nuit, et quelle vaste solitude c'est au contraire dès que le soleil vient à se montrer? De sorte que, par le seul début de cette ode, on commence à concevoir tout ce qu'Horace a voulu faire entendre quand il a dit que *Pindare est comme un grand fleuve qui marche à flots bouillonnans; et que de sa bouche, comme d'une source profonde, il sort une immensité de richesses et de belles choses.*

(1) La particule ει veut aussi-bien dire en cet endroit *puisque* et *comme*, que *si*; et c'est ce que Benoît a fort bien montré dans l'ode III, où ces mots αριστον, etc. sont répétés.

(2) Le traducteur latin n'a pas bien rendu cet endroit; Μηκετι σκοπει αλλο φαεινον αστρον, *Ne contempleris aliud visibile astrum*, qui doivent s'expliquer dans mon sens : *Ne puta quòd videatur aliud astrum* (Ne te figure pas qu'on puisse voir un autre astre, etc.)

Fervet, immensusque ruit profundo
Pindarus ore.

Examinons maintenant la traduction de M. Perrault. La voici : *L'eau est très-bonne à la vérité ; et l'or, qui brille comme le feu durant la nuit, éclate merveilleusement parmi les richesses qui rendent l'homme superbe. Mais, mon esprit, si tu désires chanter des combats ne contemples point d'autre astre plus lumineux que le soleil pendant le jour, dans le vague de l'air ; car nous ne saurions chanter des combats plus illustres que les combats olympiques.* Peut on jamais voir un plus plat galimatias ? *L'eau est très-bonne à la vérité*, est une manière de parler familière et comique, qui ne répond point à la majesté de Pindare. Le mot d'ἀριστον ne veut pas simplement dire en grec *bon*, mais *merveilleux*, *divin*, *excellent entre les choses excellentes*. On dira fort bien en grec qu'Alexandre et Jules étoient ἀριστοι Traduira-t-on qu'ils étoient de *bonnes gens* ? D'ailleurs le nom de *bonne eau* en françois tombe dans le bas, à cause que cette façon de parler s'emploie dans des usages bas et populaires, *à l'enseigne de la bonne eau*, *à la bonne eau-de-vie*. Le mot d'*à la vérité* en cette endroit est encore plus familier et plus ridicule, et n'est point dans le grec, où μεν et le δε sont comme des espèces d'enclitiques qui ne servent qu'à soutenir la versification. *Et l'or qui brille* (1). Il n'y a point d'*et* dans le grec, et *qui* n'y est point non plus *Eclate* merveilleusement *parmi les richesses*. *Merveilleusement* est burlesque en cet endroit. Il n'est point dans le grec, et se sent de l'ironie que M. Perrault a dans l'esprit, et qu'il tâche de prêter même aux paroles de Pindare en le traduisant. *Qui rendent l'homme superbe*. Cela n'est point dans Pindare, qui donne l'epithète de *superbe* aux richesses même, ce qui est une figure très-belle : au lieu que dans la traduction, n'y ayant point de figure, il n'y a plus par conséquent de poësie. *Mais mon esprit*, *etc.* C'est ici où M. Perrault achève de perdre la tramontane ; et, comme il n'a entendu aucun mot de cet

(1) S'il y avoit *l'or qui brille* dans le grec, cela feroit un solécisme ; car il faudroit que αιθομενον fut l'adjectif de χρυσος.

endroit où j'ai fait voir un sens si noble, si majestueux et si clair, on me dispensera d'en faire l'analyse.

Je me contenterai de lui demander dans quel lexicon, dans quel dictionnaire ancien ou moderne, il a jamais trouvé que μηδε en grec, ou *ne* en latin, voulût dire *car*. Cependant c'est ce *car* qui fait ici toute la confusion du raisonnement qu'il veut attribuer à Pindare. Ne sait-il pas qu'en toute langue, mettez un *car* mal-à-propos, il n'y a point de raisonnement qui ne devienne absurde. Que je dise, par exemple, *Il n'y a rien de si clair que le commencement de la première ode de Pindare, et M. Perrault ne l'a point entendu;* voilà parler très-juste. Mais si je dis, *Il n'y a rien de si clair que le commencement de la première ode de Pindare*, car *M. Perrault ne l'a point entendu;* c'est fort mal argumenté, parce que d'un fait très-véritable je fais une raison très-fausse, et qu'il est fort indifférent, pour faire qu'une chose soit claire ou obscure, que M. Perrault l'entende ou ne l'entende point.

Je ne m'étendrai pas davantage à lui faire connoître une faute qu'il n'est pas possible que lui-même ne sente. J'oserai seulement l'avertir que, l'orsqu'on veut critiquer d'aussi grands hommes qu'Homère et que Pindare, il faut avoir du moins les premières teintures de la grammaire; et qu'il peut fort bien arriver que l'auteur le plus habile devienne un auteur de mauvais sens entre les mains d'un traducteur ignorant, qui ne l'entend point, et qui ne sait pas même quelquefois que *ni* ne veut point dire *car*.

Après avoir ainsi convaincu M. Perrault sur le grec et le latin, il trouvera bon que je l'avertisse aussi qu'il y a une grossière faute de françois dans ces mots de sa traduction : *Mais mon esprit ne* contemples *point, etc.* et que *contemple*, à l'impératif, n'a point d'*s*. Je lui conseille donc de renvoyer cette *s* au mot de *casuite*, qu'il écrit toujours ainsi, quoiqu'on doive toujours écrire et prononcer *casuiste*. Cette *s*, je l'avoue, y est un peu plus nécessaire qu'au pluriel du mot d'*opéra;* car bien que j'aie toujours entendu prononcer des *opéras* comme on dit des *factums* et des *totons*, je ne voudrois pas assurer qu'on le doive écrire, et je pourrois bien m'être trompé en l'écrivant de la sorte.

RÉFLEXION IX.

Les mots bas sont comme autant de marques honteuses qui flétrissent l'expression. Paroles de Longin, chapitre XXXIV, page 247.

CETTE remarque est vraie dans toutes les langues. Il n'y a rien qui avilisse davantage un discours *que les mots bas*. On souffrira plutôt, généralement parlant, une pensée basse exprimée en termes nobles, que la pensée la plus noble exprimée en termes bas. La raison de cela est que tout le monde ne peut pas juger de la justesse et de la force d'une pensée; mais qu'il n'y a presque personne, surtout dans les langues vivantes, qui ne sente la bassesse des mots. Cependant il y a peu d'écrivains qui ne tombent quelquefois dans ce vice. Longin, comme nous voyons ici, accuse Hérodote, c'est-à-dire le plus poli de tous les historiens grecs, d'avoir laissé échapper des mots bas dans son histoire. On en reproche à Tite-Live, à Salluste et à Virgile.

N'est-ce donc pas une chose fort surprenante qu'on n'ait jamais fait sur cela aucun reproche à Homère, bien qu'il ait composé deux poëmes, chacun plus gros que l'Enéide, et qu'il n'y ait point d'écrivain qui descende quelquefois dans un plus grand détail que lui, ni qui dise si volontiers les petites choses, ne se servant jamais que de termes nobles, ou employant les termes les moins relevés avec tant d'art et d'industrie, comme remarque Denys d'Halicarnasse, qu'il les rend nobles et harmonieux? Et certainement, s'il y avoit eu quelque reproche à lui faire sur la bassesse des mots, Longin ne l'auroit pas vraisemblablement plus épargné ici qu'Hérodote. On voit donc par-là le peu de sens de ces critiques modernes qui veulent juger du grec sans savoir de grec, et qui, ne lisant Homère que dans des traductions latines très-basses, ou dans des traductions françoises encore plus rampantes, imputent à Homère les bassesses de ses traducteurs, et l'accusent de ce qu'en parlant grec il n'a pas assez noblement parlé latin ou françois. Ces messieurs doivent savoir que les mots des langues ne répondent pas toujours juste les uns aux autres ; et qu'un terme grec très-noble ne peut souvent être exprimé en françois que par un terme très-bas. Cela se voit par le mot *asinus* en latin, et *âne* en françois, qui sont de la dernière bassesse dans l'une et dans l'autre de ces langues, quoique le mot qui signifie cet animal n'ait rien de bas en grec ni en hébreu, où on le voit employé dans les endroits même les plus magnifiques. Il en est de même du mot *mulet* et de plusieurs autres.

En effet les langues ont chacune leur bizarrerie : mais la françoise est principalement capricieuse sur les mots ; et bien qu'elle soit riche en beaux termes sur de certains sujets, il y en a beaucoup où elle est fort pauvre ; et il y a un très-grand nombre de petites choses qu'elle ne sauroit dire noblement : ainsi, par exemple, bien que dans les endroits les plus sublimes elle nomme sans s'avilir *un mouton*, *une chèvre*, *une brebis* ; elle ne sauroit, sans se diffamer, dans un style un peu élevé, nommer *un veau*, *une truie*, *un cochon*. Le mot de *génisse* en françois est fort beau, surtout dans une églogue ; *vache* ne s'y peut pas souffrir. *Pasteur* et *berger* y sont du plus bel usage ; *gardeur de pourceaux* ou *gardeur de bœufs* y seroient horribles. Cependant il n'y a peut-être pas dans le grec deux plus beaux mots que συβώτης et βουκόλος, qui répondent à ces deux mots françois ; c'est pourquoi Virgile a intitulé ses églogues de ce doux nom de *bucoliques*, qui veut pourtant dire en notre langue à la lettre, *les entretiens de bouviers* ou *des gardeurs de bœufs*.

Je pourrois rapporter encore ici un nombre infini de pareils exemples. Mais, au lieu de plaindre en cela le malheur de notre langue, prendrons-nous le parti d'accuser Homère et Virgile de bassesse, pour n'avoir pas prévu que ces termes, quoique si nobles, et si doux à l'oreille en leur langue, seroient bas et grossiers étant traduits un jour en françois ? Voilà en effet le principe sur lequel M. Perrault fait le procès à Homère. Il ne se contente pas de le condamner sur les basses traductions qu'on en a faites en latin : pour plus grande sûreté, il traduit lui-même ce latin en françois ; et avec ce beau talent qu'il a de dire bassement toutes choses, il fait si bien, que, racontant le sujet de l'Odyssée, il fait d'un des plus nobles sujets qui aient jamais été traités, un ouvrage aussi burlesque que l'*Ovide en belle humeur.*

Il change ce sage vieillard qui avoit soin des troupeaux d'Ulysse en un vilain porcher. Aux endroits où Homère dit *que la nuit couvroit la terre de son ombre, et cachoit les chemins aux voyageurs*, il traduit, *que l'on commençoit à ne voir goutte dans les rues.* Au lieu de la magnifique chaussure dont Télémaque lie ses pieds délicats, il lui fait mettre *ses beaux souliers de parade.* A l'endroit où Homère, pour marquer la propreté de la maison de Nestor dit, *que ce fameux vieillard s'assit devant sa porte sur des pierres fort polies, et qui reluisoient comme si on les avoit frottées de quelque huile précieuse*, il met *que Nestor s'alla asseoir sur des pierres luisantes comme de l'onguent.* Il explique par tout le mot de *sus*, qui est fort noble en grec, par le mot de *cochon* ou de *pourceau*, qui est de la dernière bassesse en françois. Au lieu qu'Agamemnon dit qu'*Egisthe le fit asssassiner dans son palais, comme un taureau qu'on égorge dans une étable*, il met dans la bouche d'Agamemnon cette manière de parler basse : *Egisthe me fit assommer comme un bœuf.* Au lieu de dire, comme porte le grec, qu'*Ulysse voyant son vaisseau fracassé et son mât renversé d'un coup de tonnerre, il lia ensemble, du mieux qu'il put, ce mât avec son reste de vaisseau, et s'assit dessus*, il fait dire à Ulysse *qu'il se mit à cheval sur son mât.* C'est en cet endroit qu'il fait cette énorme bévue que nous avons remarquée ailleurs dans nos observations.

Il dit encore sur ce sujet cent autres bassesses de la même force, exprimant en style rampant et bourgeois les mœurs des hommes de cet ancien siècle, qu'Hésiode appelle *le siècle des héros*, où l'on ne connoissoit point la mollesse et les délices, où l'on se servoit, où l'on s'habilloit soi-même, et qui se sentoit encore par-là du siècle d'or. M. Perrault triomphe à nous faire voir combien cette simplicité est éloignée de notre mollesse et de notre luxe, qu'il regarde comme un des grands présens que Dieu ait fait aux hommes, et qui sont pourtant l'origine de tous les vices, ainsi que Longin le fait voir dans son dernier chapitre, où il traite de la décadence des esprits, qu'il attribue principalement à ce luxe et à cette mollesse.

M. Perrault ne fait pas réflexion que les dieux et les déesses dans les fables n'en sont pas moins agréables, quoiqu'ils n'aient ni estafiers, ni valets-de-chambre, ni d'atours, et qu'ils aillent souvent tout nuds ; qu'enfin le luxe est venu d'Asie en Europe, et que c'est des nations barbares qu'il est descendu chez des nation polies, où il a tout perdu, et où, plus dangereux fléau que la peste ni que la guerre, *il a*, comme dit Juvénal, *vengé l'univers vaincu, en pervertissant les vainqueurs :*

Sævior armis
Luxuria incubuit, victumque ulciscitur orbem.

J'aurois beaucoup de choses à dire sur ce sujet ; mais il faut les réserver pour un autre endroit, et je ne veux parler ici que de la bassesse des mots. M. Perrault en trouve beaucoup dans les épithètes d'Homère, qu'il accuse d'être souvent superflues. Il ne sait pas sans doute ce que sait tout homme un peu versé dans le grec, que, comme en Grèce autrefois le fils ne portoit point le nom du père, il est rare, même dans la prose, qu'on y nomme un homme sans lui donner une épithète qui le distingue, en disant ou le nom de son père, ou son pays, ou son talent, ou son défaut : Alexandre *fils de Philippe*, Alcibiade *fils de Clinias*, Hérodote *d'Halicarnasse*, Clément *Alexandrin*, Polyclète *le sculpteur*, Diogène *le cynique*, Denys *le tyran*, etc. Homère donc, écrivant dans le génie de sa langue, ne s'est pas contenté de donner à ses dieux et à ses héros ces noms de distinction qu'on leur donnoit dans la prose, mais il leur en a composé de doux et d'harmonieux qui marquent leur principal caractère. Ainsi par l'épithète de *léger à la course*, qu'il donne à Achille, il a marqué l'impétuosité d'un jeune homme. Voulant exprimer la prudence dans Minerve, il l'appelle *la déesse aux yeux fins*. Au contraire, pour peindre la majesté dans Junon, il la nomme *la déesse aux yeux grands et ouverts ;* et ainsi des autres.

Il ne faut donc pas regarder ces épithètes qu'il leur

donne comme de simples épithètes, mais comme des espèces de surnoms qui les font connoître. Et on n'a jamais trouvé mauvais qu'on répétât ces épithètes, parce que ce sont, comme je viens de dire, des espèces de surnoms. Virgile est entré dans ce goût grec, quand il a répété tant de fois dans l'Enéide *pius AEneas* et *pater AEneas*, qui sont comme les surnoms d'Enée. Et c'est pourquoi on lui a objecté fort mal-à-propos qu'Enée se loue lui même, quand il dit, *Sum pius AEneas, je suis le pieux Enée*; parce qu'il ne fait proprement que dire son nom. Il ne faut donc pas trouver étrange qu'Homère donne de ces sortes d'épithètes à ses héros, en des occasions qui n'ont aucun rapport à ces épithètes, puisque cela se fait souvent même en françois, où nous donnons le nom de *saint* à nos saints, en des rencontres où il s'agit de tout autre chose que de leur sainteté; comme quand nous disons que *saint* Paul gardoit les manteaux de ceux qui lapidoient *saint* Etienne.

Tous les plus habiles critiques avouent que ces épithètes sont admirables dans Homère, et que c'est une des principales richesses de sa poësie. Notre censeur cependant les trouve basses; et afin de prouver ce qu'il dit, non-seulement il les traduit bassement, mais il les traduit selon leur racine et leur étymologie; et au lieu, par exemple, de traduire *Junon aux yeux grands et ouverts*, qui est ce que porte le mot βοῶπις, il le traduit selon sa racine, *Junon aux yeux de bœuf*. Il ne sait pas qu'en françois même il y a des dérivés et des composés qui sont fort beaux, dont le nom primitif est fort bas, comme on le voit dans les mots de *pétiller* et de *reculer*. Je ne saurois m'empêcher de rapporter, à propos de cela, l'exemple d'un maître de rhétorique sous lequel j'ai étudié, et qui sûrement ne m'a pas inspiré l'admiration d'Homère, puisqu'il en étoit presque aussi grand ennemi que M. Perrault. Il nous faisoit traduire l'oraison pour Milon; et à un endroit où Cicéron dit, *obduruerat et percalluerat respublica, la république s'étoit endurcie et étoit devenue comme insensible*; les écoliers étant un peu embarrassés sur *percalluerat*, qui dit presque la même chose qu'*obduruerat*, notre régent nous fit attendre quelque temps son explication; et enfin, ayant défié plusieurs fois MM. de l'académie, et surtout d'Ablancourt, à qui il en vouloit, de venir traduire ce mot; *percallere*, dit-il gravement, vient du *cal* et du *durillon* que les hommes contractent aux pieds; et de là il conclut qu'il falloit traduire, *obduruerat et percalluerat respublica*, *la république s'étoit endurcie et avoit contracté un durillon*. Voilà à-peu-près la manière de traduire de M. Perrault; et c'est sur de pareilles traductions qu'il veut qu'on juge de tous les poëtes et de tous les orateurs de l'antiquité; jusques-là qu'il nous avertit qu'il doit donner un de ces jours un nouveau volume de parallèles, où il a, dit-il, mis en prose françoise les plus beaux endroits des poëtes grecs et latins, afin de les opposer à d'autres beaux endroits des poëtes modernes, qu'il met aussi en prose; secret admirable qu'il a trouvé pour les rendre ridicules les uns et les autres, et surtout les anciens, quand il les aura habillés des impropriétés et des bassesses de sa traduction.

CONCLUSION.

VOILA un léger échantillon du nombre infini de fautes que M. Perrault a commises en voulant attaquer les défauts des anciens. Je n'ai mis que celles qui regardent Homère et Pindare : encore n'y en ai-je mis qu'une très-petite partie, et selon que les paroles de Longin m'en ont donné l'occasion; car si je voulois ramasser toutes celles qu'il a faites sur le seul Homère, il faudroit un très-gros volume. Et que seroit-ce donc si j'allois lui faire voir ses puérilités sur la langue grecque et sur la langue latine; ses ignorances sur Platon, sur Démosthène, sur Cicéron, sur Horace, sur Térence, sur Virgile, etc.; les fausses interprétations qu'il leur donne, les solécismes qu'il leur fait faire, les bassesses, et le galimatias qu'il leur prête! J'aurois besoin pour cela d'un loisir qui me manque.

Je ne réponds pas néanmoins, comme j'ai déjà dit, que dans les éditions de mon livre qui pourront suivre celle-ci, je ne lui découvre encore quelques-unes de ses erreurs, et que je ne le fasse peut-être repentir de n'avoir pas mieux profité du passage de Quintilien qu'on a allégué autrefois si à propos à un de ses frères sur un pareil sujet. Le voici :

Modestè tamen et circumspecto judicio de tantis viris pronunciandum est, ne, quod plerisque accidit, damnent quæ non intelligunt :

Il faut parler avec beaucoup de modestie et de circonspection de ces grands hommes, de peur qu'il ne vous arrive ce qui est arrivé à plusieurs, de blâmer ce que vous n'entendez pas.

M. Perrault me répondra peut-être ce qu'il m'a déjà répondu, qu'il a gardé cette modestie, et qu'il n'est point vrai qu'il ait parlé de ces grands hommes avec le mépris que je lui reproche : mais il n'avance si hardiment cette fausseté que parce qu'il suppose, et avec raison, que personne ne lit ses dialogues ; car de quel front pourroit-il la soutenir à des gens qui auroient seulement lu ce qu'il y dit d'Homère ?

Il est vrai pourtant que, comme il ne se soucie pas de se contredire, il commence ses invectives contre ce grand poëte par avouer qu'Homère est peut-être le plus vaste et le plus bel esprit qui ait jamais été. Mais on peut dire que ces louanges forcées qu'il lui donne sont comme les fleurs dont il couronne la victime qu'il va immoler à son mauvais sens, n'y ayant point d'infamies qu'il ne lui dise dans la suite, l'accusant d'avoir fait ses deux poëmes sans dessein, sans vue, sans conduite. Il va même jusqu'à cet excès d'absurdité de soutenir *qu'il n'y a jamais eu d'Homère ; que ce n'est point un seul homme qui a fait l'Iliade et l'Odyssée, mais plusieurs pauvres aveugles qui alloient*, dit-il, *de maison en maison réciter pour de l'argent de petits poëmes qu'ils composoient au hasard ; et que c'est de ces poëmes qu'on a fait ce qu'on appelle* les ouvrages d'*Homère*. C'est ainsi que, de son autorité privée, il métamorphose tout-à-coup ce vaste et bel esprit en une multitude de misérables gueux. Ensuite il emploie la moitié de son livre à prouver, Dieu sait comment ! qu'il n'y a dans les ouvrages de ce grand homme ni ordre, ni raison, ni économie, ni suite, ni bienséance, ni noblesse de mœurs ; que tout y est plein de bassesses, de chevilles, d'expressions grossières ; qu'il est mauvais géographe, mauvais astronome, mauvais naturaliste : finissant enfin toute cette critique par ces belles

belles paroles qu'il fait dire à son chevalier : *Il faut que Dieu ne fasse pas grand cas de la réputation de bel esprit, puisqu'il permet que ces titres soient donnés, préférablement au reste du genre humain, à deux hommes comme Platon et Homère, à un philosophe qui a des visions si bizarres, et à un poëte qui dit tant de choses si peu sensées.* A quoi M. l'abbé du dialogue donne les mains, en ne contredisant point, et se contentant de passer à la critique de Virgile.

C'est là ce que M. Perrault appelle *parler avec retenue d'Homère*, et trouver, comme Horace, que ce grand poëte s'endort quelquefois. Cependant comment peut-il se plaindre que je l'accuse à faux d'avoir dit qu'Homère étoit de mauvais sens ? Que signifient donc ces paroles : *Un poëte qui dit tant de choses si peu sensées ?* Croit-il s'être suffisamment justifié de toutes ces absurdités, en soutenant hardiment, comme il a fait, qu'Erasme et le chancelier Bacon ont parlé avec aussi peu de respect que lui des anciens ? ce qui est absolument faux de l'un et de l'autre, et surtout d'Erasme, l'un des plus grands admirateurs de l'antiquité : car bien que cet excellent homme se soit moqué avec raison de ces scrupuleux grammairiens qui n'admettent d'autre latinité que celle de Cicéron, et qui ne croient pas qu'un mot soit latin s'il n'est dans cet orateur ; jamais homme au fond n'a rendu plus de justice aux bons écrivains de l'antiquité, et à Cicéron même, qu'Erasme.

M. Perrault ne sauroit donc plus s'appuyer que sur le seul exemple de Jules Scaliger. Et il faut avouer qu'il l'allégue avec un peu plus de fondement. En effet, dans le dessein que cet orgueilleux savant s'étoit proposé, comme il le déclare lui-même, *de dresser des autels à Virgile*, il a parlé d'Homère d'une manière une peu profane. Mais, outre que ce n'est que par rapport à Virgile, et dans un livre qu'il appelle *hypercritique*, voulant témoigner par-là qu'il y passe toutes les bornes de la critique ordinaire, il est certain que ce livre n'a point fait d'honneur à son auteur, Dieu ayant permis que ce savant homme soit devenu alors un M. Perault, et soit tombé dans des ignorances si grossières qu'elles lui ont attiré la risée de tous les gens de lettres, et de son propre fils même.

Au reste, afin que notre censeur ne s'imagine pas

que je sois le seul qui ait trouvé ses dialogues si étranges, et qui aie paru si sérieusement choqué de l'ignorante audace avec laquelle il décide de tout ce qu'il y a de plus révéré dans les lettres ; je ne saurois, ce me semble mieux finir ces remarques sur les anciens, qu'en rapportant le mot d'un très-grand prince, non moins admirable par les lumières de son esprit, et par l'étendue de ses connoissances dans les lettres, que par son extrême valeur, et par sa prodigieuse capacité dans la guerre, où il s'est rendu le charme des officiers et des soldats ; et où, quoiqu'encore fort jeune, il s'est déjà signalé par quantité d'actions dignes des plus expérimentés capitaines. Ce prince qui, à l'exemple du fameux prince de Condé son oncle paternel, lit tout, jusqu'aux ouvrages de M. Perrault, ayant en effet lu son dernier dialogue, et en paroissant fort indigné, comme quelqu'un eut pris la liberté de lui demander ce que c'étoit que cet ouvrage pour lequel il témoignoit un si grand mépris : *C'est un livre*, dit-il, *où tout ce que vous avez jamais ouï louer au monde est blâmé, et où tout ce que vous avez jamais entendu blâmer est loué.*

REFLEXION X,

Ou Réfutation d'une dissertation de le Clerc contre Longin.

Ainsi le législateur des Juifs, qui n'étoit pas un homme ordinaire, ayant fort bien conçu la puissance et la grandeur de Dieu, l'a exprimée dans toute sa dignité au commencement de ses lois par ces paroles : Dieu dit : Que la lumière se fasse ; et la lumière se fit : Que la terre se fasse ; et la terre fut faite. *Paroles de Longin, chap. VII, page* 211.

Lorsque je fis imprimer pour la première fois, il y a environ trente-six ans, la traduction que j'avois faite du *Traité du Sublime de Longin*, je crus qu'il seroit bon, pour empêcher qu'on ne se méprît sur ce mot de *sublime*, de mettre dans ma préface les mots qui y sont encore, et qui, par la suite du temps, ne s'y sont trouvés que trop nécessaires : *Il faut savoir que par* sublime *Longin n'entend pas ce que les orateurs appellent le* style sublime, *mais cet extraordinaire et ce merveilleux qui fait qu'un ouvrage enlève, ravit, transporte. Le style sublime veut toujours de grands mots, mais le sublime se peut trouver dans une seule pensée, dans une seule figure, dans un seul tour de paroles. Une chose peut être dans le style sublime et n'être pourtant pas sublime. Par exemple.* Le souverain arbitre de la nature d'une seule parole forma la lumière. *Voilà qui est dans le style sublime; cela n'est pas néanmoins sublime, parce qu'il n'y a rien là de fort merveilleux et qu'on ne pût aisément trouver. Mais* Dieu dit : que la lumière se fasse ; et la lumière se fit : *ce tour extraordinaire d'expression, qui marque si bien l'obéissance de la créature aux ordres du créateur, est véritablement sublime et a quelque chose de divin. Il faut donc entendre par* sublime, *dans Longin, l'extraordinaire, le surprenant, et, comme je l'ai traduit, le merveilleux dans le discours.*

Cette précaution prise si à propos fut approuvée de tout le monde, mais principalement des hommes vraiment remplis de l'amour de l'écriture sainte ; et je ne croyois pas que je dusse avoir jamais besoin d'en faire l'apologie. A quelque temps de là ma surprise ne fut pas médiocre, lorsqu'on me montra, dans un livre qui avoit pour titre *Démonstration évangélique*, composé par le célèbre M. Huet, alors sous-précepteur de monseigneur le Dauphin, un endroit où non-seulement il n'étoit pas de mon avis, mais où il soutenoit hautement que Longin s'étoit trompé lorsqu'il s'étoit persuadé qu'il y avoit du sublime dans ces paroles, *Dieu dit, etc.* J'avoue que j'eus de la peine à digérer qu'on traitât avec cette hauteur le plus fameux et le plus savant critique de l'antiquité. De sorte qu'en une nouvelle édition qui se fit quelques mois après de mes ouvrages, je ne pus m'empêcher d'ajouter dans ma préface ces mots : *J'ai rapporté ces paroles de la Genèse, comme l'expression la plus propre à mettre ma pensée en ce jour ; et je m'en suis servi d'autant plus volontiers, que cette expression est citée avec éloge par Longin même, qui, au milieu des ténèbres du paganisme, n'a pas laissé de reconnoître le divin qu'il y avoit dans ces paroles de l'Ecriture. Mais que dirons-nous d'un des plus savans hommes de notre siècle, qui, éclairé des lumières de l'évangile, ne s'est pas aperçu de la beauté de cet endroit; qui a osé*, dis-je, *avancer, dans un livre qu'il a fait* pour démontrer la religion chrétienne, *que Longin s'étoit trompé lorsqu'il avoit cru que ces paroles étoient sublimes?*

Comme ce reproche étoit un peu fort, et, je l'avoue même, un peu trop fort, je m'attendois à voir bientôt paroître une réplique très-vive de la part de M. Huet, nommé environ dans ce temps-là à l'évêché d'Avranches; et je me préparois à y répondre le moins mal et le plus modestement qu'il me seroit possible. Mais, soit que ce savant prélat eût changé d'avis, soit qu'il dédaignât d'entrer en lice avec un aussi vulgaire antagoniste que moi, il se tint dans le silence. Notre démêlé parut éteint, et je n'entendis parler de rien jusqu'en 1709, qu'un de mes amis me fit voir dans un dixième tome de la bibiothèque choisie de M. le Clerc, fameux protestant de Genève, réfugié en Hollande, un chapitre de plus de vingt-cinq pages, où ce protestant nous réfute très-impérieusement Longin et moi, et nous traite tous deux d'*aveugles et de petits esprits*, d'avoir cru qu'il y avoit là quelque sublimité. L'occasion qu'il prend pour nous faire après coup cette insulte, c'est une prétendue lettre du savant M. Huet, aujourd'hui ancien évêque d'Avranches, qui lui est, dit-il, tombée entre les mains, et que, pour mieux nous foudroyer, il transcrit tout entière; y joignant néanmoins, afin de la mieux faire valoir, plusieurs remarques de sa façon, presque aussi longues que la lettre même; de sorte que ce sont comme deux espèces de dissertations ramassées ensemble, dont il fait un seul ouvrage.

Bien que ces deux dissertations soient écrites avec assez d'amertume et d'aigreur, je fus médiocrement ému en les lisant, parce que les raisons m'en parurent extrêmement foibles; que M. le Clerc, dans ce long verbiage qu'il étale, n'entame pas, pour ainsi dire, la question; et que tout ce qu'il y avance ne vient que d'une équivoque sur le mot de *sublime*, qu'il confond avec *le style sublime*, et qu'il croit entièrement opposé *au style simple.* J'étois en quelque sorte résolu de n'y rien répondre ; cependant mes libraires depuis quelque temps, à force d'importunités, m'ayant enfin fait consentir à une nouvelle édition de mes ouvrages, il m'a semblé que cette édition seroit défectueuse si je n'y donnois quelque signe de vie sur les attaques d'un si célèbre adversaire. Je me suis donc enfin déterminé à y répondre ; et il m'a paru que le meilleur parti que je pouvois prendre, c'étoit d'ajouter aux neuf réflexions que j'ai déjà faites sur Longin, et où je crois avoir assez bien confondu M. Perrault, une dixième réflexion, où je répondrois aux deux dissertations nouvellement publiées contre moi. C'est ce que je vais exécuter ici. Mais comme ce n'est point M. Huet qui a fait imprimer lui-même la lettre qu'on lui attribue, et que cet illustre prélat ne m'en a point parlé dans l'académie françoise, où j'ai l'honneur d'être son confrère, et où je le vois quelquefois ; M. le Clerc permettra que je ne me propose d'adversaire que M. le Clerc, et que par-là je m'épargne le chagrin d'avoir à écrire contre un aussi grand prélat que M. Huet, dont, en qualité de chrétien, je respecte fort la dignité, et dont, en qualité d'homme de lettres, j'honore extrêmement le mérite et le grand savoir. Ainsi c'est au seul M. le Clerc que je vais parler ; et il trouvera bon que je le fasse en ces termes :

Vous croyez donc, monsieur, et vous le croyez de bonne foi, qu'il n'y a point de sublime dans ces paroles de la Genèse : *Dieu dit : Que la lumière se fasse ; et la lumière se fit.* A cela je pourrois vous répondre en général, sans entrer dans une plus grande discussion, *que le sublime n'est pas proprement une chose qui se prouve et qui se démontre ; mais que c'est un merveilleux qui saisit, qui frappe, et qui se fait sentir.* Ainsi personne ne pouvant entendre prononcer un peu majestueusement ces paroles, *que la lumière se fasse, etc.* sans que cela excite en lui une certaine élévation d'ame qui lui fait plaisir ; il n'est plus question de savoir s'il y a du sublime dans ces paroles, puisqu'il y en a indubitablement. S'il se trouve quelque homme bizarre qui n'y en trouve point, il ne faut pas chercher des raisons pour lui montrer qu'il y en a, mais se borner à le plaindre de son peu de conception et de son peu de goût, qui l'empêchent de sentir ce que tout le monde sent d'abord. C'est là, monsieur, ce que je pourrois me contenter de vous dire; et je suis persuadé que tout ce qu'il y a de gens sensés avoueroient que par ce peu de mots je vous aurois répondu tout ce qu'il falloit vous répondre.

Mais puisque l'honnêteté nous oblige de ne pas refuser nos lumières à notre prochain, pour le tirer d'une erreur où il est tombé, je veux bien descendre dans un plus grand détail, et ne point épargner le peu de connoissance que je puis avoir *du sublime* pour vous tirer de l'aveuglement où vous vous êtes jeté vous-même par trop de confiance en votre grande et hautaine érudition.

Avant que d'aller plus loin, souffrez, monsieur, que je vous demande comment il se peut faire qu'un aussi habile homme que vous, voulant écrire contre un endroit de ma préface aussi considérable que l'est celui que vous attaquez, ne se soit pas donné la peine de lire cet endroit, auquel il ne paroît pas même que vous ayez fait aucune attention; car si vous l'aviez lu, si vous l'aviez examiné un peu de près, me diriez-vous, comme vous faites, pour montrer que ces paroles, *Dieu dit, etc.* n'ont rien de sublime, qu'elles ne sont point dans le style sublime, sur ce qu'il n'y a point de grands mots, et qu'elles sont énoncées avec une très-grande simplicité? N'avois-je pas prévenu votre objection, en assurant, comme je l'assure dans cette même préface, que *par sublime*, en cet endroit, Longin n'entend pas ce que nous appelons *le style sublime*, mais cet extraordinaire et ce merveilleux qui se trouve souvent dans les paroles les plus simples, et dont la simplicité même fait quelquefois la sublimité? ce que vous avez si peu compris que même à quelques pages de là, bien loin de convenir qu'il y a du sublime dans les paroles que Moïse fait prononcer à Dieu au commencement de la Genèse, vous prétendez que si Moïse avoit mis là du sublime, il auroit péché contre toutes les règles de l'art, qui veut qu'un commencement soit simple et sans affectation. Ce qui est très-véritable, mais ce qui ne dit nullement qu'il ne doit point y avoir de sublime, le sublime n'étant point opposé au simple, et n'y ayant rien quelquefois de plus sublime que le simple même, ainsi que je vous l'ai déjà fait voir, et dont, si vous doutez encore, je m'en vais vous convaincre par quatre ou cinq exemples, auxquels je vous défie de répondre. Je ne les chercherai pas loin. Longin m'en fournit lui-même d'abord un admirable dans le chapitre d'où j'ai tiré cette dixième réflexion ; car y traitant *du sublime* qui vient de la grandeur de la pensée, après avoir établi qu'il n'y a proprement que les grands hommes à qui il échappe de dire des choses grandes et extraordinaires : *Voyez, par exemple*, ajoute-t-il, *ce que répondit Alexandre quand Darius lui fit offrir la moitié de l'Asie, avec sa fille en mariage.* Pour moi, *lui disoit Parménion*, si j'étois Alexandre j'accepterois ces offres. *Et moi aussi,* répliqua ce prince, *si j'étois Parménion.* Sont-ce là de grandes paroles ? Peut-on rien dire de plus naturel, de plus simple et de moins affecté que ce mot ? Alexandre ouvre-t-il une grande bouche pour le dire ? Et cependant ne faut-il pas tomber d'accord que toute la grandeur de l'ame d'Alexandre s'y fait voir ? Il faut à cet exemple en joindre un autre de même nature, que j'ai allégué dans la préface de ma dernière édition de Longin ; et je le vais rapporter dans le mêmes termes qu'il y est énoncé, afin que l'on voie mieux que je n'ai point parlé en l'air quand j'ai dit que M. le Clerc, voulant combattre ma préface, ne s'est pas donné la peine de la lire. Voici en effet mes paroles : *Dans la tragédie d'Horace du fameux Pierre Corneille, une femme qui avoit été présente au combat des trois Horaces contre les trois Curiaces, mais qui s'étoit retirée trop tôt, et qui n'en avoit pas vu la fin, vient mal-à-propos annoncer au vieil Horace leur père que deux de ses fils ont été tués, et que le troisième ne se voyant plus en état de résister, s'est enfui. Alors ce vieux Romain, possédé de l'amour de sa patrie, sans s'amuser à pleurer la perte de ses deux fils morts si glorieusement, ne s'afflige que de la fuite honteuse du dernier, qui a*, dit-il, *par une si lâche action imprimé un opprobre éternel au nom d'Horace :* et leur sœur, qui étoit là présente, lui ayant dit,

Que vouliez-vous qu'il fît contre trois ?

il répond brusquement,

Qu'il mourût.

Voilà des termes fort simples. Cependant il n'y a personne qui ne sente la grandeur qu'il y a dans ces trois syllabes, *qu'il mourût*. Sentiment d'autant plus sublime qu'il est simple et naturel, et que par-là on voit que ce héros parle du fond du cœur, et dans les transports d'une colère vraiment romaine. La chose effectivement auroit perdu de sa force, si, au lieu de dire, *qu'il mourut*, il avoit dit, *qu'il suivît l'exemple de ses deux frères*, ou *qu'il sacrifiât sa vie à l'intérêt et à la gloire de son pays*. Ainsi c'est la simplicité même de ce mot qui en fait voir la grandeur. N'avois-je pas, monsieur, en faisant cette remarque, battu en ruine votre objection, même avant que vous l'eussiez faite? et ne prouvois-je pas visiblement que *le sublime* se trouve quelquefois dans la manière de parler la plus simple? Vous me répondrez peut-être que cet exemple est singulier, et qu'on n'en peut pas montrer beaucoup de pareils. En voici pourtant encore un que je trouve à l'ouverture du livre dans la Médée du même Corneille, où cette fameuse enchanteresse, se vantant que, seule et abandonnée comme elle est de tout le monde, elle trouvera pourtant bien moyen de se venger de tous ses ennemis, Nérine, sa confidente, lui dit:

> Perdez l'aveugle erreur dont vous êtes séduite
> Pour voir en quel état le sort vous a réduite:
> Votre pays vous hait, votre époux est sans foi.
> Contre tant d'ennemis que vous reste-t-il?

A quoi Médée répond:

> Moi;
> Moi, dis-je, et c'est assez.

Peut-on nier qu'il n'y ait du sublime, et du sublime le plus relevé, dans ce monosyllabe, *moi*? qu'est-ce donc qui frappe dans ce passage, sinon la fierté audacieuse de cette magicienne, et la confiance qu'elle a dans son art? Vous voyez, monsieur, que ce n'est point le style sublime, ni par conséquent les grands mots, qui font toujours le sublime dans le discours, et que ni Longin ni moi ne l'avons jamais prétendu. Ce qui est si vrai par rapport à lui, qu'en son *Traité du sublime*, parmi beaucoup de passages qu'il rapporte pour montrer ce que c'est qu'il entend *par sublime*, il ne s'en trouve pas plus de cinq ou six où les grands mots fassent partie du sublime. Au contraire, il y en a un nombre considérable où tout est composé de paroles fort simples et fort ordinaires, comme, par exemple, cet endroit de Démosthène, si estimé et si admiré de tout le monde, où cet orateur gourmande ainsi les Athéniens : *Ne voulez-vous jamais faire autre chose qu'aller par la ville vous demander les uns aux autres :* Que dit-on de nouveau? *et que peut-on vous apprendre de plus nouveau que ce que vous voyez? Un homme de Macédoine se rend maître des Athéniens et fait la loi à toute la Grèce.* Philippe est-il mort? dira l'un. Non, répondra l'autre, il n'est que malade. *Hé! que vous importe*, messieurs, *qu'il vive ou qu'il meure? quand le ciel vous en auroit délivrés, vous vous feriez bientôt vous-mêmes un autre Philippe.* Y a-t-il rien de plus simple, de plus naturel, et de moins enflé que ces demandes et ces interrogations? cependant qui est-ce qui n'en sent point le sublime? vous, peut-être, monsieur; parce que vous n'y voyez point de grands mots, ni de ces *ambitiosa ornamenta* en quoi vous le faites consister, et en quoi il consiste si peu, qu'il n'y a rien même qui rende le discours plus froid et plus languissant que les grands mots mis hors de leur place. Ne dites donc plus, comme vous faites en plusieurs endroits de votre dissertation, que la preuve qu'il n'y a point de sublime dans le style de la Bible, c'est que tout y est dit sans exagération et avec beaucoup de simplicité, puisque c'est cette simplicité même qui en fait la sublimité. Les grands mots, selon les habiles connoisseurs, font en effet si peu l'essence entière du sublime, qu'il y a même dans les bons écrivains des endroits sublimes, dont la grandeur vient de la petitesse énergique des paroles, comme on le peut voir dans ce passage d'Hérodote, qui est cité par Longin : *Cléomène étant devenu furieux, il prit un couteau dont il se hacha la chair en petits morceaux; et s'étant ainsi déchiqueté lui-même, il mourut :* car on ne peut guère assembler de mots plus bas et plus petits que ceux-ci, *se hacher la chair en morceaux, et se déchiqueter soi-même.* On y sent toutefois une certaine force énergique qui, marquant l'horreur de la chose qui y est énoncée, a je ne sais quoi de sublime.

Mais voilà assez d'exemples cités pour vous montrer que le *simple* et *le sublime* dans le discours ne sont nullement opposés. Examinons maintenant les paroles qui font le sujet de notre contestation ; et pour en mieux juger, considérons-les jointes et liées avec celles qui les précèdent. Les voici : *Au commencement*, dit Moïse, *Dieu créa le ciel et la terre. La terre étoit informe et toute nue. Les ténèbres couvroient la face de l'abyme, et l'esprit de Dieu étoit porté sur les eaux.* Peut-on rien voir, dites-vous, de plus simple que ce début ? Il est fort simple, je l'avoue, à la réserve pourtant de ces mots, *et l'esprit de Dieu étoit porté sur les eaux*, qui ont quelque chose de magnifique, et dont l'obscurité élégante et majestueuse nous fait concevoir beaucoup de choses au-delà de ce qu'elles semblent dire. Mais ce n'est pas de quoi il s'agit ici. Passons aux paroles suivantes, puisque ce sont celles dont il est question. Moïse ayant ainsi expliqué dans une narration également courte, simple, et noble, les merveilles de la création, songe aussitôt à faire connoître aux hommes l'auteur de ces merveilles. Pour cela donc, ce grand prophète n'ignorant pas que le meilleur moyen de faire connoître les personnages qu'on introduit, c'est de les faire agir, il met d'abord Dieu en action, et le fait parler. Et que lui fait-il dire ? Une chose ordinaire, peut-être ? Non, mais ce qui s'est jamais dit de plus grand, ce qui se peut dire de plus grand, et ce qu'il n'y a jamais eu que Dieu seul qui ait pu dire : *Que la lumière se fasse.* Puis tout-à-coup, pour montrer qu'afin qu'une chose soit faite, il suffit que Dieu veuille qu'elle se fasse, il ajoute avec une rapidité qui donne à ses paroles même une ame et une vie, *et la lumière se fit*, montrant par-là qu'au moment que Dieu parle tout s'agite, tout s'émeut, tout obéit. Vous me répondrez peut-être ce que vous me répondez dans la prétendue lettre de M. Huet, que vous ne voyez pas ce qu'il y a de si sublime dans cette manière de parler, *Que la lumière se fasse, etc.* puisqu'elle est, dites-vous, très-familière et très-commune dans la langue hébraïque, qui la rebat à chaque bout de champ. En effet, ajoutez-vous, si je disois,

Quand je sortis, *je dis à mes gens*, Suivez-moi, *et ils me suivirent*: *Je priai mon ami de me prêter son cheval*, *et il me le prêta :* pourroit-on soutenir que j'ai dit là quelque chose de sublime ? Non, sans doute ; parce que cela seroit dit dans une occasion très-frivole, à propos de choses très-petites. Mais il est possible, monsieur, qu'avec tout le savoir que vous avez, vous soyez encore à apprendre ce que n'ignore pas le moindre apprentif rhétoricien, que pour bien juger du beau, du sublime, du merveilleux dans le discours, il ne faut pas simplement regarder la chose qu'on dit, mais la personne qui la dit, la manière dont on la dit, et l'occasion où on la dit; enfin qu'il faut regarder, *non quid sit, sed quo loco sit?* Qui est-ce en effet qui peut nier qu'une chose dite en un endroit paroîtra basse et petite, et que la même chose dite en un autre endroit deviendra grande, noble, sublime, et plus que sublime ? Qu'un homme, par exemple, qui montre à danser, dise à un jeune garçon qu'il instruit : Allez par-là, revenez, détournez, arrêtez : cela est très-puéril et paroît même ridicule à raconter. Mais que le Soleil, voyant son fils Phaéton qui s'égare dans les cieux sur un char qu'il a eu la folle témérité de vouloir conduire, crie de loin à ce fils à-peu-près les mêmes ou de semblables paroles, cela devient très-noble et très-sublime, comme on le peut reconnoître dans ces vers d'Euripide, rapportés par Longin :

Le père cependant, plein d'un trouble funeste,
Le voit rouler de loin sur la plaine céleste;
Lui montre encor sa route, et du plus haut des cieux
Le suit autant qu'il peut de la voix et des yeux :
Va par-là, lui dit-il, reviens, détourne, arrête.

Je pourrois vous citer encore cent autres exemples pareils, et il s'en présente à moi de tous les côtés. Je ne saurois pourtant, à mon avis, vous en alléguer un plus convaincant ni plus démonstratif que celui même sur lequel nous sommes en dispute. En effet, qu'un maître dise à son valet, *Apportez-moi mon manteau ;* puis qu'on ajoute, *Et son valet lui apporta son manteau :* cela est très-petit, je ne dis pas seulement en langue hébraïque, où vous prétendez que ces manières de parler sont ordinaires, mais encore en toute langue. Au contraire, que dans une occasion aussi grande qu'est la création du monde, Dieu dise, *que la lumière se fasse*; puis qu'on ajoute, *et la lumière fut faite*: cela est non-seulement sublime, mais d'autant plus sublime que les termes en étant fort simples et pris du langage ordinaire, ils nous font comprendre admirablement, et mieux que tous les plus grands mots, qu'il ne coûte pas plus à Dieu de faire la lumière, le ciel et la terre, qu'à un maître de dire à son valet, *Apportez-moi mon manteau*. D'où vient donc que cela ne vous frappe point? Je vais vous le dire. C'est que n'y voyant point de grands mots ni d'ornemens pompeux, et prévenu comme vous l'êtes que le style simple n'est point susceptible de sublime, vous croyez qu'il ne peut y avoir là de vraie sublimité.

Mais c'est assez vous pousser sur cette méprise, qu'il n'est pas possible à l'heure qu'il est que vous ne reconnoissiez. Venons maintenant à vos autres preuves: car tout-à-coup retournant à la charge comme maître passé en l'art oratoire, pour mieux nous confondre Longin et moi, et nous accabler sans ressource, vous vous mettez en devoir de nous apprendre à l'un et à l'autre ce que c'est que *sublime*. Il y en a dites-vous, quatre sortes; *le sublime des termes*, *le sublime du tour de l'expression*, *le sublime des pensées*, *et le sublime des choses*. Je pourrois aisément vous embarrasser sur cette division et sur les définitions qu'ensuite vous donnez de vos quatre sublimes, cette division et ces définitions n'étant pas si correctes ni si exactes que vous vous le figurez. Je veux bien néanmois aujourd'hui, pour ne point perdre de temps, les admettre toutes sans aucune restriction. Permettez-moi seulement de vous dire qu'après celle *du sublime des choses* vous avancez la proposition du monde la moins soutenable et la plus grossière. Car après avoir supposé, comme vous le supposez très-solidement, et comme il n'y a personne qui n'en convienne avec vous, que les grandes choses sont grandes en elles-mêmes et par elles-mêmes, et qu'elles se font admirer indépendamment de l'art oratoire; tout d'un coup, prenant le change, vous soutenez que pour être mises en œuvre dans un discours elles n'ont besoin d'aucun génie ni d'aucune adresse, et qu'un homme, quelque ignorant et quelque grossier qu'il soit, ce sont vos termes, s'il rapporte une grande chose sans en rien dérober à la connoissance de l'auditeur, pourra avec justice être estimé éloquent et sublime. Il est vrai que vous ajoutez, *non pas de ce* sublime *dont parle ici Longin.* Je ne sais pas ce que vous voulez dire par ces mots, que vous nous expliquerez quand il vous plaira.

Quoi qu'il en soit, il s'ensuit de votre raisonnement que pour être bon historien (ô la belle découverte!) il ne faut point d'autre talent que celui que Démétrius Phaléréus attribue au peintre Nicias, qui étoit de choisir toujours de grands sujets. Cependant ne paroit-il pas au contraire que pour bien raconter une grande chose il faut beaucoup plus d'esprit et de talent que pour en raconter une médiocre? En effet, monsieur, de quelque bonne foi que soit votre homme ignorant et grossier, trouvera-t-il pour cela aisément des paroles dignes de son sujet? saura-t-il même les construire? je dis construire; car cela n'est pas si aisé qu'on s'imagine.

Cet homme enfin, fût-il bon grammairien, saura-t-il pour cela, racontant un fait merveilleux, jeter dans son discours toute la netteté, la délicatesse, la majesté, et, ce qui est encore plus considérable, toute la simplicité nécessaire à une bonne narration? saura-t-il choisir les grandes circonstances? Saura-t-il rejeter les superflues? en décrivant le passage de la mer Rouge, ne s'amusera-t-il point, comme le poëte dont je parle dans mon Art poëtique, à peindre le petit enfant

> Qui va, saute, revient,
> Et, joyeux, à sa mère offre un caillou qu'il tient?

En un mot, saura-t-il, comme Moïse, dire tout ce qu'il faut, et ne dire que ce qu'il faut? Je vois que cette objection vous embarrasse. Avec tout cela néanmoins, répondrez-vous, on ne me persuadera jamais que Moïse, en écrivant la Bible, ait songé à tous ces agrémens et à toutes ces petites finesses de l'école: car c'est ainsi que vous appelez *toutes les grandes figures de l'art oratoire.* Assurément Moïse n'y a point pensé; mais l'esprit divin qui l'inspiroit y a pensé pour lui, et les y a mises en œuvre, avec d'autant plus d'art qu'on ne s'aperçoit point qu'il y ait aucun art: car on n'y remarque point de faux ornemens, et rien ne s'y sent de l'enflure et de la vaine pompe des déclamateurs, plus opposée quelquefois au vrai sublime que la bassesse même des mots les plus abjects; mais tout y est plein de sens, de raison et de majesté. De sorte que le livre de Moïse est en même temps le plus éloquent, le plus sublime et le plus simple de tous les livres. Il faut convenir pourtant que ce fut cette simplicité, quoique si admirable, jointe à quelques mots latins un peu barbares de la vulgate, qui dégoûtèrent saint-Augustin, avant sa conversion, de la lecture de ce divin livre: dont néanmoins depuis, l'ayant regardé de plus près, et avec des yeux plus éclairés, il fit le plus grand objet de son admiration et de sa perpétuelle lecture.

Mais c'est assez nous arrêter sur la considération de votre nouvel orateur. Reprenons le fil de notre discours, et voyons où vous voulez en venir par la supposition de vos quatre sublimes. Auquel de ces quatre genres, dites-vous, prétend-on attribuer le sublime que Longin a cru voir dans le passage de la Genèse? *Est-ce* au sublime *des mots?* Mais sur quoi fonder cette prétention, puisqu'il n'y a pas dans ce passage un seul grand mot? *Sera-ce* au sublime *de l'expression?* L'expression en est très-ordinaire, et d'un usage très-commun et très-familier, surtout dans la langue hébraïque, qui la répète sans cesse. *Le donnera-t-on* au sublime *des pensées?* Mais bien loin d'y avoir là aucune sublimité de pensée, il n'y a pas même de pensée. On ne peut, concluez-vous, *l'attribuer qu'*au sublime *des choses, auquel Longin ne trouvera pas son compte, puisque l'art ni le discours n'ont aucune part à ce sublime.* Voilà donc, par votre belle et savante démonstration, les premières paroles de Dieu dans la Genèse entièrement dépossédées du sublime que tous les hommes jusqu'ici avoient cru y voir; et le commencement de la Bible reconnu froid, sec et sans nulle grandeur. Regardez pourtant comme les manières de juger sont différentes; puisque si l'on me fait les mêmes interrogations que vous vous faites à vous-même, et si l'on me demande quel genre de sublime se trouve dans le passage dont nous disputons, je ne répondrai pas qu'il y en a un des quatre que vous rapportez, je dirai que tous les quatre y sont dans leur plus haut degré de perfection.

En effet, pour en venir à la preuve, et pour commencer par le premier genre, bien qu'il n'y ait pas dans le passage de la Genèse des mots grands ni ampoulés, les termes que le prophète y emploie, quoique simples, étant nobles, majestueux, convenables au sujet, ils ne laissent pas d'être sublimes, et si sublimes que vous n'en sauriez suppléer d'autres que le discours n'en soit considérablement affoibli : comme si par exemple, au lieu de ces mots, *Dieu dit* : *que la lumière se fasse ; et la lumière se fit* : vous mettiez : *Le souverain maître de toutes choses commanda à la lumière de se former ; et en même temps ce merveilleux ouvrage qu'on appelle* lumière *se trouva formé* : quelle petitesse ne sentira-t-on point dans ces grands mots, vis-à-vis de ceux-ci, *Dieu dit*: *Que la lumière se fasse*, etc. A l'égard du second genre, je veux dire *du sublime du tour de l'expression*; où peut-on voir un tour d'expression plus sublime que celui de ces paroles : *Dieu dit : Que la lumière se fasse ; et la lumière se fit* ; dont la douceur majestueuse, même dans les traductions grecques, latines, et françoises, frappe si agréablement l'oreille de tout homme qui a quelque délicatesse et quelque goût ? Quel effet donc ne feroient-elles point si elles étoient prononcées dans leur langue originale par une bouche qui les pût prononcer, et écoutées par des oreilles qui les sussent entendre ? Pour ce qui est de ce que vous avancez au sujet du sublime des pensées, *que bien loin qu'il y ait dans le passage qu'admire Longin aucune sublimité de pensée*, *il n'y a pas même de pensée* : il faut que votre bon sens vous ait abandonné quand vous avez parlé de cette manière. Quoi, monsieur ! le dessein que Dieu prend immédiatement après avoir créé le ciel et la terre, car c'est Dieu qui parle en cet endroit ; la pensée, dis-je, qu'il conçoit de faire la lumière ne vous paroît pas une pensée ! et qu'est-ce donc que *pensée*, si ce n'en est là une des plus sublimes qui pouvoient, si en parlant de Dieu il est permis de se servir de ces termes, qui pouvoient, dis-je, venir à Dieu lui-même ? pensée qui étoit d'autant plus nécessaire, que si elle ne fût venue à Dieu, l'ouvrage de la création restoit imparfait, et la terre demeuroit informe et vide, *terra autem erat inanis et vacua.* Confessez donc, monsieur, que les trois premiers genres de votre sublime sont excellemment renfermés dans le passage de Moïse. Pour *le sublime des choses*, je ne vous en dis rien, puisque vous reconnoissez vous-même qu'il s'agit dans ce passage de la plus grande chose qui puisse être faite et qui ait jamais été faite. Je ne sais si je me trompe, mais il me semble que j'ai assez exactement répondu à toutes vos objections tirées des quatre sublimes.

N'attendez pas, monsieur, que je réponde ici avec la même exactitude à tous les vagues raisonnemens et à toutes les vaines déclamations que vous me faites dans la suite de votre long discours, et principalement dans le dernier article de la lettre attribuée à M. l'évêque d'Avranches, où, vous expliquant d'une manière embarrassée, vous donnez lieu aux lecteurs de penser que vous êtes persuadé que Moïse et tous les prophètes, en publiant les louanges de Dieu, au lieu de relever sa grandeur, l'ont, ce sont vos propres termes, *en quelque sorte avili et déshonoré* : tout cela faute d'avoir assez bien démêlé une équivoque très-grossière, et dont pour être parfaitement éclairci il ne faut que se ressouvenir d'un principe avoué de tout le monde, qui est *qu'une chose sublime aux yeux des hommes n'est pas pour cela sublime aux yeux de Dieu, devant lequel il n'y a de vraiment sublime que Dieu lui-même*; qu'ainsi toutes ces manières figurées que les prophètes et les écrivains sacrés emploient pour l'exalter, lorsqu'ils lui donnent un visage, des yeux, des oreilles, lorsqu'ils le font marcher, courir, s'asseoir, lorsqu'ils le représentent porté sur l'aile des vents, lorsqu'ils lui donnent à lui-même des ailes, lorsqu'ils lui prêtent leurs expressions, leurs actions, leurs passions et mille autres choses semblables, toutes ces choses sont fort petites devant Dieu, qui les souffre néanmoins et les agrée, parce qu'il sait bien que la foiblesse humaine ne le sauroit louer autrement. En même temps il faut reconnoître que ces mêmes choses présentées aux yeux des hommes avec des figures et des paroles telles que celles de Moïse et des autres prophètes, non-seulement ne sont pas basses, mais encore qu'elles deviennent nobles, grandes, merveilleuses, et dignes en quelque façon de la majesté divine. D'où il s'ensuit que vos réflexions sur la pe-

titesse

esse de nos idées devant Dieu sont ici très-mal placées, que votre critique sur les paroles de la Genèse est fort u raisonnable, puisque c'est de ce sublime présenté ıx yeux des hommes que Longin a voulu et dû parler rsqu'il a dit que Moïse a parfaitement conçu la puissance de Dieu au commencement de ses lois, et qu'il ı exprimée dans toute sa dignité par ces paroles, *Dieu 't, etc.*

Croyez-moi donc, monsieur, ouvrez les yeux. Ne us opiniâtrez pas davantage à défendre contre Moïse, ntre Longin, et contre toute la terre, une cause ıssi odieuse que la vôtre, et qui ne sauroit se sounir que par des équivoques et par de fausses subtilités. isez l'Ecriture sainte avec un peu moins de confiance ı vos propres lumières, et défaites-vous de cette hauur calviniste et socinienne qui vous fait croire qu'il va de votre honneur d'empêcher qu'on n'admire trop gèrement le début d'un livre dont vous êtes obligé avouer vous-même qu'on doit adorer tous les mots toutes les syllabes, et qu'on peut bien ne pas assez mirer, mais qu'on ne sauroit trop admirer. Je ne ous en dirai pas davantage. Aussi-bien il est temps e finir cette dixième réflexion, déjà même un peu 'op longue, et que je ne croyois pas devoir pousser i loin.

Avant que de la terminer néanmoins, il me semble ue je ne dois pas laisser sans réplique une objection assez aisonnable que vous me faites au commencement de otre dissertation, et que j'ai laissée à part pour y épondre à la fin de mon discours. Vous me demandez ans cette objection d'où vient que, dans ma traduction u passage de la Genèse cité par Longin, je n'ai point xprimé ce monosyllabe *τι*, *quoi?* puisqu'il est dans e texte de Longin, où il n'y a pas seulement : *Dieu dit: ue la lumière se fasse :* mais, *Dieu dit :* Quoi? *Que a lumière se fasse.* A cela je réponds, en premier lieu, ue sûrement ce monosyllabe n'est point de Moïse, et ppartient entièrement à Longin, qui, pour préparer a grandeur de la chose que Dieu va exprimer, après es paroles, *Dieu dit*, se fait à soi-même cette interogation, *Quoi?* puis ajoute tout d'un coup, *Que la lumière se fasse.* Je dis en second lieu que je n'ai point exprimé ce *quoi?* parce qu'à mon avis il n'auroit point eu de grâce en françois, et que non-seulement il auroit un peu gâté les paroles de l'Ecriture, mais qu'il auroit pu donner occasion à quelques savans comme vous de prétendre mal-à-propos, comme cela est effectiment arrivé, que Longin n'avoit pas lu le passage de la Genèse dans ce qu'on appelle *la bible des septante*, mais dans quelque autre version où le texte étoit corrompu. Je n'ai pas eu le même scrupule pour ces autres paroles que le même Longin insère encore dans le texte, lorsqu'à ces termes, *que la lumière se fasse*, il ajoute, *Que la terre se fasse; la terre fut faite;* parce que cela ne gâte rien, et qu'il est dit par une surabondance d'admiration que tout le monde sent. Ce qu'il y a de vrai pourtant, c'est que, dans les règles, je devois avoir fait il y a long-temps cette note que je fais aujourd'hui, qui manque, je l'avoue, à ma traduction. Mais enfin la voilà faite.

RÉFLEXION XI.

Néanmoins Aristote et Théophraste, afin d'excuser l'audace de ces figures, pensent qu'il est bon d'y apporter ces adoucissemens : Pour ainsi dire, Si j'ose me servir de ces termes, Pour m'expliquer plus hardiment, etc. *Paroles de Longin, chap. XXVI, page* 259.

LE conseil de ces deux philosophes est excellent, mais il n'a d'usage que dans la prose; car ces excuses sont rarement souffertes dans la poësie, où elles auroient quelque chose de sec et de languissant, parce que la poësie porte son excuse avec soi. De sorte qu'à mon avis, pour bien juger si une figure dans les vers n'est point trop hardie, il est bon de la mettre en prose avec quelqu'un de ces adoucissemens; puisqu'en effet si, à la faveur de cet adoucissement, elle n'a plus rien qui choque, elle ne doit pas choquer dans les vers, destituée même de cet adoucissement.

M. de la Motte, mon confrère à l'académie françoise, n'a donc pas raison en son *traité de l'ode*, lorsqu'il accuse l'illustre Racine de s'être exprimé avec trop de hardiesse dans sa tragédie de Phèdre, où le gouverneur d'Hippolyte, faisant la peinture du monstre effroyable que Neptune avoit envoyé pour effrayer les chevaux de ce jeune et malheureux prince, se sert de cette hyperbole,

Le flot qui l'apporta recule épouvanté;

puisqu'il n'y a personne qui ne soit obligé de tomber d'accord que cette hyperbole passeroit même dans la prose, à la faveur d'un *pour ainsi dire*, ou d'un *si j'ose ainsi parler.*

D'ailleurs Longin, ensuite du passage que je viens de rapporter ici, ajoute des paroles qui justifient encore mieux que tout ce que j'ai dit le vers dont il est question. Les voici : *L'excuse, selon le sentiment de ces deux célèbres philosophes, est un remède infaillible contre les trop grandes hardiesses du discours; et je suis bien de leur avis : mais je soutiens pourtant toujours ce que j'ai déjà avancé*, que le remède le plus naturel contre l'abondance et l'audace des métaphores, c'est de ne les employer que bien à propos, *je veux dire dans le sublime et dans les grandes passions.* En effet, si ce que dit là Longin est vrai, Racine a entièrement cause gagnée : pouvoit-il employer la hardiesse de sa métaphore dans une circonstance plus considérable et plus sublime que dans l'effroyable arrivée de ce monstre, ni au milieu d'une passion plus vive que celle qu'il donne à cet infortuné gouverneur d'Hippolyte, qu'il représente plein d'une horreur et d'une consternation que, par son récit, il communique en quelque sorte aux spectateurs même, de sorte que par l'émotion qu'il leur cause, il ne les laisse pas en état de songer à le chicaner sur l'audace de sa figure. Aussi a-t-on remarqué que toutes les fois qu'on joue la tragédie de Phèdre, bien loin qu'on paroisse choqué de ce vers,

Le flot qui l'apporta recule épouvanté,

on y fait une espèce d'acclamation; marque incontestable qu'il y a là *du vrai sublime*, au moins si l'on doit croire ce qu'atteste Longin en plusieurs endroits, et surtout à la fin de son cinquième chapitre, par ces paroles : *car lorsqu'en un grand nombre de personnes différentes de profession et d'âge, et qui n'ont aucun rapport ni d'humeurs, ni d'inclinations, tout le monde vient à être frappé également de quelque endroit d'un discours, ce jugement et cette approbation uniforme de tant d'esprits si discordans d'ailleurs est une preuve certaine et indubitable qu'il y a là du merveilleux et du grand.*

M. de la Motte néanmoins paroît fort éloigné de ces sentimens, puisqu'oubliant les acclamations que je suis sûr qu'il a plusieurs fois lui-même, aussi bien que moi, entendu faire dans les représentations de Phèdre, au vers qu'il attaque, il ose avancer qu'on ne peut souffrir ce vers, alléguant pour une des raisons qui empêchent qu'on ne l'approuve, la raison même qui le fait le plus approuver, je veux dire l'accablement de douleur où est Théramène. *On est choqué*, dit-il, *de voir un homme accablé de douleur comme est Théramène, si attentif à sa description, et si recherché dans ses termes.* M. de la Motte nous expliquera, quand il le jugera à propos, ce que veulent dire ces mots, *si attentif à sa description, et si recherché dans ses termes*, puisqu'il n'y a en effet dans le vers de Racine aucun terme qui ne soit fort commun et fort usité. Que s'il a voulu par-là simplement accuser d'affectation et de trop de hardiesse la figure par laquelle Théramène donne un sentiment de frayeur au flot même qui a jeté sur le rivage le monstre envoyé par Neptune, son objection est encore bien moins raisonnable, puisqu'il n'y a point de figure plus ordinaire dans la poësie, que de personnifier les choses inanimées, et de leur donner du sentiment, de la vie et des passions. M. de la Motte me répondra peut-être que cela est vrai quand c'est le poëte qui parle, parce qu'il est supposé épris de fureur, mais qu'il n'en est pas de même des personnages qu'on fait parler. J'avoue que ces personnages ne sont pas d'ordinaire supposés épris de fureur; mais ils peuvent l'être d'une autre passion, telle qu'est celle de Théramène, qui ne leur fera pas dire des choses moins fortes et moins exagérées que celles que pourroit dire un poëte en fureur. Ainsi Enée, dans l'accablement de douleur où il est au commencement du second livre de l'Enéide, lorsqu'il raconte la misérable fin de sa patrie, ne cède pas en audace d'expressions à Virgile même; jusques-là que se comparant à un grand arbre que des laboureurs s'efforcent d'abattre à coups de cognée, il ne se contente pas de prêter de la colère à cet arbre, mais il lui fait faire des menaces à ces laboureurs. *L'arbre indigné*, dit-il, *les menace en branlant sa tête chevelue :*

Illa usque minatur,
Et tremefacta comam concusso vertice nutat.

Je pourrois rapporter ici un nombre infini d'exemples, et dire encore mille choses de semblable force sur ce sujet; mais en voilà assez, ce me semble, pour dessiller les yeux de M de la Motte, et pour le faire ressouvenir *que lorsqu'un endroit d'un discours frappe tout le monde, il ne faut pas chercher des raisons, ou plutôt de vaines subtilités, pour s'empêcher d'en être frappé, mais faire si bien que nous trouvions nous-mêmes les raisons pourquoi il nous frappe.* Je n'en dirai pas davantage pour cette fois. Cependant afin qu'on puisse mieux prononcer sur tout ce que j'ai avancé ici en faveur de Racine, je crois qu'il ne sera pas mauvais, avant que de finir cette onzième réflexion, de rapporter l'endroit tout entier du récit dont il s'agit. Le voici :

Cependant sur le dos de la plaine liquide
S'élève à gros bouillons une montagne humide,
L'onde approche, se brise, et vomit à nos yeux,
Parmi des flots d'écume, un monstre furieux.
Son front large est armé de cornes menaçantes,
Tout son corps est couvert d'écailles jaunissantes;
Indomptable taureau, dragon impétueux,
Sa croupe se recourbe en replis tortueux:
Ses longs mugissements font trembler le rivage.
Le ciel avec horreur voit ce monstre sauvage;
La terre s'en émeut, l'air en est infecté,
Le flot qui l'apporta recule épouvanté, etc.

RÉFLEXION XII.

Car tout ce qui est véritablement sublime a cela de propre quand on l'écoute, qu'il élève l'ame et lui fait concevoir une plus haute opinion d'elle-même, la remplissant de joie, et de je ne sais quel noble orgueil, comme si c'étoit elle qui eût produit les choses qu'elle vient simplement d'entendre. Paroles de Longin, chap. V, page 203.

Voila une très-belle description du sublime, et d'autant plus belle qu'elle est elle-même très-sublime. Mais ce n'est qu'une description ; et il ne paroît pas que Longin ait songé dans tout son traité à en donner une définition exacte. La raison est qu'il écrivoit après Cécilius, qui, comme il le dit lui-même, avoit employé tout son livre à définir et à montrer ce que c'est que *sublime*. Mais le livre de Cécilius étant perdu, je crois qu'on ne trouvera pas mauvais qu'au défaut de Longin j'en hasarde ici une de ma façon, qui au moins en donne une imparfaite idée. Voici donc comme je crois qu'on le peut définir. Le sublime *est une certaine force de discours propre à élever et à ravir l'ame, et qui provient ou de la grandeur de la pensée et de la noblesse du sentiment, ou de la magnificence des paroles, ou du tour harmonieux, vif et animé de l'expression ; c'est-à-dire d'une de ces choses regardée séparément, ou*, ce qui fait le parfait sublime, *de ces trois choses jointes ensemble.*

Il semble que, dans les règles, je devrois donner des exemples de chacune de ces trois choses. Mais il y en a un si grand nombre de rapportées dans le traité de Longin et dans ma dixième réflexion, que je crois que je ferai mieux d'y renvoyer le lecteur, afin qu'il choisisse lui-même ceux qui lui plairont davantage. Je ne crois pas cependant que je puisse me dispenser d'en proposer quelqu'un où toutes ces trois choses se trouvent parfaitement ramassées ; car il n'y en a pas un fort grand nombre. Racine pourtant m'en offre un admirable dans la première scène de son Athalie, où Abner, l'un des principaux officiers de la cour de Juda, représente à Joad le grand-prêtre la fureur où est Athalie contre lui et contre tous les lévites, ajoutant qu'il ne croit pas que cette orgueilleuse princesse diffère encore long-temps à venir *attaquer Dieu jusqu'en son sanctuaire.* A quoi ce grand-prêtre, sans s'émouvoir, répond :

Celui qui met un frein à la fureur des flots
Sait aussi des méchants arrêter les complots.
Soumis avec respect à sa volonté sainte,
Je crains Dieu, cher Abner, et n'ai point d'autre crainte.

En effet tout ce qu'il peut y avoir de sublime paroît rassemblé dans ces quatre vers; *la grandeur de la pensée*, *la noblesse du sentiment*, *la magnificence des paroles*, *et l'harmonie de l'expression*, si heureusement terminée par ce dernier vers :

Je crains Dieu, cher Abner, etc.

D'où je conclus que c'est avec très-peu de fondement que les admirateurs outrés de Corneille veulent insinuer que Racine lui est beaucoup inférieur pour le sublime; puisque, sans apporter ici quantité d'autres preuves que je pourrois donner du contraire, il ne me paroît pas que toute cette grandeur de vertu romaine tant vantée que ce premier a si bien exprimée dans plusieurs de ses pièces, et qui a fait son excessive réputation, soit au-dessus de l'intrépidité plus qu'héroïque et de la parfaite confiance en Dieu de ce véritablement pieux, grand, sage et courageux Israélite.

FIN.

DICTIONNAIRE BOTANIQUE ET PHARMACEUTIQUE.

PREMIÈRE PARTIE.

www.ingramcontent.com/pod-product-compliance
Lightning Source LLC
LaVergne TN
LVHW020609110826
845149LV00002B/418

9782011862266